国家社科基金重大项目"构建全民共建共享的社会矛盾纠纷多元化解机制研究"
（15ZDC029）阶段性成果

中国调解研究文丛（实务系列）
总主编　廖永安

法律谈判实训教程

戴勇坚 ◎ 著

中国人民大学出版社
·北京·

中国调解研究文丛（实务系列）

编 委 会

总主编：廖永安

顾 问：刘振宇

主 任：谢 勇

副主任：罗厚如 廖永安

委 员（按照姓氏笔画排序）：

　　　　王俊峰　王福华　刘 超　齐树洁　纪洪强

　　　　李 浩　李喜莲　吴英姿　汪世荣　张立平

　　　　陈辽敏　范 愉　罗伟雄　郑文彪　赵 蕾

　　　　唐 力　黄鸣鹤　韩红俊　傅郁林　蔡 虹

　　　　熊 飞　熊跃敏　戴勇坚

总　序

美国法理学者富勒曾言："法治的目的之一在于以和平而非暴力的方式来解决争端。"在所有第三方纠纷解决机制中，调解无疑是合意最多、强制最少的和平方式。从古代儒家的"无讼"理念，到抗日民主政权时期的"马锡五"审判模式，再到新时代的"枫桥经验"，调解凝聚为中华民族独特的法律文化意识，不仅是外显于中华社会的治理模式，而且是内嵌于淳朴人心的处事习惯与生活方式；不仅是人们定分止争的理想选择、思维习惯，而且是为人称颂的息事宁人、和睦相处的传统美德。更为弥足珍贵的是，源自东方的调解文化，在发展和传播的过程中，其理念和价值早已为域外文明所接受，成为西方话语主导下的现代司法体系中一个难得的东方元素和中国印记。

然而，在我国现代化转型的过程中，调解制度仍主要遵循由政府主导的自上而下式发展进路，要么在法治现代化改革中被边缘化，要么在维护社会稳定大局中被急功近利地运动化推进，导致各种调解制度处于不确定、不规范的运作状态。与之相伴随的是，法律人对调解的研究也大多埋首于优势、意义等"形而上"的宏大叙事问题，对调解现代化面临的困境与对策则缺乏深入分析。调解研究就像一只"无脚的鸟"，始终没有落到可以栖息、生长的实地，呈现浮躁、幼稚的状态。在现实的调解实战中，调解队伍庞大但调解员素质参差不齐、调解基准多样但缺乏法律支撑、调解程序灵活但少有必要规范、调解方法多元但囿于直接经验等，这些都成为制约调解实践进一步发展的瓶颈。由此观之，我国调解在现代化转型中仍滞留在经验层面，缺乏理论化、系统化、规模化、现代化的升华，以致有些人视其为"与现代法治精神相悖"的历史遗留，对中华民族自身的调解传统、制度和实践缺乏足够的道路自信、理论自信、制度自信和文化自信。

放眼域外，西方法治发达国家为克服对抗式诉讼代价昂贵等固有弊端，自20世纪70年代末以来，提倡推行以调解为核心的非诉纠纷解决机制，形成了接近正义运动的"第三次浪潮"。目前，在不少西方发达国家，调解的学科化或科学化发展趋势十分明显。社会学、心理学、经济学等研究成果在调解领域的广泛应用，不仅大大提升了调解的科学化水平，还使调解成为一门新兴的综合学科。体系化、标准化的调解课程不仅是调解员培训必修的课程，而且成为法学院的常规课程。调解学科的兴起，还催生了一个行业。在一些国家，调解已经成为人们可以终身从事的一种职业。

因此，在调解的现代化转型上，不得不承认在不少方面我们已经落后了。这引起了我们的忧思。我们的文化传统在异域他乡能呈现科学化、体系化、职业化与商业化的欣欣向荣景象，实用主义的引导与作用，或许可以成为答案之一，但从技术层面而言，精细化的研究始终是一个不可逾越的基础。如果我们再不警醒，再不转变调解的研究方式，再不提升调解的精细化研究水平，长此以往，调解话语权的失去将成为必然。因此，调解的实践者和研究者需要有持之以恒的毅力去推动中国调解制度的发展。基于这样的使命感，我们策划出版了"中国调解研究文丛"，力图在以下方面有所裨益。

其一，促进调解制度改革，提升社会治理水平。党的十九大报告提出，要打造全民共建共治共享的社会治理格局，强调加强预防和化解社会矛盾机制建设，正确处理人民内部矛盾。毋庸置疑，调解在我国社会矛盾化解中起着举足轻重的作用。而政策性因素对调解的长久发展而言，更像是一个"药引子"，真正让调解养成"健康体魄"的还是制度性因素。我国现行的调解制度主要包括人民调解、法院调解、行政调解、仲裁调解、商事调解、行业调解等。文丛将充分回应如何夯实人民调解制度、规范行政调解制度、改革法院调解制度、发展商事调解等新型调解制度等关键问题，并注重各种制度之间的对接、协调与平衡，探寻科学的制度创新与改革路径，以此建立起一套科学高效的社会矛盾化解机制，提升我国的社会治理水平。

其二，创新调解研究范式，构建调解的"中国话语体系"。调解研究范式不论是彻头彻尾的洋腔洋调，还是墨守成规的自说自话，抑或是一孔之见的片面窥探，都无法铿锵有力并落地生根。我们只有立足本土资源，把握国际调解新动向，并展开跨学科研究，才有可能使调解的中国话语掷地有声。文丛就实证性而言，它客观、可信，考证严密；就国际性而言，它深刻、独到，视野宽阔；就跨学科性而言，它多元、缜密，交叉融合，希冀为构建调解的"中国话语体系"指明基本方向。

其三，建立调解教材体系，增强调解人才培养能力。开发一套科学、系统、规范、实用的调解教材，为调解人才培养提供强有力的理论指导和体系化的培训支撑，具有重要的现实意义。文丛力图填补国内系统化调解教材的空白，改进当前少量既有教材存在的理论性不彰、实践性不强、操作性不便等不足，希望抓住调解员这一核心要素，从调解经验总结、调解经典案例评析、社会心理学在调解中的应用、中国调解文化解读、调解策略梳理等多维度构筑我国调解教材体系，进而提升我国培养调解人才的能力。

文丛的开发得到了最高人民法院和司法部的鼎力支持，并分为两个子系列：一个是理论系列，由最高人民法院李少平副院长担任顾问，其编写主要依托最高人民法院与湘潭大学共建的多元化纠纷解决机制研究基地；另一个是实务系列，由司法部刘振宇副部长担任顾问，其编写主要依托司法部与湘潭大学共建的调解理论研究与人才培训基地。此外，文丛的编写与出版还获得了中国民事诉讼法学研究会 ADR 理论研究专业委员会、中国仲裁法学研究会调解与谈判专业委员会、调解研究领域的知名学者、调解实务界权威专家以及中国人民大学出版社的大力支持。我们期望并相信，文丛的面世将为构筑我国科学的调解人才培养培训体系提供理论指导，为全面发挥调解在促进社会矛盾化解、社会治理创新中的作用提供智力支持，为构建适应我国现代化进程和独具中国特色的调解话语体系作出贡献。

是为序。

谢　勇　廖永安
2019 年 2 月

前　言

　　从第一次在湘潭大学法学院开设法律谈判课程迄今已有近 10 年时间，这门课从起初的 4 个学时，变为 16 个学时，再调整到 32 个学时，最后到现在的 48 个学时，近 10 年里近千名法学院和信用管理学院的学生选修了这门课程。在每个开课的日子，当笔者从长沙赶到法学院教学楼的教室里，看着一双双望向讲台带着求知渴望的眼睛时，所有关于备课和赶路的疲惫都烟消云散。多年来，作为一名法律谈判学科的先行者，和感兴趣的同学分享自己的研究成果和心得体会，一直使笔者引以为豪。现在呈现在读者面前的这本《法律谈判实训教程》，就是笔者对法律谈判多年思考的心血凝聚，以及对近 10 年教学实践的阶段性总结。

　　承蒙湘潭大学党委副书记廖永安教授的推荐，这本《法律谈判实训教程》忝列廖教授主编的"中国调解研究文丛"之中。法律谈判是解决纠纷的基本方法，几乎所有的多元纠纷解决机制都离不开它，调解甚至直接被称为"在法律阴影下的谈判"。法律谈判不但帮助人们解决纠纷，还帮助人们达成交易。对许多法律专业人士来说，协商谈判是他们职业责任的一个重要组成部分，而在英美法系国家，法律谈判甚至是评价律师职业能力的一项重要指标。

　　对法学院的学生来说，法律谈判是一门实践性很强的跨学科课程：在知识储备方面，不仅要求学生具备法律相关知识，还要求学生拓宽视野，了解管理学、社会学及心理学等相关知识；在能力提升方面，学生不但要较全面地理解法律谈判相关理论，还要能够适当运用各种表达技能，与人沟通交流。有鉴于教学实践的这些需求，本书既阐述了笔者对法律谈判理论的研究体会，又将教学实践中所获得的经验进行了全面总结，主张通过理论和实践结合的教学模式，培养学生应用法律知识的能力、熟练掌握法律谈判技巧的能力以及良好的职业道德素养。

基于上述理念，全书分成九章，具体的结构安排如下。

第一章到第五章是关于法律谈判的相关理论知识。尤其是第一章中关于"法律谈判的三要素——需求、利益、关系"的内容，是作者多年以来对法律谈判的理解和认识，是本书最核心的部分。法律谈判虽然所涉内容繁多，但究其本质，是满足当事人需求的过程：通过满足谈判各方需求，实现谈判价值，并最终以价格这一载体反映价值。因此，需求、利益、关系（NIR）是当之无愧的法律谈判金三角，只有了解了需求、利益、关系的各自内涵和相互关系，才能真正了解法律谈判。

第六章到第八章围绕法律谈判实战中最关键的几个方面展开，包括具体策略、各种临场技巧和僵局处理方法。法律谈判策略是由具有专业知识的人员介入，在法律谈判过程中为实现特定的谈判目标，运用法律思维和法律规定，采取的各类布局和方法等的总称。法律谈判策略是实现法律谈判目标的基本手段，是推动谈判进程的"调节器"，可以增强法律谈判的计划性。法律谈判技巧所涵盖的内容广泛，有沟通技巧、倾听技巧、提问技巧、应答技巧等等。技巧给人的感觉似乎只是雕虫小技，但是"细节决定成败"，谈判技巧的运用往往能够事半功倍。处理僵局应该说是法律谈判的必备技能，谈判之路不可能一帆风顺，僵局可能是自然形成的（所谓善意僵局），也可能是刻意为之的（所谓战术性僵局）。出现僵局并不可怕，重要的是，在出现僵局之后，要有能力主动寻求时机以化解僵局。

第九章是对笔者设计的法律谈判模拟教学过程的真实还原。为了让学生对法律谈判理论有全面系统的认识，建立他们的法律谈判思维，提高他们的实践运用能力，笔者在教学过程中，将参与模拟教学的谈判人员分为两方，两方以对手的立场、观点和作风展开交锋，为学生预演法律谈判的全过程，让学生在开启他们自己的小组合作学习之前，有一个可以模仿的样本，加深他们对法律谈判的理解，帮助他们开展下一步的学生模拟活动。这项实践性的教学活动，在笔者的法律谈判课堂上取得了很好的教学效果。本章中对相关实例进行了详细的介绍，供感兴趣的读者参考。

最后，笔者还想与读者分享自己关于法律谈判学习的一些感悟。部分人对于谈判，第一反应是："谁还不会谈判？"但是，法律谈判，最重要的其实是构建共赢的思维，其中既有利益的分享，也有利益的开拓。如果不能通过谈判帮助当事人把"蛋糕"做大，或者帮助当事人在谈判开局之前挖掘出自己都未发觉的隐藏利益点，谈判的成功率将相对较低，也无法在谈判过程中体现专业谈判人员的价值。因此，笔者认为法律谈判一定是需要系统学习的，这条学习之路的开启首先在于思维转换。感谢每一位选择这本《法律谈判实训教程》的读者，前进的路上我们一起同行，谢谢。

戴勇坚
2021 年 9 月

目 录

第一章 法律谈判概述 ······················· 1
第一节 法律谈判的基本概念 ················ 2
一、谈判的概念 ······················· 2
二、法律谈判的概念 ····················· 4
第二节 法律谈判的三要素 ·················· 6
一、需求（NEED） ······················ 6
二、利益（INTEREST） ··················· 8
三、关系（RELATIONSHIP） ················ 10
四、NIR 的运用 ······················· 11
第三节 法律谈判的类型和作用 ················ 12
一、法律谈判的类型 ····················· 12
二、法律谈判的作用 ····················· 14
第四节 法律谈判的原则 ··················· 16
一、平等自愿原则 ······················ 16
二、客观理性原则 ······················ 17
三、共同利益原则 ······················ 17
四、合法合理原则 ······················ 18

第二章 法律谈判的主体、素养与团队管理 ············ 19
第一节 法律谈判的主体 ··················· 20
一、法律谈判的关系主体与行为主体的概述 ·········· 20
二、法律谈判的关系主体与行为主体的关系 ·········· 21

第二节　法律谈判人员的素质与培养途径 …………………… 23
一、法律谈判人员的素质要求 …………………………… 23
二、法律谈判人员的培养途径 …………………………… 26
第三节　法律谈判团队 ………………………………………… 28
一、法律谈判团队的规模 ………………………………… 28
二、法律谈判团队规模的考虑因素 ……………………… 29
三、法律谈判团队的成员构成 …………………………… 30
四、法律谈判团队内部的分工与配合 …………………… 32
五、法律谈判团体负责人对团队的管理 ………………… 34
第四节　感知、认知以及性格、性别、情绪对法律谈判人员的影响 ……………………………………………………… 35
一、感知因素对法律谈判人员的影响 …………………… 36
二、认知因素对法律谈判人员的影响 …………………… 37
三、性格、性别、情绪因素对法律谈判人员的影响 …… 40
小结 ……………………………………………………………… 41

第三章　法律谈判的过程 …………………………………………… 43
第一节　法律谈判的准备 ……………………………………… 44
一、情报的搜集和筛选 …………………………………… 44
二、明确谈判的地点和时间 ……………………………… 48
三、确定谈判的议程和进度 ……………………………… 49
四、制订谈判策略 ………………………………………… 51
五、制订谈判方案 ………………………………………… 52
六、模拟谈判 ……………………………………………… 52
第二节　法律谈判的开局 ……………………………………… 56
一、法律谈判开局的主要功能 …………………………… 57
二、如何启动谈判开局 …………………………………… 58
第三节　法律谈判的报价 ……………………………………… 62
一、报价的原则 …………………………………………… 63
二、报价的策略 …………………………………………… 64

第四节 法律谈判的让步 ………………………………… 66
一、让步的基本原则 …………………………………… 67
二、让步的实施步骤与方式 …………………………… 67
三、让步实施策略 ……………………………………… 70
第五节 法律谈判的终局 ………………………………… 71
一、谈判的终局方式 …………………………………… 71
二、法律谈判的收局 …………………………………… 73

第四章 法律谈判的战略管理 ………………………………… 77
第一节 法律谈判战略管理概述 ………………………… 78
一、战略的概述 ………………………………………… 78
二、法律谈判战略 ……………………………………… 79
三、法律谈判战略管理 ………………………………… 81
第二节 法律谈判的定位与目标 ………………………… 84
一、法律谈判的定位 …………………………………… 84
二、法律谈判的目标 …………………………………… 84
第三节 法律谈判环境分析和战略选择 ………………… 87
一、法律谈判的环境分析 ……………………………… 87
二、法律谈判战略的选择 ……………………………… 88
第四节 法律谈判计划的制订和实施 …………………… 88
一、法律谈判计划制订的基本原则 …………………… 88
二、法律谈判计划的制订流程 ………………………… 89
三、法律谈判计划的实施 ……………………………… 92
第五节 法律谈判战略的评价与控制 …………………… 92
一、战略评价与控制概述 ……………………………… 92
二、战略评价与控制的应用 …………………………… 94
三、有效战略评价与控制的标准与原则 ……………… 95

第五章 法律谈判的思维实践 ………………………………… 97
第一节 辩证思维 ………………………………………… 98
一、辩证思维的概念 …………………………………… 98

二、辩证思维的作用 …………………………………… 99
三、运用辩证思维时要注意的问题 …………………… 100
第二节　逻辑思维 ……………………………………… 100
一、逻辑思维的概念 …………………………………… 100
二、逻辑思维的作用 …………………………………… 101
三、逻辑思维的运用 …………………………………… 103
第三节　强调共同利益 ………………………………… 103
一、强调共同利益的作用 ……………………………… 104
二、实现共同利益的措施 ……………………………… 105
第四节　注重文化差异 ………………………………… 106
一、文化差异思维对法律谈判的影响 ………………… 106
二、文化差异对不同国家谈判者谈判风格的影响 …… 108
第五节　互联网思维 …………………………………… 110
一、运用互联网思维的优势 …………………………… 111
二、运用互联网思维的缺陷 …………………………… 112
三、适合单独运用互联网思维的谈判情境 …………… 113
四、运用互联网思维的谈判策略 ……………………… 114
五、互联网谈判的注意事项 …………………………… 115
六、互联网思维与传统谈判模式的结合 ……………… 116

第六章　法律谈判的策略 ………………………………… 117
第一节　法律谈判策略概述 …………………………… 118
一、法律谈判策略的含义 ……………………………… 118
二、法律谈判策略的特性 ……………………………… 119
三、法律谈判策略的作用 ……………………………… 121
四、法律谈判策略的类型 ……………………………… 122
第二节　优势地位的法律谈判策略 …………………… 124
一、先抑后扬策略 ……………………………………… 124
二、抓大放小策略 ……………………………………… 125
三、唱双簧策略 ………………………………………… 125

四、挑剔打压策略 …………………………… 125

　　五、消磨策略 ………………………………… 126

　　六、暗度陈仓策略 …………………………… 126

第三节　劣势地位的法律谈判策略 ………………… 127

　　一、沉吟不语策略 …………………………… 128

　　二、权力有限策略 …………………………… 128

　　三、利弊分析策略 …………………………… 129

　　四、亮底线策略 ……………………………… 129

　　五、博取同情策略 …………………………… 130

　　六、曲线救国策略 …………………………… 130

第四节　均势条件下的法律谈判策略 ……………… 131

　　一、私人接触策略 …………………………… 131

　　二、热处理和冷处理策略 …………………… 132

　　三、出其不备策略 …………………………… 133

　　四、分割策略 ………………………………… 133

　　五、欲擒故纵策略 …………………………… 133

　　六、试探气球策略 …………………………… 134

　　七、抛砖引玉策略 …………………………… 135

第七章　法律谈判的技巧 ……………………………… 136

　第一节　法律谈判的语言沟通技巧 ………………… 137

　　一、法律谈判中语言沟通技巧的特点 ……… 137

　　二、法律谈判中语言沟通技巧的原则 ……… 139

　　三、法律谈判中语言沟通技巧的应用 ……… 140

　第二节　法律谈判的非语言沟通技巧 ……………… 142

　　一、非语言沟通技巧概述 …………………… 142

　　二、非语言沟通与语言沟通的联系与区别 … 143

　　三、非语言沟通的特点 ……………………… 145

　　四、非语言沟通在法律谈判中的作用 ……… 146

　　五、非语言沟通技巧在法律谈判中的运用 … 147

第三节　法律谈判倾听的技巧 ·· 150
一、倾听的内涵 ·· 150
二、倾听中容易出现的问题 ·· 151
三、倾听的技巧 ·· 153

第四节　法律谈判中的提问和应答 ·· 155
一、法律谈判中的提问 ·· 155
二、法律谈判中的应答 ·· 159

第五节　法律谈判中谈判实力、时间和信息战术技巧的运用 ········ 161
一、法律谈判者的谈判实力战术技巧 ·· 161
二、谈判过程中的时间战术技巧 ·· 164
三、法律谈判中的信息战术技巧 ·· 165

第八章　法律谈判僵局的处理 ·· 168
第一节　法律谈判僵局概述 ·· 169
一、法律谈判僵局的概念 ·· 169
二、法律谈判产生僵局的原因 ·· 170
三、如何评判是否出现僵局 ··· 171

第二节　如何打破法律谈判僵局 ·· 171
一、休会 ··· 172
二、有限度让步 ··· 172
三、情绪控制 ·· 173
四、良好沟通 ·· 174
五、寻求共识 ·· 175
六、重建互信与合作 ·· 176
七、更换谈判者 ··· 177
八、以硬碰硬 ·· 178

第三节　调解在谈判僵局时的运用 ·· 179
一、调解的概念 ··· 180
二、调解在谈判僵局中的具体运用 ·· 180

第一章　法律谈判概述

案例指引

某汽车生产公司 C 公司拟引进 H 公司作为其部分零配件供货商，为此双方展开谈判。按照交易惯例，H 公司作为卖方应先向 C 公司提供报价，报价为 400 万元。C 公司在谈判前已派专业人员就市场价格进行了详细调查，知道 H 公司的这个报价远高于市场价格。因此，C 公司认为 H 公司没有合作诚意，并表示如果 H 公司坚持该报价，将不再与其进行谈判。C 公司的坚决态度使 H 公司认识到 C 公司早已就相关行情做了较为充分的调查，是有备而来，若本公司坚持原报价则可能导致谈判最终破裂，但若立刻降低报价则是直接承认了己方报价过高，会使己方在后续的谈判中处于被动的不利地位。就该情况，H 公司聘请的主谈人员高律师认为在接下来的谈判中应对报价的理由进行解释。于是，H 公司在后续的交流中就其产品的技术特点和质量保证向 C 公司进行了具体介绍。然而，C 公司却未改变其强势态度，并反问 H 公司其产品相较于其他的供货商有何优势（其提出的其他几家供货商皆是 H 公司的劲敌）。至此，H 公司已清楚 C 公司对于产品的市场调查做得非常充分，且己方产品无论是技术上还是质量上都不具有明显的优势。因此 H 公司的高律师和其团队经过讨论，明确降低报价是必须的，但降价需附条件，以此不让己方陷入被动地位。最终，H 公司表示己方愿意降价，并向 C 公司提出了降价的条件，即降价价格仅在 C 公司订货数量符合 H 公司的条件时才生效。对此，C 公司表示是否接受 H 公司的条件需要经专业人员分析并征求公司高层领导意见后再作决定。

思考：

1. 什么是法律谈判？

2. 法律谈判中价格与需求是怎样的关系？

第一节　法律谈判的基本概念

　　谈判与人类文明社会的发展有着同样长久的历史。自人类社会存在以来，谈判就存在于社会交往活动之中。在原始社会末期，随着生产力的发展和私有财产的产生，社会中出现了简单、偶然的商品交换，人们在进行物物交换的过程中不可避免地会运用谈判。到了封建社会，谈判应用的范围拓展到军事、政治等范围。根据先秦典籍记载，仅在春秋时期，就出现了三次重大的"停战谈判"性质的"弭兵会盟"①。到了近现代，随着人类社会的进步、科学技术的发展，经贸活动与人际往来愈加频繁，谈判的作用也更为凸显。

　　谈判普遍存在于政治、经济、文化、环境、教育、家庭、婚姻等社会生活中，是当今社会生活不可缺少的一部分。例如，在商场购买商品时的讨价还价，在商贸往来中的价格磋商，在家庭生活中的争执妥协等。每个人内心的欲望或需求都会驱使人们去谈判，希望通过谈判达到一定目标。

一、谈判的概念

　　世界就是一个谈判桌，每个人都是谈判的主体。随着经济的迅猛发展，社会生活基本元素的不断丰富，人与人之间价值观以及需求的差异也越来越大，谈判作为一种高效便捷的解决争议的方式，在社会生活中的运用也越来越普遍。那么究竟什么是谈判呢？

　　谈判有狭义和广义之分，广义上的谈判包含一切"洽谈""商议""磋商""商量""会谈"等，而狭义上的谈判一般是指正式场合中进行的谈判。《现代汉语词典》将谈判解释为："有关方面对有待解决的重大问题进行会谈。"根据《辞海》的解释，"谈"的本义为"彼此对话、讨论"，"判"的

---

① 毕思勇，赵帆，主编. 商务谈判. 北京：高等教育出版社，2018：2.

本义为"评判"。可见,谈判包括"谈"的过程和"判"的结果,其内涵是十分丰富的。

对于谈判的定义,学界存在多种表述,国外的代表性观点有如下几个。

1. 美国谈判专家杰勒德·I. 尼尔伦伯格的定义

美国谈判专家杰勒德·I. 尼尔伦伯格在《谈判的艺术》一书中认为:"谈判的定义最为简单,而涉及的范围却最为广泛,每一个要求满足的愿望和每一项寻求满足的需要,至少都是诱发人们展开谈判的潜因。只要人们为了改变相互关系而交换观点,只要人们为了取得一致而磋商协议,他们就是在进行谈判。"①

2. 美国谈判专家威恩·巴罗和格莱思·艾森的定义

美国谈判专家威恩·巴罗和格莱思·艾森认为:谈判是一种在双方都致力于说服对方接受其要求时所运用的一种交换意见的技能。其最终目的就是要达成一项对双方都有利的协议。②

3. 英国谈判专家马什的定义

马什在《合同谈判手册》一书中认为:所谓谈判,是指有关各方为了自身的目的,在每项涉及各方利益的事物中进行磋商,并通过调整各自提出的条件,最终达成一项各方较为满意的协议的这样一个不断协调的过程。③

4. 美国学者利·汤普森的定义

美国学者利·汤普森认为:"谈判是当我们无法单枪匹马达到目标时必须采取的、通过人际间沟通进行决策的过程。"④

国内学者对于谈判也存在不同的理解,如有的学者认为,"谈判是两个或两个以上的主体对共同关心的事物进行洽谈、磋商和共同形成决定的过程,其核心是一方希望以自己的力量去影响其他方的行为和反应"⑤。有的学者则认为,"谈判是具有利害关系的参与各方出于某种需要,在一定的时

---

① 《实用文库》编委会,主编. 实用谈判技法大全. 北京:电子工业出版社,2008:4.
② 《实用文库》编委会,主编. 实用谈判技法大全. 北京:电子工业出版社,2008:4.
③ 王军旗,主编. 商务谈判理论、技巧与案例. 北京:中国人民大学出版社,2018:1.
④ 利·汤普森. 汤普森谈判学. 赵欣,陆华强,译. 北京:中国人民大学出版社,2009:3.
⑤ 韩德云,袁飞,主编. 法律谈判. 北京:法律出版社,2018:7~8.

空条件下,就所关心或争执的问题进行相互协商和让步,力求达成协议的过程和行为"①。有的学者认为,"谈判是指参与各方出于某种需要在一定的时空条件下,采取协调行为的过程"②。有的学者则认为,"谈判是一种旨在相互说服的交流和对话过程,其实质是一种双方的交易活动"③。

虽然中外专家、学者对于谈判的定义各有不同,但是不难看出各个定义中包含着相近或者相通的元素。这些基本元素可以概括为三个方面,即需求或目的性、相互性以及协商性。谈判的动因是谈判各方的需求,而满足需求的过程需要双方或者多方参与,需要双方或者多方互动和协商,这样才能达到满足需求的目的。综合上述观点,笔者认为谈判是人们为了满足某种需求,相互沟通协商,以争取达到一定目的的过程。

二、法律谈判的概念

"法律谈判",从字面理解,必然与法律有着千丝万缕的联系,大到国家间的经贸合作,小到普通的商品零售,一切可能引起法律后果的谈判都可称为法律谈判。但是,如此定义将导致法律谈判的外延过于宽泛,不适合作为本书研究法律谈判的出发点。例如,在商场购物时,卖方以某种形式提出报价,若买方对该报价毫无异议地接受了,双方之间便建立起买卖合同关系。我们从这一买卖关系建立的过程,就会发现这完全符合法律谈判的广义概念,即双方以某种特定形式进行相互交流,并认定能够相互满足各自的利益需求,因而产生买卖合同并建立相应的法律关系。因而,必须对法律谈判进行狭义上的定义。

什么是狭义上的法律谈判呢?有些学者认为,"法律谈判最本质的就是,律师是以委托人代表的身份参与谈判的。对谈判议题的咨询以及委托人对谈判的影响,贯穿着法律谈判的整个过程"④。有学者将法律谈判定义为"由律师作为当事人的谈判律师参加谈判,运用法律知识和诉讼经验对法庭诉讼的各种可能后果进行全面评估后,借助律师技能(如法律研究技

---

① 王军旗,主编.商务谈判理论、技巧与案例.北京:中国人民大学出版社,2018:2.
② 张国良,主编.国际商务谈判.北京:清华大学出版社,2017:6.
③ 范愉.非诉讼纠纷解决机制研究.北京:中国人民大学出版社,2000:168.
④ 胡敏飞,刘建明,杨磊,主编.法律谈判的技能与实践.杭州:浙江工商大学出版社,2017:3.

能、案情研究技能、证据挖掘技能、答辩技能、代理技能等）和谈判技巧实施的庭外博弈。沟通和妥协贯穿其间，整个过程既有合作也有竞争，以争取庭外和解为最终目的"[1]。有些学者则认为，法律谈判是指在解决各类纠纷的谈判中为寻求解决纠纷、化解冲突所依据的准则以及如何理解或适用这些准则而展开的谈判。[2]

当前，国内对于法律谈判的研究相对较少，多数观点主张法律谈判即律师代理谈判。但是，笔者认为，法律谈判作为一种独立的谈判种类，其主体不应局限于律师这一职业，它也不是简单的代理谈判。法律谈判是指具备专业知识和实践经验的主体，为满足一定的需求，遵循一定准则，运用法律思维与相对方进行沟通、协商和博弈，以期产生一定法律后果的过程。

具体来说，可以从以下几个方面来理解法律谈判。

（1）主体层面，包含广义的法律人。很多人认为法律谈判的主体由律师组成，但是笔者认为，随着我国司法体制改革的有序推进，应当顺势而为，将法律职业共同体的概念引入法律谈判之中。法律谈判的主体不应单指律师，还应包括其他具备专业知识和实践经验的法律人。但是，并非所有的法律人都能成为法律谈判的主体，笔者将在目标层面中分析其限定条件。

（2）目标层面，强调当事人的需求。从目标层面看，法律谈判与其他洽谈、磋商的区别在何处？简而言之，即是否存在委托代理？法律谈判是谈判主体受其当事人委托参加的谈判。依此标准，法律职业共同体中的法官、检察官等群体不在法律谈判的主体之列，因为法官和检察官的职业目标是依法独立行使审判权或检察权，保障司法的公平与正义，而非满足当事人的需求。这是法律人成为法律谈判主体的主要限定条件。充分认识法律谈判的这一目标特点，对于谈判主体尤显重要。谈判主体应该明白：所有的法律谈判都是基于一定的目的而进行的，法律谈判应当以当事人目的的实现为核心，法律工具的运用也应当满足谈判的主要目的，切忌把法律谈判变成谈判者个人展示法学知识、一争输赢的表演赛。同时，谈判主体

---

[1] 拉里·L. 特普利. 法律谈判. 影印本. 北京：法律出版社，2005：15.
[2] 韦忠语，成晓明，主编. 法律谈判实务教程. 北京：中国人民大学出版社，2014：4.

要明确其代理权限在当事人的委托或授权范围之内,应严格保证当事人的知情权和决定权。

(3) 行为层面,泛指沟通、协商和博弈等行为。一般观点将法律谈判定义在庭外博弈的过程中,认为法律谈判是一种非诉讼纠纷解决方式。笔者认为,与其他的普通谈判相比,法律谈判的确侧重于纠纷的解决,但不应仅将其限定在诉讼的庭外调解活动过程中。特别是随着市场经济的进一步发展,法律谈判在商贸经济、政治军事等领域也将发挥越来越重要的作用。

(4) 效果层面。法律谈判是为了满足当事人一定的需求,因此法律谈判往往能达到一定的目的,而这一目的的实现往往伴随着一定的法律产品。法律谈判的目的是使各方当事人就项目或案件达成共识并最终形成可供执行的协议,而协议的内容就是当事人各方对利益分配的固化。最终的协议条款必须符合法律规定,以使固化的谈判成果受到法律的保护。无论通过何种方式谈判,也无论为当事人争取到了多么大的利益,在最后形成谈判协议时,谈判主体都必须坚持合法的基本原则,用符合法律规定的条款将谈判结果固定下来,谈判成果才不会成为一纸空文。

第二节 法律谈判的三要素

法律谈判是两个或者两个以上的主体运用法律思维和法律逻辑对共同关心的事物进行洽谈、磋商,共同形成法律决定,获得法律利益的过程。法律谈判所涉内容繁多,但是究其本质,法律谈判其实就是满足当事人需求的过程,需求是谈判的起点,通过谈判均衡各方利益,维护各方关系,最终以价格这一载体反映法律谈判的价值。因此,法律谈判者只有了解需求(Need)、利益(Interest)、关系(Relationship)这三个要素的内涵和关系,才能真正了解法律谈判(参见图一)。

一、需求(NEED)

需求是一种不寻常的能量形式。需求的力量推动着这个世界的发展,

第一章　法律谈判概述

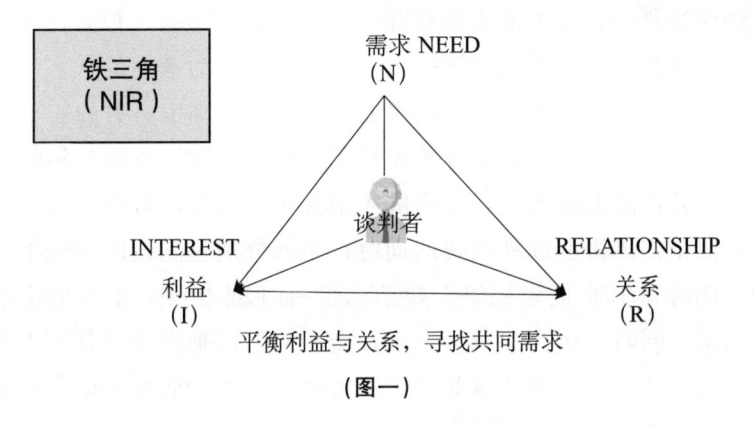

铁三角（NIR）

需求 NEED（N）

INTEREST 利益（I）

谈判者

RELATIONSHIP 关系（R）

平衡利益与关系，寻找共同需求

（图一）

大到国家经济、宏观市场，小到组织机构和我们手中的工资条，身边的每一样事物都依存于它。没有需求，发展就会减速慢行，经济就会飘摇不定，社会就会停滞不前。[1] 在法律谈判中，需求是法律谈判的原始动因，贯穿于整个谈判过程，是法律谈判中的关键性要素。在法律谈判中，按照是否显现出来，需求可以分为显性需求与隐性需求（参见图二）。显性需求是指一方已经表现出来，并较容易被另一方获知的需求；隐性需求是指一方自身未发现的或者未表现出来的，不容易被另一方探知的需求。我们应了解需求三维度，即知道"要什么"，知道"向谁要"，知道"要多少"。

显性需求

隐性需求

（图二）

众所周知，不同个体和组织间的需求存在差异，但是谈判当事人之间的需求又存在交叉点，为了实现或寻找共同的需求，各方愿意为此进行洽商，如果谈判各方的需求完全没有交集，也就没有谈判的可能和空间。

---

[1] 亚德里安·斯莱沃斯基，卡尔·韦伯. 需求——缔造伟大商业传奇的根本力量. 龙志勇，魏薇，译. 杭州：浙江人民出版社，2013：5.

在法律谈判中，各方的需求存在三种关系，即重合、包含、交叉。重合关系是指谈判各方的需求完全一致，这是一种较为理想的状态，在法律谈判中基本不会出现这种情况。包含关系，是指谈判中一方的需求完全包含另一方的需求。例如，某律师事务所就某专项法律服务第二年的服务费用与业主协商，业主对该所当年提供的服务比较满意，对提高服务收费并不反感，但希望律所在提高收费的同时，能够分期付款，以减轻年初的财务压力。此时，律所与业主的需求就存在一种包含关系，业主的需求大于律所的需求，同时又包含律所的需求。交叉关系，是指谈判各方需求上存在交叉。上例中，如果律师事务所计划增加服务费，而业主要求将常驻律师由一位增加为两位，此时双方需求就有交叉关系。在法律谈判中，谈判者可以根据谈判的重合度，综合判断谈判的可能和谈判的空间。

二、利益（INTEREST）

《牛津法律大辞典》将利益解释为个人或个人的集团寻求得到满足和保护的权利请求、要求、愿望或需求，利益是由个人、集团或整个社会的、道德的、宗教的、政治的、经济的以及其他方面的观点而创造的。利益从来不是一面的，法律谈判者在谋求自身利益最大化的同时，必须兼顾对方利益，否则谈判无从展开。在法律谈判过程中，需要对利益进行细分。从属性角度，可以将利益分为我方利益和对方利益；从禀赋角度，可以将利益分为冲突利益和差异利益。人们因利益发生分歧，就需要谈判，从而产生了谈判的动因（参见图三）。面对不同的利益，谈判者要想最终达成协议，就需要法律谈判人员从我方利益和对方利益以及冲突利益和差异利益中来找到双方共同的利益。谈判的过程，就是在不同人之间调整利益，放弃一部分利益，保留另外一部分利益，获得新的一部分利益的过程。从这个角度看，挖掘需求的另外一个层面就是调整利益。

一般情况下，利益都被视为谈判的首要要素，大多数谈判都是围绕利益而展开讨论和磋商的。当然，这里的利益不能被片面地理解为经济利益，而应该视为包括经济利益以及服务、市场等非经济利益在内的利益。谈判各方在进行法律谈判之前，都会对各方的利益进行综合考量，正因为双方动机不同，才有达成共识的可能性。谈判的一方要考虑，是否能从对方获

第一章　法律谈判概述

铁三角（NIR）——利益

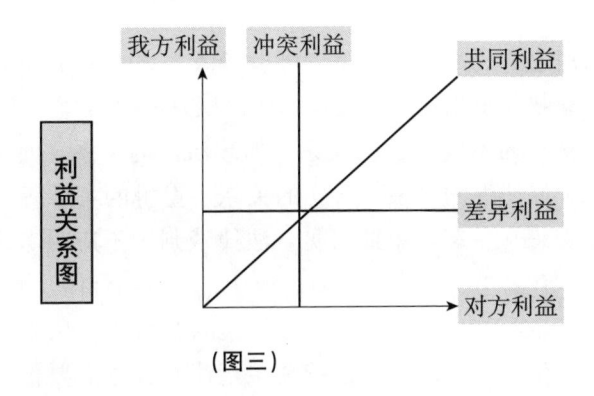

利益关系图

我方利益　冲突利益　共同利益　差异利益　对方利益

（图三）

取某种利益或者让对方能帮助自己达到某种目的。在谈判中通过利益的博弈和调整，尽量让对方调整其所处的立场，把注意力集中到双方共同的利益上面，让各方从对抗性的利益转化为合作性的利益，从冲突性的利益转化为差异性的利益，直至挖掘出共同的利益。

谈判的一方在谋求己方利益最大化的同时，也应当充分兼顾对方利益，认识到对方的正当利益，并在谈判中综合考虑谈判对方的正当利益。在法律谈判中，让谈判对方获取一定的利益，不仅是谈判对方谈判的基础，也是谈判中己方应当兼顾的因素。即便在部分的利益让渡中会损害己方的一些权利，也应当认识到在对等原则的基础上，充分尊重对方的利益。如我们可以通过深挖谈判各方需求，寻找共同需求，以共同需要为出发点，充分考虑谈判对方需求，并在此基础上引导对方达成共识。

周恩来总理就一直奉行求同存异的外交方针，最终使新中国打开了外交局面，逐步受到各国尊重。将求同存异理念运用在法律谈判中，就是以求同为重点，彼此尊重各自的不同需求和利益。寻求共同利益的过程也是妥协的过程，如果能成功找到谈判各方利益的共同点，必然能更好地拉近谈判各方的距离，有利于促成谈判的成功。在求同的过程，我们应注意梳理己方可让渡的利益，通过让渡部分利益，促使谈判各方的利益达到一个平衡点，实现合作共赢。如果在谈判过程中完全不考虑对方的利益，固执地坚持己方的利益毫不退让妥协，这样的谈判注定会失败，甚至谈判各方的利益都无法实现。

三、关系（RELATIONSHIP）

关系所包含的内容很广泛，可以指人与人之间的关系、人与事物之间的关系、事物与事物之间的关系，法律谈判的过程就是人和人之间的关系。关系可以细分为不同层面的关系，如政治性的关系、回避性的关系、退让性的关系、妥协性的关系、合作的关系、竞争的关系等。法律谈判总是和各种关系交织在一起，由此可见，法律谈判中不应只考虑利益，还应当考虑到关系，让各方关系有从回避、退让、妥协到合作发展的可能。

从相互依存度的角度考量，人与人的关系可分为相互依赖关系、独立关系、完全依赖关系。相互依赖关系指谈判各方需要依赖对方才能达到各自期待的结果。例如，为完成一个项目，各参与方必须依赖对方的工作才能完成自己的工作，需要相互配合，如果只顾及自己，不考虑对方，就无法完成工作任务。独立关系，指谈判各方在不需要他人帮助的情况下就能够达到自己所期待的结果，相互之间是相对分离的、冷漠的、无关联的。完全依赖关系指谈判中的一方要满足自己的需求，就必须要依靠他人，因此依赖的一方必须能够接受并容忍谈判对方的一时冲动或任何个性。[①] 对独立关系和完全依赖关系，要么独立要么完全依赖，实际上都不需要通过谈判达成目标，在法律谈判中这两种关系是极其少见的。因此，法律谈判中最常见的关系类型是相互依赖关系。

人们在考量利益和关系取舍时，往往会面临两难选择。如果想要利益，可能无法兼顾关系；如果想注重关系，又无法兼顾利益。在法律谈判中，只有同时考虑需求、利益和关系，才能使谈判各方之间达到一定的平衡，最终实现共赢。在法律谈判中，一些谈判者为了与对方保持长期的良好关系而在利益上作出无底线的妥协和让步，甚至有些谈判者会威胁对方如果不作出更多利益的让步，则会损害双方的关系，这种情况下所作出的妥协或者"友好"表示并非真正地考虑关系。因此，在法律谈判中，我们要对利益与关系的权重进行平衡，既不可因考虑关系而毫无底线地进行让步，

---

① 罗伊·列维奇，布鲁斯·巴里，戴维·桑德斯. 商务谈判. 王健，等译. 北京：中国人民大学出版社，2015：27~28.

也不可因一味追求利益，而寸步不让，导致谈判破裂或关系僵化。

四、NIR 的运用

在法律谈判中，需求、利益和关系（以下简称为 NIR），三者相互独立又相互依赖。那么，三要素相互之间是通过什么样的方式来作用于整个法律谈判过程呢？具体来讲，通过运用需求、利益与关系三要素，感知谈判对方的真实需求，在谈判中观察对方的肢体语言和行为，体会谈判对方的变化，通过整合获取的信息，寻找双方或者各方的共同利益，以平衡各方的利益和关系。谈判者在谈判中要注意调整己方的需求、利益和关系，形成从对抗到合作的思维，从静态到动态的思维，从利益至上到和谐共处的思维，以达到绿色谈判的结果。

在法律谈判陷入僵局时，谈判者可以考虑引入第三方调解人，如谈判各方共同相信的行业组织，以调停缓和谈判各方的矛盾。谈判者要通过观察、调整、决策、行动四个步骤来观察谈判对方的需求是否一致，以调整或平衡利益和关系，最终作出决策（参见图四）。一切失败的谈判都是因为需求没有达成一致，或者利益与关系没有得到平衡。例如孔融让梨，孔融把梨子让出去，满足了别人的需求，但是他自己的需求没得到满足。而经典的谈判例证——分橘的故事则不然，两个人争橘子，一人只要肉不要皮，另一人只要皮不要肉，当双方不了解对方的需求时，无论谁得到这个橘子，都只满足了一方的需求。如果谈判能够帮助双方发现各自的真实需求，一个拿到了皮，另一个拿到了肉，这就满足了双方的需求，就是谈判双方的共赢。从利益对抗到利益共同体，从静态利益到动态利益，从侧面思维到综合性思维的过程，实际上就是寻找共同需求，平衡利益和关系的过程。

法律谈判是运用法律思维、法律规范和法律人干预的谈判，要实现引爆需求、聚焦利益、维护绿色关系的目标。首先需要挖掘各方显性或隐性需求；其次需要聚焦各方长期、中期或者短期的利益，区分各自的冲突性利益、差异性利益和共同性的利益；最后需要维护单一关系、多方关系甚至形成绿色关系，最终实现需求、利益和关系的共赢。总之，需求是谈判的起点和动因，利益和关系是谈判中需要考虑的核心要素。法律谈判不是一味地只考虑利益或者关系，也不是只考虑个人利益不考虑他人利益，而

铁三角（NIR）的运用之道

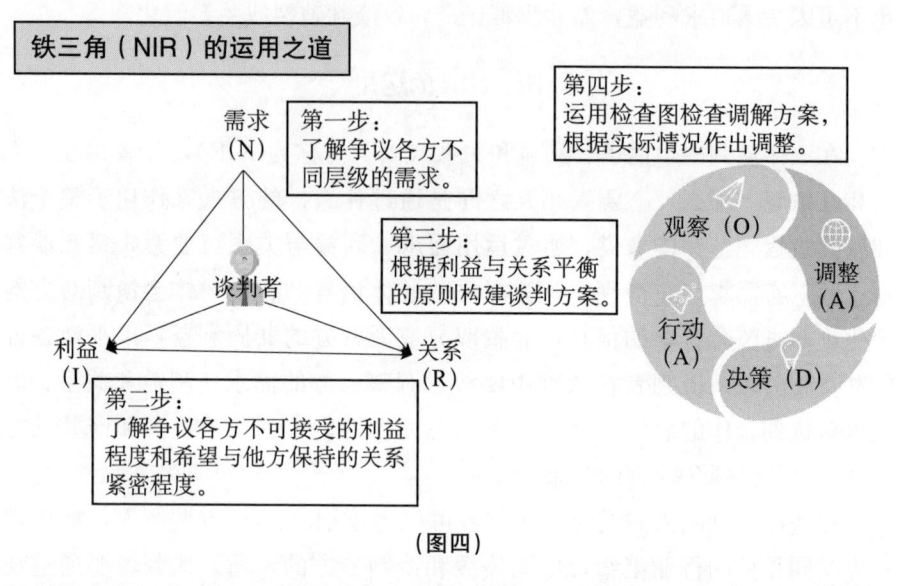

第一步：
了解争议各方不同层级的需求。

第二步：
了解争议各方不可接受的利益程度和希望与他方保持的关系紧密程度。

第三步：
根据利益与关系平衡的原则构建谈判方案。

第四步：
运用检查图检查调解方案，根据实际情况作出调整。

需求（N）
利益（I）
关系（R）
谈判者

观察（O）
调整（A）
行动（A）
决策（D）

（图四）

是要综合考量和平衡，坚持从利益对抗到利益共同体，从静态利益到动态利益，从侧面思维到综合思维，最终实现谈判各方的共赢。

第三节　法律谈判的类型和作用

一、法律谈判的类型

区分法律谈判的类型，对于了解各类谈判的特点和谈判者的风格，把握法律谈判的进程，实现谈判目标有着重大意义。结合国内谈判专家的研究成果与谈判类型研习者的实践经验，在本书中我们着重讨论以下几种分类。

（一）竞争型法律谈判与合作型法律谈判

根据谈判目的是追求单方利益最大化还是双方利益最大化，可以将法律谈判分为竞争型法律谈判和合作型法律谈判。

1. 竞争型法律谈判

竞争型法律谈判是指在谈判资源固定的前提下，法律谈判中一方的目标与另一方的目标相冲突，而双方都希望自身利益达到最大化的法律谈判。

竞争型法律谈判就如同让两个饥饿的人来分一个蛋糕，每一方都希望自己分得更多的蛋糕。若其中一方获得的蛋糕越多，另一方获得的蛋糕就越少，这样，双方的谈判势必会呈现鲜明的竞争性。[1]

2. 合作型法律谈判

合作型法律谈判是指谈判双方以合作为目的，兼顾双方的利益，为达到双赢的结果而进行的谈判。在合作型法律谈判中，谈判双方的利益不是相互对立的，谈判能否成功，关键在于双方的目标能否同时实现，以及谈判中双方能否秉持合作、互惠的态度。在合作型谈判的过程中，双方应开诚布公地进行信息交流，真实地表达自己的意愿及目标，寻找能实现共同目标的方法。特别要说明的是，共同目标的实现，以双方的目标能同时实现为标准，而不是以一方获得比另一方更多的利益为标准。

在实践中，单纯地将竞争型法律谈判或者合作型法律谈判进行到底的情况很少，在大多数法律谈判中，会同时存在竞争型法律谈判和合作型法律谈判，二者之间可以相互转化。在合作型法律谈判中，若只考虑自己的利益而不考虑对方的利益，谈判的共同目标往往难以实现。若合作型法律谈判不能成功，竞争型法律谈判自然也无法进行。当然，竞争型法律谈判的进行也会影响合作型法律谈判的效果。在竞争型法律谈判中，如果冲突或矛盾没有得到解决，则会影响之前的合作，甚至可能使之前的合作型法律谈判达到的成果瞬间瓦解。因此，在实际法律谈判中要妥善地处理好合作型法律谈判和竞争型法律谈判的关系，正确地运用两种谈判类型来达成自己的目标。

（二）达成交易型法律谈判与纠纷解决型法律谈判

根据法律谈判的目的是建立、改善某种关系来达成交易还是解决纠纷，可以将法律谈判分为达成交易型法律谈判和纠纷解决型法律谈判。

1. 达成交易型法律谈判

在我们的日常生活中，达成交易型法律谈判比较普遍。达成交易型法律谈判是指谈判双方为达成某项交易需要建立的某种法律关系而进行的谈判。例如在民法范畴的买卖合同中，双方为了达成自己的目标而需建立某种债的关系，就必须进行谈判。

---

[1] 蔡彦敏，祝聪，刘晶晶. 谈判学与谈判实务. 北京：清华大学出版社，2011：17.

2. 纠纷解决型法律谈判

纠纷解决型法律谈判是指谈判主体为了解决纠纷或者冲突而进行的谈判。与达成交易型法律谈判不同的是，纠纷解决型法律谈判一般以纠纷的存在为前提，是针对已发生的纠纷事实而进行谈判。

达成交易型法律谈判与纠纷解决型法律谈判虽然存在差别，但是二者之间并非完全独立，在某些情况下，达成交易型法律谈判与纠纷解决型法律谈判之间存在交叉和互相影响的关系。达成交易型法律谈判会赋予谈判一方某些权利，这些权利会成为谈判主体进行谈判的条件。例如，在规定有先后履行的合同中，后履行方享有先履行抗辩权。如果先履行方没有先履行合同约定的义务并构成违约，在追究其违约责任时，后履行方享有的先履行抗辩权便是其谈判的条件。随着纠纷解决型法律谈判的进行，双方会为了解决纠纷而达成交易，此时纠纷解决型法律谈判就转化成达成交易型法律谈判。这也是法律谈判机制具有两面性的体现。

二、法律谈判的作用

一次成功的法律谈判，不仅会给参加谈判的双方带来经济效益，还会对整个社会经济产生重大的影响。对于法律谈判者来说，法律谈判不仅是解决纠纷的手段，更是维护当事人合法权益的重要方式。在日常生活中，法律谈判是生活的润滑剂，通过法律谈判可以促进沟通交流、缓解社会矛盾。法律谈判的成功不仅能满足法律谈判主体的利益需求，还有利于促进社会的和谐进步。简单来说，法律谈判主要有协调、沟通、发展、效益四个方面的作用。

（一）协调作用

法律谈判是解决法律纠纷或者避免法律纠纷的重要手段，双方当事人通过谈判，使各方利益得到协调。众所周知，大多数民事纠纷在开庭审理之前，法院一般会组织双方当事人进行调解，尤其在离婚诉讼中，庭前调解是必经程序。调解的过程便是双方当事人进行法律谈判的过程。通过调解方式进行的法律谈判不仅在很大程度上节约了诉讼成本，而且提高了纠纷解决的效率。在调解的过程中，当事人可以提出自己的要求，对方可以答应或拒绝。诉讼双方当事人也可以就解决争议的办法及财产性赔偿的给付金额进行协商，以达到协调双方利益的目的。

（二）沟通作用

法律谈判往往能够搭建人与人之间沟通的桥梁。在当下信息爆炸的时代，企业和客户都面临着从繁杂的信息中挑选自己所需内容的困难。将所需信息挑选出来后，应如何将众多的信息转化为可评判的具体标准呢？这时候，法律谈判就必不可少了。通过法律谈判，企业知道了顾客对产品的具体要求，方可设计出更符合顾客需要的产品，进而开拓更广阔的市场，带来更大的经济效益。当然，在法律谈判的过程中，信息的传递是双向的，企业不仅可以搜集客户对产品的评价等相关信息，还可以向顾客传递其产品、服务和企业发展的理念。[1] 类似地，在法律谈判中，有诉讼代理人在场的法律谈判不仅是面对面的沟通交流，更是双方当事人间的信息交流与互换。法律谈判双方通过不断沟通、反复磋商，最后达成让双方满意的谈判结果。

（三）发展作用

一般来说，企业或机构间的谈判，很大程度上关系到其自身的生存与发展。一次成功的法律谈判，要以让企业达到应有的经济规模效益和实现长期发展为目标，如果谈判不成功，企业的发展计划就无法实施。首先，通过法律谈判，生产商能增进对经销商的了解，建立更好的销售渠道，实现企业的长期发展目标。其次，通过法律谈判，企业的资金、技术设备、原材料、劳动力等资源的用途能够得到最大限度的发挥。从宏观层面来看，法律谈判不仅可以使企业得到更好的发展，而且能促进市场经济的发展。市场经济的内涵是等价交换，交易双方在互利的基础上，通过法律谈判改善了交易关系，提高了交易的成功率，促进了经济的发展与繁荣。同样地，在法律谈判中，谈判双方遵循一定规则展开谈判，平衡了各主体的利益，化解了双方的矛盾，维持了社会的稳定，从而促使人类更好地向前发展。

（四）效益作用

毋庸置疑，成功的法律谈判会给企业带来极大的经济效益。法律谈判可以减少企业成本。例如，如今企业产品市场推广的营销手段日趋多样化，

---

[1] 杨群祥，主编．商务谈判——理论、实务、案例、实训．大连：东北财经大学出版社，2012：11.

有媒体广告、社会活动、慈善活动等多种手段。无论选择哪一种营销手段，双方都需要进行法律谈判才能达成协议，最终实现企业的预期效果。法律谈判可以增加诉讼各方的福利。例如，在民事诉讼中，谈判成功不仅节约了诉讼成本，而且节省了双方的时间，既直截了当地解决了问题，又提高了法院的办案效率。更为重要的是，通过法律谈判，双方当事人达成协议，明确各自的权利与义务，可以避免纠纷再次发生，当事人的权益通过法律途径受到更好的保护。

第四节　法律谈判的原则

作为解决纠纷的重要手段之一，法律谈判力求将各种资源进行有效整合，形成互补，最终实现双赢。面对不同的谈判场景，谈判者所采取的策略必然会有所不同，但是谈判者在法律谈判的过程中还须谨记一定的准则，坚持固有的底线，这便是法律谈判的原则。法律谈判主要有以下几个原则。

一、平等自愿原则

每一场谈判，从某种意义上说，都是一场没有硝烟的战争。虽然在法律谈判中，法律谈判者都有各自的立场，但整场谈判是各方运用法律思维，在平等自愿的基础上进行的。法律谈判者不会因为自身立场的问题而一味地向对手施压发难，他们理性、客观，深知实现各自的立场固然重要，但各方在平等自愿基础上取得共识，并共同为各方利益作出努力，实现良好的合作，才是人们通过法律谈判最终希望达到的目标。这一目标有赖于各方存在平等的关系，并且自愿达成合作。

实际上，在法律谈判中，一方以羞辱或者以高姿态的方式与对方谈判，不仅难以达成合作，还有可能使谈判对方产生对立情绪，甚至导致谈判破裂。即使在上述不平等、不自愿的情况下侥幸达成合作，合作各方也必然不会愿意为各方的共同利益付出百分之百的努力，最终自然无法实现法律谈判的目标。因此，坚持平等自愿的原则，是每一位法律谈判者应该谨记并谨守的。

二、客观理性原则

每个谈判者都有自己的个性、喜好和情绪。在谈判中，随着情景的变化、程序的推进，谈判者难免会流露出自己的一些情绪，也会在不经意间受到谈判对手情绪的影响。因此，我们在谈判中要时刻保持清醒的头脑，克制自己的情绪，避免受到对方情绪的干扰，冷静客观，抓住谈判中的关键问题，控制谈判的进程。在法律谈判中过分情绪化，不仅不利于与对方当事人进行沟通与协商，还很可能掉入对方的情绪陷阱中。坚持理性客观这一原则，还要求我们在谈判中不要过分强调面子，即过分在意自身的情绪和感受。很多谈判对手正是抓住这一点加以利用，使对方获得了面子，却失去了最为重要的利益。

在法律谈判中，谈判者应该坚持初心。当无法迅速摆脱当下的逆境时，谈判者切不可意气用事。保持清醒的头脑可以让你在谈判中仔细观察，寻找到对方的弱点和缺陷，从而一举攻破，将主动权牢牢握在自己手里，实现谈判的既定目标。

三、共同利益原则

在谈判中，无论是竞争型谈判还是合作型谈判，谈判各方都有自身的利益、需求，但是这些需求并不妨碍当事人之间存在利益交集，当事人之间是可以实现双赢的。谈判者必须明白，谈判中的"输赢"不仅是谈判桌上的输赢，而且是在平衡各项得失后所综合得出的价值评判。在合作型谈判中，绝对的单方利益是不可能存在的，只有寻求更多的共同利益，在日后的合作中才能实现更多的单方利益。而在竞争型谈判中，双方从一开始就处于极度紧张的状态，可这并不意味着完全找不到共同的利益点，如双方共同努力减少时间成本，其实就是在变相地实现自身利益的更大化。作为谈判者，不应该拘泥于谈判桌上的是非曲直，而是要根据自己最初的利益目标，提出多方位的解决方案，寻求共同利益，最终实现单方利益。

在谈判中，可寻求的共同利益越多，谈判最终成功的可能性也就越高。但是如果在利益恒定的状态下，谈判各方都想得到最大的利益，谈判就会陷入僵局。因此，在互惠互利的原则下，我们不仅要明确自身的既定利益目标，也要考虑对手的利益需求与可接受程度。在谈判中，谈判人员要平衡各方的利益，提出相对公平、合理的方案，并让对方明晰该方案中可获得的利益，最终认可该方案，从而实现合作。谈判是一个双方或多方博弈的过程，不可能由一方将利益占尽，想要获得更大的利益，就必须了解对手的需求，寻求各方的共同利益，坚持互惠互利，从而实现单方利益。

四、合法合理原则

谈判是一个谈判者交锋的过程，也是一个相互妥协和让步的过程。即便是妥协与让步，也必须有理有据，依照一定的规则或标准来进行。如果一味盲目地退让，只会让对手觉得你无原则、可欺负，从而使自己在谈判气势上处于下风。如果谈判者在谈判中一味无理地要求对方妥协与退让，这种强势的谈判风格会让对手不适，无法达成共识，从而使谈判陷入僵局。所以，法律谈判者所提出的妥协或诉求都不应该是盲目主观的，而应该以一定的客观标准进行衡量。这一客观标准，不应该由单方决定，而应该是受到各方认可的准则。此时，以法律、习惯以及商业惯例等来作为评判准则较为合理，同时也易于让谈判对手信服。客观的标准不仅可以让谈判者进退有据，还可以尽可能减少谈判中的摩擦。即使谈判失败，也不会将其归咎于某一谈判者的武断，从而使双方依然保持友好关系。

在法律谈判中，各方通过一段时间的博弈，就某一项目或事务达成共识，最终以一定的形式固定下来，即形成谈判协议。该协议是未来各方按照谈判结果履行义务与行使权利的有力保障，如果一方拒绝履行义务，则很可能会使冲突上升至诉讼层面，因此谈判结果的固化显得尤为重要。在固化的过程中必须考虑将来可能出现的问题，遵循一定的法律依据，将风险降至最低。坚持合法合理原则，才能保证谈判协议不会成为一纸空文。

第二章　法律谈判的主体、素养与团队管理

案例指引

中国某钢铁公司欲收购某冶炼厂，委派公司法务胡律师组建一支谈判团队与冶炼厂进行谈判，胡律师针对此次谈判挑选了五名成员组成谈判团队，其分别为市场分析人员、冶炼方面的技术专家、谈判记录人员以及作为辅谈人的胡律师的助理。在谈判前期，胡律师团队做了充分的准备工作。首先，技术专家查找该冶炼厂已有冶炼技术及其核心技术资料，市场分析人员花了大量时间对国际国内市场的收购行情及该冶炼厂的历史背景和运营情况等进行调查了解，并制作了调查分析报告。其次，针对此次谈判，胡律师还组织成员进行了模拟谈判训练，讨论在谈判中应使用的谈判技巧与策略，并决定在必要时采取"红白脸"策略。谈判伊始，胡律师就收购价格提出报价人民币1.6亿元，并将早已准备好的调查分析报告递交给冶炼厂代表林经理，开始列举各国公司收购价格，就国际行情进行分析。林经理清楚胡律师团队是有备而来，经过一番讨价还价，最终确定收购价格为人民币1.66亿元。在确定了收购价格后，胡律师提出希望收购时冶炼厂能将其核心技术一并转让，将其所有权转让给钢铁公司，而不只是使用权。林经理听到后坚决反对，该核心技术是冶炼厂得以发展运营的基础，且该厂已同意钢铁公司可以拥有该技术的使用权，现在却得寸进尺，林经理十分气愤，表示不愿再继续谈下去。胡律师见状表示："我们清楚你厂的技术是十分先进的，目前十分具有竞争力。但事实上，如今国内的其他厂家也逐渐在研发和掌握这项技术，我们拥有这项技术只是时间问题。而且，据我们了解，你厂资金周转不灵，处于破产边缘，我认为此时或许更应以冶炼厂的存活为首要任务，不必太纠结于技术转让。而且我相信凭借我公司

的资本规模、市场占有率以及发展战略，是能够给你厂带来更多效益，使你厂起死回生的。因此，希望贵厂能够再仔细考虑一下我方的收购条件，期待我们之间能实现合作。"林经理听后表示认同，但此事关系重大，需经高层集体讨论后才能作出决定。一周后，林经理致电钢铁公司表示，其厂高层经讨论，决定接受钢铁公司提出的收购条件。最终双方就收购条件达成一致，并签署了收购协议。

思考：

1. 法律谈判的主体有哪些？
2. 案例中法律谈判团队的构成是怎么样的？

第一节 法律谈判的主体

谈判者的处事风格、行为作风等都会对法律谈判产生重要影响，而人与人之间在这些方面既有共性又有个性。在法律谈判中，我们通过研究谈判者之间思维方式、言行举止的共性，从而分析和预测对方谈判主体的举措，并找出应对之策；通过了解谈判者之间个性、风格的差异，以分析其可能对法律谈判造成的影响并做好备选方案。英国哲学家培根说过："如果你要跟人打交道，你要么首先了解他的个性和风格，而后诱导他；要么了解他的目的，然后说服他；要么了解他的弱点和短处，而后威胁他；要么了解他的兴趣和嗜好，而后控制他。如果对方诡计多端，那你就得仔细揣摩他的用意，捉摸他的言语，少说为妙，以免正中对方下怀。"[①] 总而言之，不同的法律谈判者对法律谈判有着重要的影响，在整个谈判中，法律谈判主体的能动性具有决定性的作用，他们的谈判风格与方式会直接影响谈判的结果。因此，研究法律谈判主体是非常有必要的。

一、法律谈判的关系主体与行为主体的概述

法律谈判的主体，即为一定利益参与谈判的人员。随着社会经济的不

[①] 艾瑞克，伊文恩. 你就是谈判高手. 陈玲，等译. 北京：中国水利水电出版社，2004：68.

断发展，社会分工的日益精细，在法律谈判中常常会出现谈判的利益主体与实际参与主体不一致的情形，这个时候就需要予以区分。在法律谈判中，委托他人代表自身立场或者利益进行法律谈判的委托人即"关系主体"，而代表他人利益在委托权限范围内实际参与谈判的受托人（代理人）即"行为主体"。在法律谈判中，行为主体经常处于两种完全不同的谈判关系中：一是代理人与委托人的关系，二是与对方谈判者的关系。我们在此部分主要分析第一种关系。

区分法律谈判中的关系主体与行为主体十分重要，这直接关系到谈判权限。在法律谈判中，行为主体始终代表的是关系主体的利益，而关系主体需要将自身的需求、目标等与行为主体进行充分沟通，以保证关系主体与行为主体在战略、目标等方面保持一致。行为主体始终要遵循合法原则及尊重委托人意志的原则，在关系主体的授权范围内参与谈判，实施谈判策略，并适时向关系主体汇报谈判的进展和结果。

二、法律谈判的关系主体与行为主体的关系

（一）法律谈判的关系主体与行为主体的合一

在日常生活中，法律谈判的关系主体和行为主体合二为一的情形非常普遍。在家庭或者其他日常生活中，人们常常以自己的名义、代表自身的利益直接与对方谈判，此时，法律谈判的关系主体与行为主体合一，法律谈判主体之间的关系相对比较简单，双方的利益诉求点也十分明晰，谈判者在法律谈判中能够及时、迅速地针对价格等争议焦点进行协商。但是，我们也应该看到，在这种简单的谈判形式中，法律谈判主体更多地受自身利益的限制而易为细节所绊，忽略大局。所以，在法律谈判关系主体与行为主体合一的情形中，谈判者应当始终保持冷静的态度，跳出思维的局限，从"单赢"走向"共赢"。

（二）法律谈判的关系主体与行为主体的分离

在日益纷杂的社会经济生活中，法律谈判的关系主体与行为主体分离的情况已成为一种常态。例如，在企业与他人发生争议或者需要达成某种合作时，单位的法定代表人或主要负责人往往不会直接参与谈判，而是委

托专业谈判者实施谈判。谈判的关系主体与行为主体的分离兼具优势与劣势。

1. 法律谈判的关系主体与行为主体分离的优势

（1）一般而言，受托参与法律谈判的行为主体都会具备一定的专业技能，因此其在法律谈判中较之关系主体更为专业，能最大程度维护关系主体的合法权益。

（2）因法律谈判的行为主体代表的是委托人的利益，因此其可以更为客观地看待谈判标的，可以帮助委托人寻求真实需求、共同需求，通过与委托人的沟通与交流，制定合适的谈判目标、战略计划、策略技巧等。而且，受托人在具体案件中可能不仅仅是一个单纯的代理人，有时还扮演着协调人的角色：一方面，在与谈判对方进行谈判时能够冷静、明确地表达委托人的立场、意见；另一方面，在向委托人反馈谈判事宜时，可以向其分析谈判对方的立场和不同谈判方案的优劣。因此，法律谈判的行为主体作为连接双方当事人沟通的桥梁，推动着法律谈判的顺利进行。

2. 法律谈判的关系主体与行为主体分离的劣势

（1）法律谈判的关系主体与行为主体之间存在沟通不充分的情形。在法律谈判中，可能会因为委托人未清晰表达或不愿表达谈判背景及自身的真实需求，从而导致法律谈判的行为主体在谈判中偏离方向，最终未能维护当事人合法权利。因此，在法律谈判前，委托人应当向受托人清晰阐述法律谈判的背景，明确谈判的目的，而受托人应当引导委托人明晰真实需求，共同制定谈判方案。

（2）委托权限的风险。在法律谈判的关系主体与行为主体分离的情况下，行为主体必然是在委托人授权的范围内进行谈判活动，而委托权限的范围由法律谈判的关系主体决定。委托权限过宽，可能导致委托人对谈判的控制程度不够；而委托权限过窄，则可能造成行为主体受到的限制过多，影响谈判的进程与结果。在法律谈判中，还可能存在法律谈判的行为主体超越委托范围来进行谈判的情形。因此，在法律谈判前，法律谈判的关系主体应当明确委托权限范围，并与受托人充分沟通；在法律谈判中，行为主体应在授权范围内最大限度维护委托人的合法权益。

第二节 法律谈判人员的素质与培养途径

一、法律谈判人员的素质要求

法律谈判行为主体的整体素质直接影响着法律谈判的整个进程与最终的谈判结果。一名优秀的谈判人员应具备以下素质。

（一）扎实的法律基础

作为一名法律谈判者，掌握好专业的法律知识与法律技能是最基本的素质要求。谈判者只有具备扎实的法律基础，才能确保法律谈判的过程以及谈判的结果在合法的范畴内，确保法律谈判各方达成的谈判成果是有效的。

（二）良好的职业道德

良好的职业道德是法律谈判人员的必备素养，也是法律谈判成功的必要条件。谈判时，法律谈判人员作为特定关系主体的代表，不仅代表着关系主体个体的经济利益，而且在某种意义上还肩负着维护国家利益的义务和责任。因此，法律谈判人员必须遵纪守法，忠于职守，具备良好的道德修养和社会责任感。

（三）健全的心理素质

法律谈判是谈判各方脑力和体力的较量过程，所以一个优秀的法律谈判者应具备健全的心理素质。在法律谈判中，谈判环境瞬息万变，谈判对手为了达成谈判目标常常会使用一系列手段来施加压力，如最后通牒、故意制造僵局等。因此，法律谈判者需要根据谈判环境的变化冷静地作出应对，这些都离不开良好的心理素质。优秀的法律谈判者，应具备坚忍顽强的意志力、高度的自制力和良好的情绪控制力，在面对谈判劣势或者谈判压力时，做到不卑不亢、不急不躁、坚守底线、及时反应，从而维护当事人的合法权益。

（四）合理的学识结构

法律谈判者应当具备合理的学识结构，即与谈判相关的全面的知识构架。优秀的法律谈判者不仅要具备广阔的知识面，还需要在某些领域具备较深造诣。也就是说，谈判者不仅应在横向方面具有广博的知识，而且要在纵向方面（在某些领域）具有专门的研究，由此以深度广度共同构成"T"字型的知识结构。[①]

1. 法律谈判人员的横向知识结构

从横向方面来说，法律谈判人员除应当具备相应的法律知识，对销售、金融、财税等相关学科的基础知识也应有一定了解。即法律谈判人员的知识范围要有一定的宽度，以应对复杂的谈判活动。

2. 法律谈判人员的纵向知识结构

合格的法律谈判者，仅仅具备基础综合知识是不够的，还应在某些专业有深入的研究，例如就工程纠纷进行法律谈判，需掌握工程造价知识。

"T"字型知识结构是一名优秀的法律谈判人员的必备条件，也是一名称职、合格的谈判人员应该具有的职业素质。法律谈判人员在力求将自己培养成各方面都懂的全才之余，还应该精通谈判相关的专业知识，既具备知识的宽度，也注重知识的深度，这样才能提高自己的谈判实力，最终取得谈判的成功。

（五）能力素养

谈判者的能力素养，是指谈判人员驾驭法律谈判这一复杂多变的"竞技场"的能力，是谈判者在谈判桌上充分发挥作用所应具备的主观条件。[②]它主要包括以下方面。

1. 洞察和分析能力

法律谈判人员应该善于思考和分析谈判对方的隐藏意思，这是法律谈判人员应该具备的基本能力之一。在法律谈判过程中，谈判者出于自身的立场与利益，往往会故意给出错误的信息以误导对手。优秀的法律谈判者不应被表面信息所迷惑，而应冷静观察和思考对方的言行举止，分析判断出对方的真实意思，洞察对方的真实意图，以便找准对策，进行有效反击。

2. 计划、运筹能力

所谓计划、运筹能力，是指对整个法律谈判过程的把控能力。具体到法律谈判中，可以细化为提前了解谈判对手的情况，确定对己方有利的谈

---

① 方其，主编. 商务谈判——理论、技巧、案例. 北京：中国人民大学出版社，2011：131.
② 彭庆武，主编. 商务谈判——理论与实务. 北京：北京交通大学出版社，2014：109.

判时间和地点，制作详尽的法律谈判方案，把控谈判进程，合理使用谈判策略与技巧等等。法律谈判者计划、运筹能力的高低，将直接影响谈判进程和谈判结果。

3. 语言表达能力

法律谈判是通过语言进行沟通与交流，来解决纠纷或者达成交易的。优秀的法律谈判者应善于运用语言的艺术来表达自己的意图，强化谈判的效果。在法律谈判中，语言可分为口头语言、书面语言与肢体语言三类。无论使用何种语言，法律谈判者都需要准确、巧妙地表达自己的意思，使对方充分了解自己的意图。

4. 应变能力

在法律谈判过程中，突发情况难以避免，而再严密细致的准备都不可能预见到所有可能发生的情况，此时法律谈判者的应变能力就显得尤为重要。法律谈判者应能够冷静、准确、迅速、灵活地处理各种情况，从而掌控谈判局势。一般来说，应变能力主要包括处理意外事件的能力、化解谈判僵局的能力、巧妙设局的能力等。

5. 交际能力

法律谈判不仅是一个谈判的过程，还是一个交际的过程，所以，法律谈判者应具备交际能力。这种能力主要体现在两个方面：一方面，法律谈判者应与当事人保持良好的互动，取得委托人的信任，能充分有效沟通，了解当事人的需求以及谈判目的；另一方面，法律谈判者应与谈判对方沟通顺畅，能清晰表达己方诉求，最大程度地说服对方，促使法律谈判能够顺利进行。

6. 创造性思维能力

创造性思维可以帮助人们更加灵活、创新地解决问题。法律谈判人员应具备丰富的创造性思维能力，勇于开拓创新，拓展法律谈判的新思维、新模式和新方法，灵活、创新地促使谈判目标的实现。

（六）礼仪素养

1. 服饰礼仪

人与人之间的第一印象是非常重要的，在法律谈判中，谈判人员如果形象得体、整洁，给对方留下良好的第一印象，能有效推动谈判的顺利进行。反之，若谈判人员形象邋遢、随意，则可能对谈判产生负面的影响。其中，服饰礼仪是法律谈判中最基本的礼仪，法律谈判者的服装、发型、鞋子甚至饰品都可能影响谈判的进程。服饰礼仪包括服装要素、体型要素、妆容要素、配饰要素、表情要素，不同体型的人在不同的谈判场景中应注意服装、妆容、配饰、表情等礼仪。

2. 社交礼仪与禁忌

整个法律谈判活动不仅包括中期磋商这一核心过程，还有见面、会餐等不同的活动。因此，谈判者还应注意迎接、见面、会谈、宴请、馈赠、签约等礼仪与禁忌。如在会见时，一般要将主人和主宾的座位安排在面向出口的位置，同时让客方人员坐在主人的右侧。又如，谈判各方是面对面而坐，且主客方中一方必须面门而坐时，则应安排客方坐在朝向门的位置（即尊位），主方应坐在背门的位置，以示对客人的尊重。

3. 风俗习惯与禁忌

不同地域、国家的文化背景、民族风俗、宗教习惯等各不相同，人们的喜好、禁忌也不尽相同。在法律谈判中，法律谈判者除了遵循一般的谈判礼仪之外，还应了解对方国家的风俗习惯，避免禁忌情况的发生。如日本人重视交情，很爱面子，等级观念强；美国人注重法律，注重合同，性格直接坦率；英国人重视私人空间，注重个人修养和礼貌，喜欢按部就班等。

二、法律谈判人员的培养途径

从上述可见，谈判人员应当具有较高的素质，而这些素质并不是先天生成的，更主要的在于后天培养。素质的培养不可能一蹴而就，而是需要系统专业地进行。目前谈判人员主要的培养模式有学校培养、机构组织培养、商事主体培养以及个人的自我培养。

（一）学校培养

学校的培养应主要包括两方面内容：一方面，学校培养法律谈判人员扎实的基础知识，包括法律基础知识、基础文化知识、谈判理论知识等；另一方面，学校培养谈判人员健全的心理素质以及与人沟通交流的能力，为法律谈判人员将来进行法律谈判活动奠定基础。相对国外不少学校已在法学院开设法律谈判课程而言，国内很少有专门开设谈判课程的学校。但令人欣喜的是，这种情况已开始改善，国内有不少学校逐渐重视起学生法律谈判能力的培养，如湘潭大学法学院就开设了全国首个调解谈判专业方向，向学生教授调解课程、谈判课程以及心理课程等。

（二）机构组织培养

此处"机构组织"的含义比较广泛，包括行业协会、仲裁组织、学会等。在法律谈判的实践中，谈判者仅靠书本上的知识并不能胜任整个谈判工作，需要不断学习、提升，接受更多形式的培训和锻炼。随着我国多元化纠纷解决机制的不断发展与完善，国内许多协会、学会等纷纷开始重视调解谈判人才的培养，它们定期或不定期组织系列培训，让组织内部成员或者特邀人员参加，以提高受训人员的法律素养、沟通能力、语言表达能力等。

（三）商事主体培养

除学校培养与机构组织培养之外，还存在商事主体培养的方式。在国外早已出现专门提供法律谈判服务的公司，但在国内，从事谈判以及谈判人员培养的商事主体还比较少。不过，随着谈判在国内日趋普及，更多的商事主体开始关注这一领域。如我国第一家谈判公司——湖南创通商务谈判咨询服务有限公司已经于2013年成立，并在谈判调解培训方面开展了系列活动。随着商事主体对谈判领域的重视，在不久的将来，它们必将成为谈判人员培养的重要基地。

（四）自我培养

学校、机构组织和商事主体为法律谈判人员的培养创造了良好的外部环境，法律谈判人员还应通过自我培养的方式提高自身谈判素养。谈判者可以通过下述四种科学方法进行自我培训，以提高自身的善辩能力、业务能力、组织能力、交际能力等。

1. 博览

法律谈判人员除了精读法律知识之外，还应广泛涉猎相关领域的知识，如科技、商业、金融、保险、运输、逻辑乃至政治、军事、文化等领域，以便构建较为完整的知识体系。

2. 勤思

上述的博览只是一个吸收过程，法律谈判者若想将所获得的知识运用于谈判实践，还应对知识进行自我消化，做到"勤思"。对外界的事物善于思考，并注重亲身体验，可以帮助法律谈判者提高对问题的理解能力。

3. 实践

"纸上得来终觉浅，绝知此事要躬行"。实践才能学到真知、悟到真谛，才能检验学习成果，将知识融会贯通。将知识运用于实践才是法律谈判的最终目的。所以，法律谈判者要重视每一次实践机会，将学到的理论运用起来，通过实践不断深化、反思、提高。当然，实践必须有理论知识的指导才能事半功倍。

4. 总结

法律谈判中需要掌握的东西很多，要想从实践中获得更大的收获，就必须学会总结。对于法律谈判者而言，每一次学习和谈判的机会都是一次增加阅历与提高技能的机会，值得认真归纳和总结。总结的方式多种多样，可以静思反省，理清头绪；也可以书写记录，留作存档等。

第三节　法律谈判团队

一、法律谈判团队的规模

法律谈判团队的规模具体涉及法律谈判团队的人员数量、人员配备等方面。个体谈判的好处在于：一方面，个体谈判者可以在授权范围内根据谈判桌上的局势变化随时改变策略，及时抓住机遇，而不必像集体谈判那样，在信息沟通、角色分担等内部协调的问题上耗费大量的精力，从而错失良机；另一方面，个体谈判者不需要担心对方谈判者采取诸如各个击破、制造内讧等手段来打击己方，从中获利。但是，谈判规模由一人组成也有缺点，在比较大型的法律谈判中，由于涉及知识广泛、需要收集的资料繁多等，个体谈判者一般不能扮演全部角色，胜任全部工作。并且，在法律谈判中，法律谈判者应侧重于解决纠纷，若是在收集、整理资料上花费太多时间，则可能会不利于当事人利益的实现。在现代经济生活中，因为经济纠纷愈发庞杂，因此个体谈判的适用范围越来越窄，而团队谈判越来越受到青睐。

相较于个人谈判，团队谈判具有以下优势：第一，由于法律谈判团队中成员的背景价值观不同，看待问题的角度自然不同。因此，团队中的成员可以从不同角度对问题进行全面的分析，从而避免陷入片面、狭隘的谈判思维中去；第二，法律谈判团队成员之间可以在性格、知识、特长等方面取长补短，优势互补；第三，进行法律谈判时，各成员可以分工合作，使用"一个唱红脸，一个唱白脸"等策略与对手进行周旋，最终达成更有利于己方的谈判结果；第四，以法律谈判团队的形式与对方进行谈判，不仅显示我方对该谈判的重视与势在必得，还可在气势上给对方以压力，在法律谈判中占据有利地位。

二、法律谈判团队规模的考虑因素

个体谈判与团队谈判各有利弊，在实践中需要根据具体的情况决定是由一人还是组建团队进行法律谈判。通常，面对小型的、法律关系简单的纠纷，可以由一人进行谈判；而大型的、法律关系复杂的纠纷则需要慎重对待，最好组成谈判团队进行谈判。谈判团队成员当然也不是越多越好，谈判团队规模的大小应该综合考虑工作效率、管理的难易程度等因素。谈判专家认为由4人左右组成一支法律谈判队伍最为合适，这是根据以下三个方面因素来考虑的。

（一）法律谈判团队的工作效率

谈判团队成员若想要有效开展工作，需要对内部人员进行合理的分工，不能一味追求人员数量的最大化。其实规模越大，意见越难统一，往往也越可能发生内部争执，从而影响对外的谈判工作。根据大多数的法律谈判实践经验，要保证法律谈判的有效进行，应把人数控制在4人左右。

（二）法律谈判团队的有效管理

法律谈判桌上风云变幻、瞬息万变，无论是个人的独立应变能力，还是团队内部的协调能力，都在谈判中占据重要的地位。而领导者对下属的有效管理是有限度的，领导者的管理幅度最好控制在4人左右，一旦超过该限度，可能会在内部的协调控制方面发生问题。

（三）法律谈判团队的知识互补

在一个大型的法律谈判项目中，除了专业的法律知识，还会涉及许多专业知识，如商务、金融等，但这并不意味着谈判团队需由各种具备相应专业知识的人组成。大型的法律谈判往往会分成不同的阶段，而每个阶段所需的专业知识是有限的，所以，谈判团队的组成人员只需具备几种主要的专业知识即可，而对于一些细节涉及其他专业层面的，要么安排另外的小型谈判予以解决，要么聘请该方面的专家做顾问，给法律谈判队伍出谋献策，而不需扩大谈判队伍的规模。

总而言之，法律谈判团队的组成，既要有利于高效运作，又要便于领导者控制，还要能胜任谈判任务。

三、法律谈判团队的成员构成

一般来说，法律谈判团队配置的人员主要分为两大类：法律人士与非法律人士。

（一）法律人士

法律谈判中的主谈人通常由法律人士担任，因此对于法律谈判团队而言，法律人士是必不可少的。

1. 法律人士在法律谈判中的地位

法律谈判本质上是一种代理谈判，法律人士作为谈判者不享有决定权。所以，在法律谈判活动中，法律人士必须明确了解自身的地位，在委托范围内进行谈判，时刻谨记"当事人的最大利益只有当事人自己清楚"。法律人士可以利用自身在法律等方面的专业能力，说服谈判对方，保证法律谈判在合法范畴，但是不能替委托人"拿主意"，更不可以直接违背委托人意志"达成交易"。

2. 法律人士在法律谈判中的作用

在法律谈判活动中，法律人士可以是谈判一方的统筹者，也可以仅是谈判一方的法律顾问。法律人士的职责不同，作用也就不同。

（1）当法律人士作为法律谈判的主谈人或者统筹者时，应对整个谈判进程进行把握，对谈判成员进行分工，制作谈判方案、确定谈判战略与策略等。这时，法律人士关注的领域虽然也包含法律，但是其最重要的作用是带领整个团队发挥最大效应，以实现当事人的目的。

（2）虽然作为主谈人的法律人士也可以为法律谈判提供咨询服务，但是在谈判案件需要某特定领域的法律专业知识或者法律谈判工作相对繁杂时，就需要在谈判团队中配备专门的法律人士作为整个谈判的法律顾问。此时，该法律人士的主要工作职责是为当事人提供法律咨询与法律分析。他要听从谈判统筹者的安排，确保谈判进程以及谈判的结果在法律规制的范畴内。

（二）非法律人士

非法律人士在法律谈判团队中的作用是不可或缺。法律谈判中的非法律人士一般包括：

1. 商务人士

法律谈判中配备的商务人士通常需了解市场行情、营销策略、熟悉项目情况，可以由己方企业的销售经理或相关行销人员担任，也可以聘请企业外对市场或价格谈判熟知的人员担任。商务人士的具体工作包括向主谈人员阐述谈判中相关的商务思路、了解对方商业背景和目的，对市场情况进行梳理和分析，找出谈判各方的分歧和差距，与对方就谈判的价格以及细节进行磋商等。

2. 技术专家

配备何种专业人士应根据个案的具体情况进行调整。如在建筑工程质量的案件纠纷的法律谈判中，可以配备一位专业的工程师，以使谈判人员更好地理解法律谈判中需要关注的技术要点。

3. 熟悉业务的翻译人员

当遇到涉外案件时，在法律谈判团队中最好配备一位出色的翻译人员。该翻译人员应该熟练掌握案件所需的外语及相关知识，且能与团队其他人员紧密配合。在进行法律谈判时，翻译人员不仅要起到语言沟通桥梁的作用，还要能够随机应变，洞察对方谈判者的隐含意思与心理特征，及时提醒我方谈判人员。优秀的翻译人员能增进谈判双方的相互了解，推动法律谈判的进程。

4. 财务人员

法律谈判团队中的财务人员应当熟知法律谈判团队中的各项成本支出，并能合理安排团队的财务消费。一般而言，财务人员最好由优秀的会计人员担任。

5. 记录人员

在法律谈判中，一份完整、准确的记录材料既是重要的资料，也是进行后续谈判的依据，因此记录人员在法律谈判团队中的重要性不言而喻。通常而言，记录人员应具有熟练的文字记录技能与专业基础知识，能迅速准确、全面完整地记录谈判内容。

四、法律谈判团队内部的分工与配合

正如前文所言，在大型的法律谈判中，由于个案复杂、涉及的知识面过广，个体谈判者无法胜任全部工作，所以需要组建法律谈判团队，通过团队成员之间的默契协作以及优势互补增强己方法律谈判团队的实力，以实现既定目标。但需要注意的是，在谈判团队中，谈判团队成员必须根据个案的具体情况进行妥善分工，确保同心协力地完成谈判任务。否则，法律谈判团队不仅不能发挥团队效应，还有可能因为内部的矛盾和争议阻碍谈判的进程，造成不可估量的损失。那么，法律谈判团队的成员之间应如何进行妥善分工、协调配合呢？

（一）法律谈判团队中的负责人和主谈人之间的紧密配合

在法律谈判团队中，负责人和主谈人一般由专业的法律人士担任，而负责人与主谈人可以是同一人，也可以由不同的人担任。

谈判负责人，一般是整个团队在谈判过程中的最高领导者。若是负责人亲自参与谈判、主导谈判，那么负责人即是主谈人。当然，负责人也可根据个案实际情况另行安排主谈人。需要注意的是，即使负责人不担任主谈人，其也有权参与谈判进程，例如在谈判时发表意见，补充主谈人的观点，回答对方谈判者的问题，反驳对方的观点，甚至在必要的时候可明确否决主谈人表达上的严重错误等，但负责人的表达应该讲究方法，以免影响团队协作。

谈判主谈人，是指己方法律谈判目标与谈判谋略的具体实施者。一般来说，主谈人应具备如下素养。

（1）具有良好的道德修养与职业素养。

（2）思维敏捷，善于察言观色，懂得把握谈判时机，抓住机遇，掌握法律谈判的主动权。

（3）拥有优秀的专业水平与谈判能力，善于将理论知识应用于法律谈判的实践中。

（4）心理素质强大，能在谈判劣势中顶住压力与对方谈判者交涉、协商，实现己方的谈判意图。

在法律谈判团队中，负责人与主谈人是整个谈判团队的核心成员，所以二者之间的相互配合尤为重要。负责人与主谈人应以谈判大局为重，彼此尊重。一方面，如无十分必要，谈判负责人不应该打断主谈人的发言或否定其观点；另一方面，对于谈判负责人的干预或否决，主谈人应给予理解与尊重，切勿互不相让，造成谈判团队的内讧，给对手可乘之机。

（二）主谈人与辅谈人之间的相互配合

主谈人是法律谈判中的主要发言人，其责任是实现己方确定的谈判目标与谈判策略；而辅谈人则是法律谈判团队中居于配合位置的发言人，其责任是配合主谈人的发言并为其出谋划策。所以，辅谈人的言行应与主谈人一致，起到相辅相成的作用。此外，在谈判实践中，当主谈人需要修改已表达的观点却不知如何开口时，辅谈人可出来做"替罪羊"承担过错，以维护主谈人的威信力，推动法律谈判的进程。这也是法律谈判团队分工配合紧密的体现之一。

（三）幕前人员与幕后人员的紧密配合

法律谈判团队参加谈判时，团队中的幕后成员也不可忽视。法律谈判的幕后人员大体分为两类：一类是幕后领导和决策者，这类幕后人员的主要作用是及时根据法律谈判情况进行决策和判断，并及时将意见传达给谈判团队或者及时调整授权范围；另一类是幕后辅助人员，这类人员主要任务是为幕前谈判人员提供资料检索、背景调查等，他们虽然在法律谈判中仅是边缘辅助人员，但也是法律谈判团队中不可缺少的构成。幕前人员与幕后人员必须紧密配合才能保障谈判有充分的准备，实现当事人的最大利益。

（四）专业人才的知识互补

不同的个案涉及不同的专业知识，因此在配备法律谈判团队的成员时应该考虑吸纳专业人才，并对各类专业人才进行合理定位和分工。在法律谈判中，法律专业人士一般占据主要地位，但也不能忽视个案所涉及的其他专业人士的配合。如进行某高科技产品的买卖合同谈判时，就需要配备技术人员，就产品的技术参数、设计方案等进行把控。

（五）不同性格的法律谈判人员的配合

组建法律谈判团队时，应充分考虑不同性格谈判人员的特点，对他们进行分工，协调他们之间的工作。如选择沉稳型的人担任谈判的负责人，选任活泼亲切的人担任调和者，选任脾气暴躁的人在法律谈判中扮演"黑脸"角色，选任沉静细心的人作记录员等。另外，在进行团队成员分工时，还应调查谈判对方团队成员的性格，根据谈判对手的性格及时调整我方的人员配置和分工，并采用不同的谈判策略。

五、法律谈判团队负责人对团队的管理

法律谈判团队负责人是整个团队的总协调人，其不仅应具备协调、调度、处理谈判团队内外各类关系的能力，还应具有一定谈判经验、业务经验和专业知识。在法律谈判中，法律谈判团队的负责人不仅仅需要负责相关计划、策略的制订，还需要注重协调各方面的关系。[①] 具体包括如下内容。

（一）组建法律谈判团队

法律谈判团队负责人需要根据谈判项目的需要组建法律谈判团队。法律谈判团队负责人在组建法律谈判团队时主要需要考虑如下几个方面。

(1) 谈判团队的规模。

(2) 谈判项目所需的专业知识。

(3) 己方谈判成员的性格和素养。

(4) 谈判对方的人员配置情况。

(5) 谈判项目可能持续的时间。

法律谈判团队负责人综合考虑以上因素，选定法律谈判团队成员后，再根据项目情况及人员特质进行分工，以使团队成员发挥各自的专业特长和性格优势，实现谈判团队的最大效应。

（二）制订执行计划，确定战略与目标

在法律谈判开始前，团队负责人应与法律谈判团队成员明确法律谈判

---

① 张强，杨明娜，傅剑波，编著. 商务谈判. 北京：中国人民大学出版社，2012：110.

的基本方针与要求，并拟定谈判方案，使谈判团队的工作有明确的方向和目标。此外，在法律谈判过程中，谈判团队的负责人应根据个案情况进行相应的指导和调控。法律谈判过程中各类情况都有可能发生，负责人应与法律谈判团队保持密切联系，以便及时调整谈判方案。一般而言，在遇到以下情况时，负责人应与法律谈判团队成员立刻沟通：第一，谈判过程中出现突发状况或者某一既定情况发生重大变化；第二，获得对法律谈判产生决定性作用的信息；第三，法律谈判团队成员发生重大变化（不仅包含己方成员的变化，也包含谈判对方的变化）；第四，法律谈判陷入僵局；第五，可能严重影响法律谈判结果的其他情形。

（三）管理谈判队伍，协调内部关系

谈判团队负责人管理谈判队伍，一方面，要协调好自身与其他谈判成员之间的关系，明确各自的职责范围和权力划分，给予其他谈判成员必要权限，并充分理解和支持其他谈判成员；另一方面，要协调好谈判成员之间的关系，使谈判成员之间形成相互信任、默契配合的氛围。谈判团队负责人可以利用团队内部会议，让团队成员充分参与讨论，集思广益，以此明确谈判目标及形成谈判方案，使谈判团队内部形成团结友爱、齐心协力的良好文化氛围。

（四）及时调整团队状态

谈判团队负责人要关注法律谈判团队内部成员的心理状态与精神状态，保持整个团队的活力。应高度重视谈判成员自我实现的需要，充分肯定其工作，不断给予其各种挑战和机会。一旦发现谈判团队成员出现心理或者精神状态的偏离，应及时介入调整；如果发现谈判团队成员的状态已经不适合谈判项目，应及时对谈判人员配置进行调整。

第四节 感知、认知以及性格、性别、情绪对法律谈判人员的影响

法律谈判是理性与感性结合的沟通活动。法律谈判主体进行谈判时，对法律谈判及其相关事项的感知与认识支配着法律谈判主体的心理，指导

着法律谈判主体的行为，影响着法律谈判主体对谈判计划的制订、部署以及实施，进而影响谈判的进程。

一、感知因素对法律谈判人员的影响

感知是个体将其自身与周围环境进行联系的过程，是"对刺激源进行反应、选择和解释，使其对个体具有意义的过程"。人们对所接受信息进行分析解码，这样的过程受到接受者的知识水平、精神状态以及已有认知等的影响。[①] 由于环境等各方面因素的限制，人们往往难以对所有的信息进行有效的处理，其感知仅聚焦在被选择的某些刺激源上，之后再转移到其他目标上，因而容易产生感知错误。例如，在法律谈判过程中，谈判者很容易基于自身需求、个人经验等因素对对方谈判主体先入为主地进行预估，导致判断失误，进而损害己方利益。常见的感知错误包括心理定式、晕轮效应、选择性感知和投射效应。

（一）心理定式

心理定式常发生在单个谈判者评判其他谈判者时，因后者属于某个特定的社会群体，而将该特定群体所具有的较为普遍的特征归为该谈判者个体所具有的特征的一种心理现象。[②] 这是感知过程中一个普遍的曲解现象。心理定式的对象涉及各种不同的社会群体，其分类取决于谈判者的年龄、性别、种族、地区、国家、教育背景、经济状况、工作经历、宗教信仰等。但不管是在何种情况下，心理定式的思维路径是一成不变的，即一方谈判者基于感知到的某点信息，先入为主地将对方谈判者归于某个群体中，再将该群体的共同特征归于对方谈判者身上。心理定式的产生主要受谈判主体的性格、经验、学识等因素的影响，并且一旦形成，往往难以改变，将直接误导谈判者的判断，影响法律谈判的进程与结果。

（二）晕轮效应

晕轮效应与心理定式相似，是另一种在感知过程中发生的曲解现象，指的是一方谈判者根据其他谈判者个体自身的某一特点，而归纳出该个体可能具有的其他多种特征。如从对方的一个表情或动作而对该个体的性格

[①] 罗伊·J. 列维奇，等. 谈判学. 廉晓红，等译. 北京：中国人民大学出版社，2006：133.
[②] 蔡彦敏，祝聪，刘晶晶. 谈判学与谈判实务. 北京：清华大学出版社，2011：53.

和心态作出判断。① 例如，当我们初次见到对方时，若他面带笑容，我们往往会认为他是一个心地善良的人，尽管笑容与善良在本质上并无联系。晕轮效应既可能是正面积极的，也可能是负面消极的。一个正面特征会使他人受到正面的评价，而一个负面的特征则会产生相反的作用，并且特征越明显，就越能影响他人的感知与判断。

（三）选择性感知

选择性感知，是指谈判者在谈判中挑选支持或强化自己已有认知的信息，过滤掉不能支持或强化自己已有认知的信息而发生曲解的现象。虽然都是感知错误，但与心理定式、晕轮效应不同的是，选择性感知持续性强，可能贯穿谈判始末，而心理定式、晕轮效应往往发生在与对方初识时。并且，三种感知错误相互影响，心理定式或晕轮效应直接影响谈判者的选择性感知，而选择性感知会将后续得到的可能瓦解之前判断的信息过滤掉。当然，除了心理定式与晕轮效应的影响外，法律谈判者个人对某一事物的立场、态度也会直接影响选择性感知。因为谈判者基于自身的立场会不自觉地忽略某些信息，强调其他信息，从而形成错误认识，影响法律谈判的进行。

（四）投射效应

投射效应，是指谈判者将其自身拥有的特点或感觉投射到谈判对方身上而发生曲解的现象。谈判者以自己面对某一情况或某一问题而产生的感觉与想法为标准，想当然地认为对方谈判者与自己的感觉和想法一样，从而产生错误的感知。

总之，心理定式、晕轮效应、选择性感知以及投射效应是四种法律谈判者在谈判过程中容易犯下的感知错误，并直接影响法律谈判的进程与结果。因此，在法律谈判过程中，应尽量从全局出发，作出理性的判断，从而避免上述的感知错误，促进法律谈判的顺利进行。

二、认知因素对法律谈判人员的影响

认知过程是人最基本的心理过程，是人对感受器官所感知的信息进

---

① 蔡彦敏，祝聪，刘晶晶. 谈判学与谈判实务. 北京：清华大学出版社，2011：54.

行加工的过程,即外界信息反映在人脑中,并经人脑加工,从而形成人的内在心理,支配人的行为。认知过程中也会产生认知错误,从而妨碍法律谈判者的判断。这一方面是因为认知过程是个体活动,会受该个体经验、思维、性格等方面的影响,可能做不到公正理性;另一方面,人脑对信息的加工是有限的,不可能同时完成所有信息的加工。常见的认知错误包括固定信念、承诺的非理性扩大、损失规避、经验盲从、自利归因等。

(一) 固定信念

固定信念,是指法律谈判者将谈判中的利益视为固定、有限的,认为谈判是一个"你赢我输"的绝对性游戏。在这种错误认知的影响下,谈判者往往会忽略大局,只抓住某一点而拼个你死我活,不考虑双赢的可能。若是在一个单独的谈判议题中,这种认知是可接受的,因为此时的利益确实是固定在既定利益下,如果对方获得较大利益,就意味着我方利益的减少。但是在现实生活中,不少谈判所涉及的议题不止一个,此时就不能只抓住某一项利益,而必须从大局出发,超越固有信念的限制,与对方谈判者通过交换创造价值,就整体利益实现互利共赢。

(二) 承诺的非理性扩大

承诺的非理性扩大,是指谈判者基于感知和判断的偏差而将口头承诺付诸真实的、非理性的行动,持续(而不是一次)地面对谈判关于优先资源分配的反馈作出决定,不确定达到目标点的可能性,并且做出是否继续的选择。[①] 通常而言,这是个人在行动失利时因压力而作出不理智的决定的行为。比如:一个赌徒在连续输的情况下投入大笔赌注以期翻本。在谈判过程中,由于主客观因素的影响,谈判者常常由感性占据上风而作出不理智的行为,即使谈判者内心可能明明知道这种决策对自身不利,但仍会为了面子或渺小的期望而固执地坚持下去。

(三) 损失规避

损失规避,是指人们想要避免由一个既定的衡量标准界定的损失,而不是追求等效收益。损失规避也是很多谈判者的一种通常心理状态,他们

---

① 罗伊·J. 列维奇,等. 谈判学. 廉晓红,等译. 北京: 中国人民大学出版社, 2006: 137.

面对确定的收益，倾向于选择反对冒险，因为其更希望得到确定的收益；而面对确定的损失，则更倾向于选择冒险，因为冒险可能使其规避所有的损失，尽管冒险也有可能使其损失殆尽。[①] 如在民事诉讼中，当事人往往在和解与判决之间徘徊，为了追求确定的收益，当事人可能作出反对冒险而接受和解的选择。

我们应该看到，损失规避是一种常见的认知错误，如若得到合理运用，则可以成为增强己方说服力的有力武器。在法律谈判中，谈判者可以通过向对方陈述可以得到何种收益，从而使对方更易接受我方提议。

（四）经验盲从

经验，是人们基于既往的经历得到的一种认知。通过既往的实践与经历而获得的经验既可能是成功的、积极的、愉快的，也可能是失败的、消极的、痛苦的。[②] 在法律谈判的过程中，经验与阅历往往会不自觉地影响谈判者的思维与判断，促使他们根据旧的习惯和方法来运作谈判过程。但由于观念的滞后性、环境的复杂性、个案的特殊性等原因，仅仅依靠经验是不能得到理想的谈判结果的。所以法律谈判者在谈判时切勿盲目依靠经验、因循守旧，而应根据新的情况和信息作出睿智的判断。

（五）自利归因

自利归因，又称自利偏差，是指谈判者对于人或事，以自我为中心，用有利于自己、不利于对方的方法进行解释或处理。[③] 这是一种认知错误的表现，往往会使谈判者在法律谈判中因不恰当地评估对方与己方的相关谈判事宜而作出错误判断，对谈判的进程产生负面的影响。也就是说，由于谈判者过于自信，认为自己比对方更具优势，盲目地轻视、贬低对方的谋略，从而难逃败局。

自利归因的认知错误还可能导致法律谈判者对信息进行非理性筛选，只关注对己方有利或者己方认同的信息，忽视对己方不利或者己方不认可的信息，从而忽视法律谈判中的关键信息，无法全面客观地对谈判进行评判。

---

① 蔡彦敏，祝聪，刘晶晶．谈判学与谈判实务．北京：清华大学出版社，2011：60.
② 蔡彦敏，祝聪，刘晶晶．谈判学与谈判实务．北京：清华大学出版社，2011：61.
③ 蔡彦敏，祝聪，刘晶晶．谈判学与谈判实务．北京：清华大学出版社，2011：63.

三、性格、性别、情绪因素对法律谈判人员的影响

(一) 性格因素对法律谈判的影响

一个人的性格对谈判主体甚至谈判进程、谈判结果都有着重大的影响。一方面，己方谈判主体的性格对谈判主体本身乃至整个团队存在一定影响；另一方面，谈判对方的性格也影响着己方的谈判主体。

谈判是一项兼具竞争与合作的活动，谈判主体都是带着自己的需求与目的加入谈判。谈判各方都力求实现自身利益的最大化，一方利益的实现与谈判各方的合作程度息息相关，但同时又可能与另一方的利益存在冲突。这使得在法律谈判中，谈判主体需要不断根据谈判局势的变化作出不同的反应，而反应的速度、处理的方式等则直接受每个人性格的影响。因此，把握双方谈判主体的性格特征对把控谈判至关重要。

(二) 性别因素对谈判者的影响

人自出生之日起，就有了性别的自然属性，或为男性，或为女性。事实上，纯粹的自然属性对人的行为所产生的影响不大。然而，由于后天社会环境的影响，男女两性的社会属性差别凸显出来。因此，研究性别因素对谈判主体的影响主要应立足于性别的社会属性，根据相关机构研究，男性与女性在谈判中的不同表现如下。

(1) 女性谈判方式往往适用于所有文化。

(2) 女性通常很难达到与男性在谈判或调解中同样的进展。

(3) 男性运用语言通常是出于自我表达和自我展示的需要，而女性运用语言却更倾向于建立关系和维护关系利益。

(4) 男性总是倾向于维护自己的利益，同时还设想女性也是如此；而女性总是注意他人的利益，并且还设想男性总是在寻找自己的利益。

(5) 男性倾向于竞争，并且设想竞争是谈判不可缺少的一部分；通常，女性侧重于避免冲突，她们认为这样会危及与对方利益关系。

(6) 男性常运用说服、争吵和辩论的方式来解决问题；女性却习惯于通过对话、一起探寻想法和问题、倾听和分享经验来解决问题。

(7) 男性和女性使用不同的风格和语言模式。女性会倾向于选择更合适的语言进行表达，男性则倾向于运用更激进的语言。

（8）男性倾向于运用更自信的身体语言和身体距离，女性却往往很少用到自信的身体语言。

随着社会经济的发展，正式的法律或社会规范的出发点多以男女平等为基本前提，这似乎使得法律谈判脱离了性别的社会属性的影响，然而事实上，性别的社会因素仍在影响谈判主体，并直接影响谈判结果。

因此，在法律谈判中，谈判者应正视性别的社会属性的影响，承认男女两性在不同方面的优劣差别，做到取长补短，以合理的方式调配自己在谈判过程中所扮演的角色，推动法律谈判向更高品质和更有利的方向发展。

（三）情绪因素对谈判者的影响

情绪是指人对于外界刺激所产生的心理反应与生理反应。通常而言，积极的情绪给人以正面的影响，并产生积极的结果，而消极的情绪则会带来负面的影响，产生消极的结果。因此，掌握情绪是人际交往的关键。

谈判活动是一项人与人交往沟通的活动，情绪直接影响谈判主体、谈判进程乃至谈判结果。法律谈判是谈判各方竞争与合作的互动过程，各方的情绪会影响彼此的沟通与交流。通常而言，一方谈判者的积极情绪可以使对方谈判者产生好感，并回以同样积极的情绪，由此拉近彼此之间的距离，营造良好的法律谈判氛围，促使谈判向积极、互利的方向发展。但是，谈判者不能被对方的积极情绪所迷惑而过于乐观，掉入对方设置的陷阱；谈判各方的积极情绪也可能会使各方都产生过多期望，都期待谈判对方进行更多退让，最后由于无法达成目的而使谈判陷入僵局。

有时候，一方法律谈判者的积极情绪不但不能得到对方谈判者积极的情绪回应，反而会得到消极的反馈。这时则需要灵活回应，机敏地找到原因所在，并调整方案，改善对方的情绪。当然，消极情绪也不是完全不可取的，它会正面传递有价值的信息，并刺激双方直面问题、解决问题。

小结

在法律谈判开始前，对谈判队伍进行有效的组织与协商，有利于谈判工作的顺利进行，也有利于既定谈判目标的取得。谈判团队人员的合理配置与分工,能够使谈判高效进行,也能够在谈判陷入僵局或者发生突发状况时,迅速作出反应。

目前对法律谈判人员的培养在国内处于相对空白的状态,法律谈判培训的未来依赖于学校、法律实务部门以及谈判者自身的共同努力。从上文可知,谈判是一种谈判主体将理性与感性结合起来而进行的沟通活动,所以谈判主体容易受感知因素、认知因素与情绪因素的影响。法律谈判人员应保持理性,尽量避免冲动,减少个人情感、习惯等对谈判产生的不利影响。

第三章 法律谈判的过程

案例指引

某红酒品牌公司希望能够与某五星级高档酒店合作，让其品牌红酒入驻酒店。双方经过初步交涉，约定于酒店会议厅进行合作谈判，品牌方委派其法务主管秦总作为合作谈判的主谈人。谈判伊始，酒店方代表第一时间要求品牌方每年交5万元进场费，否则免谈。秦总立即表示该入场费用远远高于其他酒店的品牌入场费。酒店方代表立即反驳道："别的品牌入驻我们酒店都是这个数，这是入驻的门槛。"面对酒店方代表如此强势的态度，秦总丝毫不慌张。秦总在谈判前早已安排人员对该酒店的其他合作品牌的销售量、入场费进行了调查，于是秦总淡定地说道："据我们调查，以往贵酒店品牌入驻费都是以预计销量为标准的，例如A品牌因其以往年度销量高，所以入场费是一年5万元。但我方品牌是第一次入驻贵酒店，还无法确定在贵酒店的销售量有多少，而且若合作顺利我们之后还可建立长期合作关系，所以您看能不能稍微优惠一些呢？"酒店方代表见对方了解行情，且态度良好，于是说道："我们酒店的品牌和客流量大家都心中有数，5万元的入场费对你们品牌来说肯定是收获大于支出的。"秦总说："我们品牌在国内外都有一定的知名度，我们两家如果能实现合作，相信对贵酒店的品牌影响力也是大有裨益的。我们希望酒店能在进场费上再优惠一些。"酒店方代表现场通过电话向领导汇报了这一情况，然后说："我刚刚和我的主管领导汇报了贵公司的情况，考虑到我们是第一次合作，我们愿意将第一年的进场费降至4万元，但是必须现金一次性支付。"秦总认为虽然入场费仍然没有降到理想值，但是已经是可接受的范围了，但是对支付方式不能接受，于是说："谢谢贵方的支持，但是我方与贵方合作后开展的系列促销活动肯定还需要我方出钱出力,且我方财务流程审批较为烦琐,所以我们希望以货款抵扣品牌入驻费的方式支付。"酒店方代表再次请示领导后同意了该支付方式,双方在入场费问题和支付方式上达成一致,这也为其他问题的谈判奠定了基础。

之后,秦总就供货价格、促销时间等与酒店方展开谈判,双方经过反复协商最终实现了合作,谈判取得成功。

思考:
1. 法律谈判之前要做哪些准备工作?
2. 通过上面的案例,你认为法律谈判可以分为哪些步骤?

一般而言,谈判的过程不是一帆风顺的,各方要经过数轮的利益博弈,最终才有可能达成合意。无论法律谈判需要花费多长的时间,各方谈判人员都需要提出己方的谈判条件与谈判意图,然后就现实及目标的冲突与矛盾进行磋商、讨论,最终消除矛盾。法律谈判的过程包括谈判准备阶段、谈判开局阶段、谈判磋商阶段、谈判结束阶段。谈判者能够充分掌握每个阶段的策略与手段、明确每个阶段应完成的目标以及可能运用的方法与技巧,不仅能有效掌控谈判的进程,对完成最终谈判目标也是大有裨益的。

第一节 法律谈判的准备

法律谈判的准备阶段是法律谈判的开始阶段,也是法律谈判的基础阶段。重视法律谈判的准备阶段,做好法律谈判前的信息、人员、方案等准备,才能在法律谈判中做到胸有成竹、处变不惊。法律谈判的准备工作包括谈判人员的准备、情报的搜集和筛选、地点和时间的选择、谈判议程与进度的确定、谈判策略的制订、谈判方案的制订和模拟谈判等。

一、情报的搜集和筛选

在法律谈判开始前,信息与资料的收集与整合是非常重要的,只有在充分了解谈判标的和谈判对手情况的基础上,才能有针对性地制订谈判方案与策略，准备谈判的替代性方案，明确己方的底线和目标，以确保在法律谈判中能临危不乱，占据优势地位。

谈判人员需要收集的情报主要有以下几种。

（一）有关法律谈判环境方面的信息

1. 政治状况

法律谈判中的政治因素指的是与法律谈判有关的政府管理机构和社会团体的活动，主要包括政局的稳定、政府之间的关系、政府对进口商品的控制等。在法律谈判活动中，政治因素占据非常重要的地位，它在一定程度上直接影响着法律谈判的成败。另外，政治与经济总是密不可分的，政治约束影响经济的发展。一个国家若政局稳定，政策适合该国国情，其经济也会迅速、稳定地发展，并吸引众多外国投资者的资金注入。反之，若该国政局动荡，人心不稳，则该国经济必然萎靡不振，无法吸引更多外国投资者进行投资。因此，在进行有关涉外商务、贸易等方面的法律谈判前，谈判人员应该对对方所处的政治环境做一个详尽的调查。

2. 法律制度

在进行法律谈判前，应事先了解相关的法律制度，尽量避免商业与法律风险。法律谈判是一种法律行为，所以其不得违背相关的法律规定，这样才能保证法律谈判的合法性与有效性，保证法律谈判的结果受到法律的承认与保护。

3. 宗教信仰

自古以来，宗教作为社会文化的重要组成部分早已融入世界各地，影响人们的生活方式、价值观念、人际交往等，甚至许多矛盾冲突也都是由于宗教的观念不同而引起的。所以，在法律谈判活动中，谈判者应事先了解谈判对方的宗教信仰与行为准则、各种宗教禁忌等，以免在谈判时因宗教问题产生误解，引起对方反感，给法律谈判活动造成不良影响。

4. 商业习俗

法律谈判与商务、贸易等经济活动紧密联系。所以，商业习俗对法律谈判的进程也有较大的影响。由于环境、文化、历史等各种原因，双方谈判人员所遵循的商业习俗就不尽相同。比如，日本人在法律谈判时严肃谨慎，注重礼节，所以最好不要与他们开玩笑，以免引起反感、不满；美国人性格开放，他们在法律谈判活动中善于运用策略，并且行动干净利落、不拖泥带水，所以与他们进行谈判时，果断利落、运筹帷幄的风格会得到他们的欣赏与好感；在沙特阿拉伯国家，由于女性地位低下，所以在与沙特阿拉伯人进行法律谈判时，不要提及对方的妻子，否则他们会觉得不被尊重；在与墨西哥人进行法律谈判时，最好问候他们的妻子，因为这在他们看来是必须进行的礼节。因此，为了谈判活动的顺利进行，谈判人员应该事先了解此次谈判所涉及的相关风俗习惯、商业惯例等，从而避免可能发生的分歧与误会。

5. 价值观念

所谓价值观念，指的是人们对客观事物的评价标准。在法律谈判活动中，价值观念差异主要反映在时间观念的差异上。时间观念指的是人们对时间利用的态度与看法。通常来说，在经济发达的地区，人们的时间观念很强，他们无论是在日常生活中还是在社会工作中，都追求快节奏。所以，与他们进行法律谈判要尤其注意时间的安排，不能迟到。相反，在经济条件不高的地区，人们的生活与工作的节奏相对较慢，与他们进行法律谈判时则需要更多的耐心，因为在他们的价值观里，时间并不是影响谈判的因素，时间并不能直接产生经济效益。

6. 气候因素

气候因素一般是指该地的气候、雨量、气温等。法律谈判经常与商务、贸易等联系在一起，而气候因素有时会直接影响贸易与消费等。例如，在常年气温炎热的地区相较气候温和适宜的地区，其空调的销售量必然相差较大。

(二) 有关谈判对手的情报

谈判对手的情报不仅包括参加谈判人员的资历、地位、性格、爱好、谈判风格、谈判作风及模式等个体情况，还包括谈判人员所在企业的组织结构、公司经营状况、产品技术特点、市场占有率和供需能力、价格水平及付款方式、资信情况以及其谈判目标，等等。本节主要介绍资信情况、对手的谈判意图及对手的谈判人员情况。

1. 资信情况

调查谈判对手的资信情况主要包括两个方面：一方面是确认其是否具

有签订合同的合法资格;另一方面是打探对方的资本情况、信用水平和履约能力。此外,谈判人员还应该对谈判对手的商业信誉及履行能力进行进一步的了解,其中包括企业组织的资本积累状况,技术装备水平,产品的品种、质量、数量及市场信誉等。谈判人员也可以根据公共会计组织对对方企业组织的年度审计报告来调查对方的资本情况、信用水平、履约能力,或者根据银行、资信征询机构出具的证明文件或其他渠道提供的资料对其进行查明。

2. 对手的谈判意图

对方同我方进行谈判的意图是什么?达成协议的愿望是否真诚?对方对我方的信任程度与期望谈判成功的迫切程度有多高?对方与我国其他地区的企业有哪些经济往来……这些都属于对手的谈判意图范畴,并在很大程度上影响着谈判的进行,所以谈判人员应该对此类信息进行深入调查分析。对方谈判合作的意愿越强,己方谈判的优势地位就越明显,所以必须提前了解谈判对方的谈判意图,才能进行后续谈判计划和方案的制订与实施。

3. 谈判对手的人员情况

谈判对手的人员情况包括:谈判对手的谈判团队的组成人员及其成员各自的身份、地位、年龄、经历、职业、爱好、性格和谈判经验等。另外,收集对方谈判人员中首席代表的情报非常重要。己方谈判人员应尽可能多地了解首席代表的能力、权限、特长及弱点等,因为通常而言,首席代表的谈判态度、倾向意见在整个谈判团队中占主要地位。

(三) 有关己方的情况

要想顺利地进行谈判不仅要清楚对方的情况,而且也要对己方的情况了如指掌。己方的情况主要包括本企业生产经营状况、财务状况和本方谈判人员情况等。例如本次谈判对己方的重要性,己方在谈判中所处的地位,己方对有关市场行情及谈判对手的了解程度,己方谈判人员的谈判水平,等等。

正确地评价己方情况是谈判人员确定谈判目标的基础。对己方条件进行客观分析有助于了解己方在谈判中的优势和薄弱环节,从而有针对性地制订谈判方案与策略,以便在法律谈判活动中做到扬长避短。

二、明确谈判的地点和时间

(一) 谈判地点

法律谈判的开展必然需要一定的场地。法律谈判的地点会影响谈判环境，进而对谈判效果产生一定的影响。选择合适的谈判地点不仅能有效增强己方的谈判力量，而且还能给谈判对方施加一定的谈判压力，所以谈判人员应当重视谈判地点的选取。

法律谈判地点的选择与运动赛事赛场的安排有相似之处，一般有四种选择：一是在谈判对方所在地谈判；二是在己方所在地谈判；三是在双方所在地交叉谈判；四是在谈判双方所在地之外的地点谈判。不同的地点对于谈判人员来说各具优势和劣势，谈判人员要根据谈判内容、谈判目的而有针对性地加以选择，充分发挥谈判地点的优势，促使谈判的顺利进行。

(二) 谈判时间

谈判时间是法律谈判准备过程中的重要环节，谈判者如能在谈判中把握谈判时间开始与结束的时机，规划谈判时间的长短，不仅能提高谈判效率，还能化解谈判僵局，推动谈判进程。在法律谈判中，尤其应该注意以下三个时间变数：开局时间、间隔时间和截止时间。

1. 开局时间

所谓开局时间指的是谈判确定开始的时间。开局时间的选择是否得当，可能对谈判结果产生巨大的影响。比如，若谈判人员在长途跋涉、身心俱疲之后，就马上进行紧张的谈判，他们通常会因为舟车劳顿而导致精神难以集中、不能充分地思考而误入对方的圈套。因此，谈判人员应该重视开局时间。

一般而言，开局时间的选择主要考虑以下几个方面的因素。

(1) 谈判人员的自身情况。法律谈判是一项需要精神高度集中、耗费大量体力和脑力的高强度工作。因此谈判人员应该尽量避免在身体不适或情绪不佳时进行谈判。

(2) 准备的充分程度。俗话说"不打无准备之仗"，这句话对法律谈判同样适用。在确定谈判开局时间时，谈判人员应该给己方留有充分的准备时间，以免因仓促上阵而影响谈判。

(3)谈判的紧迫程度。谈判人员应尽量避免在迫切实现谈判目标时进行谈判,若无法回避,就应该采取适当的方法隐藏己方急迫的心情。

(4)谈判对手的情况。谈判人员也不能把法律谈判安排在明显不利于谈判对方的时间段进行,这样可能会引发对方的不满、招致对方的反对,进而影响谈判工作的顺利进行。

2. 间隔时间

间隔时间是时间因素中一个关键的变数。一般情况下,谈判目标的达成需要数次的磋商、洽谈。间隔时间指的是,在经过多次磋商仍未达成协议后,谈判双方暂时停止谈判、用于休息的时间。

安排谈判的间隔时间,能够缓解紧张的谈判气氛、打破谈判僵局。当法律谈判出现剑拔弩张的紧张局面或者陷入僵局时,谈判双方可以暂停谈判,进行短暂的休息,构建友好、轻松的气氛,然后再重新开始谈判。此时谈判双方的态度和主张或许已经发生了变化,双方更容易相互作出让步,从而达成协议。

当然,也存在一方谈判者为了使对方主动作出让步,利用对方迫切想要达成协议的心理,故意拖延时间,迫使对方妥协的情形。因此,谈判者需要根据谈判各方的真实需求对谈判时间进行相应安排。

3. 截止时间

截止时间指的是法律谈判的最后限期。每一场谈判终归会有结束的具体时间。随着谈判的结束,谈判结果也必然随之揭晓。如何把握谈判的截止时间,顺利地实现己方的谈判目标,这是谈判中的艺术。

截止时间作为谈判中的重要因素,在很大程度上影响着谈判战略的运用。谈判时间的长短,决定了谈判者是选择克制性策略还是速决性策略。而且,截止时间对谈判者本身也会造成压力,尤其是对在谈判中处于劣势的一方而言更是如此。劣势一方在期限到来之前,往往需要在被迫作出让步而达成协议、中止谈判或谈判破裂中作出选择。通常情况下,他们会为了利益而不得不作出妥协。

三、确定谈判的议程和进度

谈判的议程指的是谈判事项程序上的安排,即对有关谈判的议题和工作计划的预先编制。谈判的进度指的是每个谈判事项在谈判中的时间分配。谈判进度存在的目的，是为了催促谈判在预定的时间内完成。在确定谈判的议程和进度时，应重点注意以下几个问题。

（一）议题

所谓谈判的议题指的是凡是与谈判主题有关的，需要谈判双方进行协商的问题。一般做法是谈判人员首先将与本次谈判有关的问题全部罗列出来，再根据实际情况逐一解决重点问题。

（二）顺序

谈判问题的先后顺序影响着谈判的进度，在法律谈判中谈判者常采用以下三种方式安排谈判顺序。

（1）首先讨论原则性问题，达成共识后，再讨论细节性问题。

（2）不区分原则性问题与细节性问题，谈判各方将可能达成协议的问题或条件提出来讨论，然后再讨论带分歧性的问题。

（3）先讨论容易达成一致意见的问题，然后再对复杂而又难以达成共识的问题进行商议。

在具体的谈判中，谈判人员应该根据具体情况来选择采用哪一种顺序。

（三）时长

在法律谈判中，每个问题安排的时长，应根据谈判中问题的重要性、谈判局势的复杂程度和谈判双方分歧的大小来确定。一般而言，重要的问题、较复杂的问题、双方意见分歧较大的问题应安排稍长的时间，以便让谈判双方能有足够的时间来讨论这些问题。

经验丰富的谈判者，是绝不会放过利用拟定谈判议程的机会来运筹帷幄的。在谈判的准备阶段，己方应尽可能争取拟定谈判议程的机会。在谈判实践中，一般由东道主先拟定谈判议程初稿，然后与谈判对方协商后确定，或双方共同商议。通常而言，拟定谈判议程的一方对接下来的谈判是占优势的。

拟定谈判议程应该注意以下几点。

（1）谈判人员应根据己方的具体情况安排谈判议程，保证己方的优势能在谈判时得到充分发挥。

（2）谈判人员安排议程时，要为己方的谈判方案的实施埋下契机。

（3）谈判人员制作的谈判议程要体现己方谈判的总体方案，还要帮助谈判人员掌握谈判进度以及己方谈判人员让步的限度和步骤等。

在法律谈判活动中，典型的谈判议程应包括以下三项内容。

（1）谈判各阶段开始的时间以及时长。若是大型、复杂的谈判，谈判人员可以将谈判分割成几次，并确定每次谈判所需的时间及中途休息的时间等。

（2）谈判进行的地点。

（3）需要列入讨论的谈判问题，以及各个议题的先后顺序、时长等。

谈判议程的安排与谈判策略、谈判技巧的运用紧密联系。从某种程度上来说，谈判议程的安排也是一种谈判技巧。因此，我们要合理地安排谈判议程以便法律谈判能够顺利进行。

四、制订谈判策略

谈判策略是指谈判人员为达到预期的谈判目标而采取的谈判措施或手段的总和。[1] 在法律谈判活动中，随时可能出现意想不到的情况，打乱谈判进程。所以，为了应对不同类型的突发事件，谈判人员在进行正式的谈判之前，应该就谈判过程中可能出现的情况作出预测，并有针对性地制订出相应的对策。制订谈判策略时应考虑下列几项因素。

（1）各方谈判人员的实力比较。

（2）谈判对手的谈判意图与谈判目的。

（3）谈判对手的主谈人员的性格、经验、谈判风格。

（4）谈判各方的来往关系。

（5）各方谈判人员各自的优势与劣势。

（6）法律谈判本身的重要性。

（7）法律谈判的时间安排。

（8）谈判各方是否有必要建立友好的长远关系。

法律谈判策略的选择，必须综合考虑以上因素，否则，制订出来的谈判策略将不具可操作性。

---

[1] 丁玉书，时永春，主编. 商务谈判实务. 北京：清华大学出版社，2012：245.

五、制订谈判方案

在法律谈判的准备阶段，谈判者应根据谈判项目的具体情况，制作谈判方案。一份完整的法律谈判方案一般包括：法律谈判战略管理、法律谈判各方基本情况以及优劣势分析、法律谈判的时间地点、法律谈判的议程与进度、法律谈判人员组成、法律谈判的策略技巧、法律谈判的风险、替代性方案等。一份完整全面的谈判方案，不仅可以使谈判者在谈判时能胸有成竹、掌控全局，还可以让谈判者在谈判中始终坚守底线、目标明确，更能使谈判者在面对谈判僵局或者谈判风险时能及时应对，将损害降到最低。当然，谈判方案也并非一成不变的，而是需要谈判者根据谈判中搜集的信息以及突发情况，及时调整谈判策略等，形成新的谈判方案，以适应谈判的新情况。

六、模拟谈判

谈判过程可能随时发生变化，再完善的计划也会有漏洞，所以仅仅制订详细的法律谈判方案是不够的。对于一些重要或者有较大难度的法律谈判，为了更直观地预见谈判时可能发生的情况，找出谈判方案的漏洞，以便查漏补缺，谈判人员可以采取模拟谈判的手段来改进或完善谈判的准备工作。

（一）模拟谈判的目的

所谓模拟谈判，是指在正式谈判前，一部分成员以对手的立场、观点和作风来与另一部分扮演己方的人员交锋，预演谈判的过程。[1]在竞争激烈的市场中，各方因素都是多变的，谈判中也同样如此。在谈判不断进行的过程中，谈判各方都有可能改变谈判策略，甚至调整谈判目标。因此，在谈判开始前进行模拟谈判是十分必要的。但是因模拟谈判需要较大的人力和时间成本，因此并不是所有谈判都需要进行模拟，我们可以从以下几个方面斟酌是否需要在法律谈判前进行模拟。

（1）对方是我方第一次面对的谈判对手，我方对对方的谈判风格了解

---

[1] 卢海涛，主编．商务谈判．北京：电子工业出版社，2013：57.

不够全面，而此次谈判又至关重要，在这种情况下需要进行模拟。

（2）谈判议题繁杂。该种谈判存在多种选择，各方最终达成的协议也存在多种方案，需要对各种可能进行模拟。

（3）谈判项目较为重大，且谈判成员之间缺乏合作的经验和默契。此时必须通过模拟来协调和磨合，从而避免在正式谈判开始后因内部协调能力不足而造成失误。

（二）模拟谈判的必要性

模拟谈判是在谈判正式开始前提出各种设想和臆测，进行谈判的想象练习和实际演习，对谈判者与整个谈判过程具有不可替代的作用。

（1）模拟谈判对谈判者的经验和能力的获得，起到重要的积极作用。[①] 正确的想象模拟，可以帮助谈判者提高应对困难的能力。在模拟谈判中，谈判者通过反复的演练，可以积累谈判经验，训练谈判技巧，熟悉应对各种突发情况，综合提高谈判者的实践经验与能力。

（2）在模拟谈判中可以随时修正谈判中出现的错误，使整个模拟谈判过程顺利进行，进而使谈判者从中积累经验。在正式谈判中，一旦出现错误很难即时修正，而且还有可能为对方所利用，致使己方处于不利的地位。尽管通过谈判复盘机制可以总结经验，但是却无法补救已经完成的谈判。所以谈判者可以利用模拟谈判，全面细致地检验法律谈判方案是否完善，及时发现问题、解决问题，为正式谈判做足准备。

（三）模拟谈判的分类

1. 全景模拟谈判

所谓全景模拟法，是指谈判团队中的有关人员，针对特定谈判案件，进行全程的实战性排练。这种模拟谈判法虽然非常有效，但是耗资巨大，要花费较多的时间与精力，所以全景模拟法一般用于模拟大型、复杂、涉及重大利益的法律谈判。采用全景模拟法时，应注意以下两点。

（1）合理地想象谈判全过程。对谈判过程的合理、全面的想象是运用全景模拟法的基础。谈判人员要对法律谈判的全过程进行充分的想象，设想在谈判时可能发生的一切情形，演绎双方谈判交锋时的一切局面，如：

---

① 刘园，主编．国际商务谈判．北京：北京大学出版社，2016：82．

我方提出什么要求；对方可能作出的回复；我方可以作出的让步；双方运用的策略与技巧等。对法律谈判全过程的合理而全面的想象能够帮助谈判人员更充分、更有效地准备法律谈判，有利于谈判者在谈判中充分发挥谈判实力，达成己方的谈判目标。

(2) 尽可能地扮演谈判中所有会出现的人物。尽可能地扮演谈判中所有会出现的人物，包括两方面的意思：一方面，法律谈判过程中所有可能出现的相关人物都要由合适的人扮演，对他们的行为、作用作出预测；另一方面，在法律谈判中具有重要作用的谈判人员应该扮演谈判中相对重要的角色，包括己方主谈人员、己方顾问、己方助手、对方主谈人员、对方顾问、对方谈判助手等。对谈判人员的模拟有助于己方谈判者对谈判时可能出现的情况、变化有所预测，及时发现己方谈判方案的漏洞，并作出调整。

2. 讨论会模拟法

讨论会模拟法是一种集体研讨行为，一般分为两个步骤：第一步，谈判团队成员与当事人及其他相关利益人召开讨论会，对谈判中己方的谈判目标、谈判战略、谈判策略等与对方的谈判目标、谈判战略、谈判策略等进行讨论。第二步，安排人员针对谈判中可能遇到的种种情形，全方面地提出问题，由谈判人员作出解答。

在这种讨论会上，应该安排专人充分记录会议上提出的各类观点，并进行存档，作为决策的参考意见；同时要善于提出反对意见，便于己方谈判者从多角度评价谈判方案的可行性与合理性，完善法律谈判方案，从而提高谈判者在法律谈判中取得胜利的可能性。

3. 专题模拟法

专题模拟法一般适用于重大谈判项目。进行专题模拟时，我方谈判人员保持不变，同时还需专门组织一支队伍模拟谈判对方。通常，谈判团队可以聘其他机构成员模拟谈判对方。专题模拟是通过专题的方式，对每个可能发生的问题进行细致的模拟，逐个击破某些特殊的问题或者可能发生的关键性问题，然后根据问题和结果进行总结。在专题模拟中，模拟对方的小组必须站在对方的立场上仔细分析其利益追求、谈判个性、文化特点、可能采取的方案等，模拟对方的各种行为。

（四）模拟谈判注意事项

在进行模拟谈判时，为了获得更好的模拟效果，应注意以下几点。

1. 对参加模拟谈判的人员有所选择

参加模拟谈判的人应该专业、有经验、敢于表达自己的建议，而不能仅将模拟谈判视为一种表演。通常而言，对参加模拟谈判的人员可以选择以下三类。

（1）知识型人员。知识型人员应该是指善于将理论与实践相结合的人员，他们可以在理论知识的基础上，根据现实情况，科学地研究法律谈判中可能出现的问题。

（2）预见型人员。预见型人员是指能够根据法律谈判的具体情形，结合知识、经验等科学地推断出法律谈判的发展方向与可能出现的情况，预见型人员往往能对谈判进程提出独特的见解，对模拟谈判非常重要。

（3）求实型人员。求实型人员一般更加细心，考虑问题周密、客观，习惯从实际出发考虑问题，会对假设情况一一求证，力求假设情况准确。

另外，参加模拟谈判的人员应该有较强的角色扮演能力。模拟谈判时，参加人员应从所扮演人员的实际情况出发，尽可能地模仿出他们在某个时候、某个场合的行为、动作、思想、情感等，这样才能更好地达到模拟谈判的效果。

2. 科学假设

模拟谈判是谈判者根据谈判时可能发生的各种假设情况制订出对策、采取措施的过程。假设是模拟谈判的前提与基础，其包括对客观环境的假设、对自身的假设、对对方的假设。为了确保上述三项内容的假设的科学性，应该注意以下几点。

（1）案件或问题的假设必须具体明晰，相关信息要尽可能的详细，假设的事项不能凭空捏造，应该立足于现实。

（2）尽可能邀请专业、经验丰富的人员进行假设，相对而言，他们的假设更加科学和现实。

（3）假设终究是谈判人员的一种想象，具有或然性而非必然性的特征，现实中可能并不会按照预先的假设发展，所以不可以将假设作为必然的指导意见。

3. 模拟谈判的总结

模拟谈判是为了发现问题，解决问题，完善谈判方案而开展的。所以在模拟谈判完成后，谈判人员必须及时、认真地回顾模拟谈判过程中整个法律谈判团队的表现，并落实到个人的具体表现，如：谈判者的反应程度、谈判团队协调配合的程度等，以便为接下来的正式谈判奠定良好的基础。模拟谈判的总结具体应包括以下内容。

（1）谈判对方的观点、风格、精神；

（2）谈判对方的反对意见及解决办法；

（3）己方的有利条件及运用状况；

（4）己方的不足及改进措施；

（5）谈判所需情报资料是否完善；

（6）各方的可让步条件及可共同接受的条件；

（7）谈判破裂与否的界限，等等。[①]

法律谈判的战略规划是对谈判的预判和演练。好的谈判战略建立在充分地信息搜集、科学地分析的基础上。本书从法律谈判的目标确定、风险管控、模拟谈判三个方面对法律谈判的战略规划作出论述，以帮助谈判人员更好地为正式的法律谈判做好准备，促进法律谈判的进程，达到最后的谈判目标。

第二节 法律谈判的开局

谈判的开局阶段，是指在法律谈判的准备阶段结束之后，谈判各方进入面对面谈判的阶段。在谈判的开局阶段，谈判各方对谈判没有实质性认识，各方都想探测对方的虚实及心理状态，因此在开局阶段一般不进行实质性谈判，而只是进行基本的问候以及谈一些无关紧要的问题。从整体上来看，谈判开局阶段只是整个谈判程序中一个很小的部分，虽然看起来其内容跟法律谈判的主体与目的没什么关系，但正所谓"好的开端是成功的

---

① 方其，主编．商务谈判——理论、技巧、案例．北京：中国人民大学出版社，2011：92．

一半",开局阶段在整个法律谈判活动中占据重要的地位,其往往决定了整个法律谈判的方向与指导思想,奠定了整个谈判的风格。

一般来说,法律谈判的开局主要包括以下几个活动:一、收集和披露双方信息;二、交换双方的第一方案;三、确定谈判的主要策略。

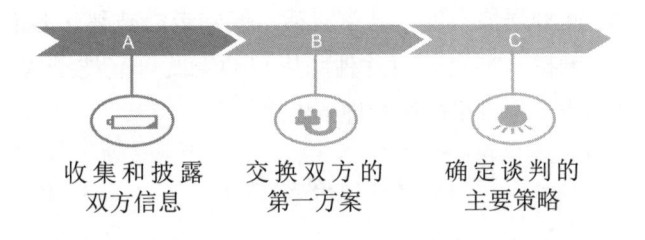

```
A 收集和披露双方信息 → B 交换双方的第一方案 → C 确定谈判的主要策略
```

一、法律谈判开局的主要功能

(一) 获取信息

在法律谈判中,开局的重要作用之一是获取信息。谈判开局的信息获取在谈判利益平衡中,起着评估和预测的作用,能够为谈判的下一步甚至谈判的成功创造谈判优势。通过开局阶段获取信息,可以检验前期法律谈判准备阶段搜集的情报,填补信息空白,剔除虚假信息,评估与预测谈判地位与成果,争取更多的谈判优势。同时,开局阶段获取的信息还可以作为调整谈判策略的依据和标准。在实践中,基于信息不充分或者信息错误导致谈判进入被动的状态,甚至导致谈判失败或破裂的情况比比皆是。开局阶段获取的信息相较于谈判前搜集的信息,准确率有很大提升,甚至可能成为整个法律谈判的关键。

(二) 建立"联结"

建立"联结",就是与谈判对方建立谈判信任关系,创造和谐互信的谈判局面,迈出法律谈判对话的第一步。建立"联结"的关键是寻找共同点、寻找相似性。从心理学上来讲,第一印象对于初次见面的各方非常重要,因此,法律谈判开局的初次会晤时,谈判者需要快速寻找到与谈判对方之间的相似之处,拉近彼此距离,减少各方的摩擦因素,推进谈判的顺利进行,实现合作共赢。在许多谈判案例中,谈判各方能够最终达成一致,很大程度上取决于开局阶段各方相互形成的良好印象。

优秀的法律谈判者,能够准确把握谈判开局的节奏,营造亲切自然而不失立场的氛围。在这种开局中，谈判各方能够理性地阐述各方利益诉求，在共同心理诉求的基础上实现利益平衡。相反，如果谈判伊始，各方就利用己方的优势地位，向谈判对方施压，可能会面临以下几种情况：一是对方迫于压力快速作出妥协；二是对方负隅顽抗或者展开更加强烈的反击；三是对方不忿于此种强势态度，结束对话，谈判走向破裂。无论哪种情况，各方都必然经历摩擦与冲突，而这种摩擦与冲突既可能抹杀双方未来合作的可能，也可能为谈判成果的履行埋下隐患。

二、如何启动谈判开局

一般情况下，如果谈判开局进行得不顺利，会出现两种结果：一是因法律谈判目标定得太高而导致谈判陷入僵局；二是因法律谈判目标定得太低而达不到谈判的预期目的。所以，为了法律谈判的顺利进行，在谈判开局阶段我们应做好以下几方面的工作。

（一）创造有利于谈判的和谐气氛

任何谈判都是在一定的气氛下进行的，谈判气氛会随着谈判的进行而不断变化，谈判气氛的好坏直接影响到整个谈判的进程与谈判的成败。影响谈判气氛的因素主要包括谈判者的言行，谈判的空间、时间和地点，等等。为了取得好的谈判结果，谈判人员应尽量将影响谈判气氛的消极因素转化为积极因素。

想要创造一个和谐的谈判气氛，就要在把握谈判时间的同时，结合环境等客观因素和谈判者的主观能力，做好以下几方面的工作。

1. 引导谈判的气氛

谈判气氛的形成主要取决于谈判者的主观态度。谈判者积极主动地与谈判对手进行沟通和交流，有助于创造良好、适宜的谈判气氛。例如，当谈判对手表情严肃时，谈判人员应该率先对其微笑，主动上前握手，问候对方，并与之关切地进行交谈，从而创造良好、舒适的谈判气氛。

2. 建立信用关系

谈判各方建立良好的信任关系，是法律谈判进行的重要前提，谈判者应当给对方树立一个诚信和可靠的形象。一般来说，法律人经过系统的法律训练，往往自带公平公正至上的价值观念，在建立信用上具有天然的优势。但由于个人经验、能力、知识与偏好的不同,在建立信用时,要根据各方的具体情况,采取不同的措施与手段。

3. 把握提出议题的时机

通常情况下,在良好的谈判气氛尚未形成之前,谈判各方可以就较为轻松的话题或者争议不大的议题开始洽谈,如进行基本的问候、回顾以往的友好关系、交流共同感兴趣的爱好,等等。这些都有助于缓解法律谈判开局的紧张气氛,推动法律谈判的顺利进行。

4. 切忌谈判开始便提出要求

如果谈判人员初次见面就马上提出要求,很容易引起谈判对手的不满,使谈判气氛变得紧张,甚至陷入僵局。所以,在尚未形成良好的谈判气氛之前,谈判人员最好避免直接提出要求,这样不但不利于形成良好的谈判气氛,还会影响整个谈判的基调。

(二) 正确处理开局阶段的"破冰"期

正式交涉谈判问题前的谈判阶段被称为"破冰"期。这段时期是谈判开局准备的时间,是谈判进入开始阶段后短暂的过渡时间。在此期间,谈判各方可进行初次见面基本的问候等,适当地把握"破冰"期,更利于法律谈判阶段的自然过渡。但是,应如何来把握"破冰"期呢?

"破冰"期的长短需要根据法律谈判的具体情况而定。一般情况下"破冰"期应控制在全部谈判时间的 2%~5%。若谈判进行的时间较长或要经过多轮谈判,"破冰"期则可以相对地延长。例如,谈判各方在异地进行大型会谈时,可组织安排一小部分时间用来做短期的观光旅行,沟通彼此间的感情,消除隔阂感与陌生感,为接下来的谈判创造适宜的气氛。

"破冰"期是引导谈判进入正式阶段的过渡阶段,"破冰"期长短的把控,也是谈判者需要掌握的技巧。若"破冰"期过长,无疑会增加谈判的成本,降低谈判的效率,甚至可能会使谈判者失去继续沟通的兴趣,适得其反;若"破冰"期过短,则可能会使各方谈判者感到生硬、仓促,无法达到引导谈判在一个良好的气氛下进行的目的。至于如何确定适宜的"破冰"期,不仅要从时间的长短加以考虑,更重要的还要通过谈判各方的经验来判断。在"破冰"期时,应注意以下几个问题。

(1) 谈判者的行为、举止和言语应得体、适宜,感情流露自然,避免出现语言生硬、举止失度的情况。说话粗俗，随意拉扯等行为，将不利于创造"破冰"期的良好气氛。

（2）谈判者切忌过于紧张。性格内向或初次参加谈判的谈判者，可能会因紧张而在面对谈判对手时，手足无措、手忙脚乱，让气氛变得尴尬，使对方感觉不自然。所以，谈判者必须学会控制情绪，在谈判时无论面对怎样的对手，都能克制紧张的心情，举止得体随和，使对方心生好感。

（3）谈判者说话不能啰唆拖沓。谈判场合注重时间与效率。如果谈判者在谈判时唠唠叨叨，多次重复表述，会给谈判对手留下不好的印象。因此，谈判者在"破冰"期内的用语应尽量简洁、精练。

（4）谈判者不要急于进入谈判的正题。初次见面时，谈判者不应该急切地催促对方进入谈判正题，而应该先与其交流沟通，增进了解，促进感情，否则会触犯"破冰期"的"大忌"。"欲速则不达"这句成语就是告诫我们，处事如果过于性急，反而不能达到预期的目的与效果，法律谈判也应该遵守这一规则。

（5）谈判者不要与谈判对手较劲。"破冰"期内的交谈，倾向于漫谈的形式，语言无须严谨、正式。对方谈判者所说的谈话内容不必每一句话都仔细琢磨，更不可耿耿于怀、恶言相向，否则不仅会影响各方的沟通交流，还可能导致谈判陷入僵局，不能达成谈判协议。

（三）在谈判开局阶段探测对方情况

谈判开局阶段的主要任务是了解对方情况。在该阶段，谈判人员不仅要为进入正式谈判阶段创造良好的气氛、做好万全的准备，还要利用这一短暂的时间了解对方的虚实情况。因此，这段时间还可以被称为"探测期"。

在这期间，谈判人员主要是通过综合分析谈判对手的行为、语言等传递出来的信息，准确判断他们的实力、态度、经验、策略和各自所处的地位，等等，进而及时调整己方的谈判战略与谈判策略。当然，这并不是最终的结论，而只是初步的谈判方案。有经验的谈判者一般会用心观察对手的行为举止，以静制动，诱导谈判对手无意识地泄露己方想要的信息；而缺乏谈判经验的谈判者，往往会冲动行事，抢先发表己见，或者陷入对方的激将法的陷阱，毫无保留地表达自己的想法。因此，在开始谈判后，谈判者如不想暴露己方的弱点，就不应急于发表意见，尤其是不能过早地判断谈判的形势与方向，否则容易陷入被动局面。

要想在探测期获取更多信息，掌握法律谈判的主动权，可以从以下几个方面着手。

1. 引导对方先发表自己的看法

谈判人员应该在尊重对方的基础上，采用多种谈判策略，巧妙、灵活地使对方说出自己的看法。

（1）征询对方意见。这是谈判人员在谈判开局阶段经常使用的谈判策略。如询问对方"贵方对此次法律谈判有什么期望？""贵方是否对谈判结果有了判断与准备？"等。

（2）诱导对方发言。要诱导对方发言，则可以询问对方，如："贵方不是在邮件中提到过新的构想吗？""贵方对谈判方案有新的建议是吗？"。

（3）使用激将法。激将法是一种诱导谈判对手主动发言的特殊方法。如询问谈判对手："贵方是否缺少谈判的诚意？"但是激将法应该根据客观情况与谈判对手的具体情况灵活、谨慎地运用，以免导致法律谈判陷入僵局，适得其反。

另外，谈判人员还需注意：在引导对方发言时，要注意避免对方借机发挥优势，将己方引入被动的局面。

2. 认真倾听，仔细观察

当对方在谈判开局时发言时，法律谈判人员应该察言观色，即认真倾听对方每一句话、观察每一个面部表情，从而研究谈判对手的谈判意图与谈判目的，为己方积累更多的可靠信息。

在谈判桌上，谈判人员不仅要留意谈判对手发言时的语音、语调，说话时的轻重缓急，还要注意观察谈判对手的肢体语言，包括眼神、手势、脸部表情等，因为这些都在传递着谈判对方的信息。学会从这些信息中探测出对方的虚实情况并且去伪存真是一种重要的谈判策略技巧。

3. 要对具体的问题进行有针对性的探测

在某些情况下，仅凭察言观色并不能解决问题，谈判者还需要进一步的探测。例如，要探测谈判对手的谈判阵容是否发生变化可以询问："某某怎么没来？"要探测谈判对手的态度可以问："贵方对我方的表现还满意吗？"要探测谈判对手是否有决策权可以问"贵方认为这项事宜是否可以作出决定？"等。

（四）谈判开局中要防止的两种倾向

1. 切忌保守

通常情况下，人们在陌生的环境中进行交际往来时都比较谨慎。所以在谈判的开局阶段，谈判人员大多会唯恐失去合作的伙伴或谈判的机会而趋于保守。然而，若是谈判人员一味迁就对方，而不大胆地坚持自己的主张，必然会处于被动地位，被对方牵着鼻子走。一般来说，开局阶段的过分保守，将会导致两种结果：一是一拍即合，失去获取己方应有利益的机会，落入对方的利益范围之中；二是谈判一方开始就作出让步，不断地迁就对方，让对方觉得你仍有可以让步的利益空间，因此谈判对方便会再讨价还价，迫使你作出更多的让步。因此，在谈判的开局阶段，谈判人员应该要敢于正视对方，迎接挑战，而非一味保守。

为了防止出现上述两个局面，谈判者必须坚守谈判目标。另外，谈判人员有必要将谈判目标定在一个弹跳能力能到达的位置。因为谈判目标的高低直接影响谈判的成果。在谈判开局中，将谈判定在高目标的基础上进行，不仅可以避免出现不利的情况，还可以让谈判者有"赢"的感觉。

2. 切忌激进

谈判的开局要有一个高目标，但高目标应该有适当的标准，谈判人员绝对不能把己方的高目标建立在损害对方利益的基础之上。如果谈判者仅考虑己方的利益，而忽略了谈判是双方或多方的合作的实质，那么会让对方觉得己方谈判者没有谈判的诚意而不愿意再进行谈判，甚至对方可能为了抵制这种谈判，也开始"漫天要价"，使谈判离现实的轨道越来越远，最终使谈判陷入僵局。

第三节 法律谈判的报价

报价可以说是法律谈判中磋商的开端，是法律谈判最核心和最重要的环节，直接决定了双方当事人获取的利益多寡。这里所指的报价，并不单指谈判各方在法律谈判中提出的价格条件，而是泛指谈判一方对另一方提出的或者一方主动提出的所有条件。

一、报价的原则

在法律谈判中，报价水平的高低不是由报价的一方随意决定的，而是需要进行反复分析与权衡，在各方可接受的范围内决定。要尽可能精确地估计谈判对方可接受的报价范围，并围绕这一范围，根据具体情况来报价。

（一）准确性

在报价时，谈判人员应清晰、明确、完整地进行表达，切忌含糊其词，必须要清晰地使对方能够准确了解我方的期望，并且使对方相信报价的坚定性。[①] 在对方主动提出问题之前，要避免主动进行说明和解释。如果己方主动地作过多的解释或者说明，就会容易露出破绽，让对方乘胜追击，甚至让己方作出让步。

（二）策略性

在法律谈判过程中的初次报价称为开盘价，开盘价的确定极富策略性。开盘价一定要依据实际情况进行报价，并且合乎情理，不能漫天要价。一般而言，作为卖方，开盘价要尽量高一些，即尽量选取"最高目标"。这样可以为以后的讨价还价留下空间，让己方在谈判中留有回旋余地。相反，作为买方，开盘价必须是"最低目标"，即比自己预期的报价还要低，经过讨价还价后才有可能达到自己的预期报价。

（三）艺术性

在报价的过程中，谁先报价，在很大程度上影响着谈判的结果。一般来说，先报价比后报价更有影响力，但是先报价也容易暴露己方的报价条件。在报价阶段，先报价的谈判方能够为以后的讨价还价建立一个基准线，为谈判划定一个基本框架，而后报价者可以从报价信息中获取更多的有利信息，从而及时调整己方的策略。究竟何时开始报价，需要谈判者综合各种因素进行决定。

（1）谈判人员的实力。若己方谈判者经验丰富且实力强于对方，那么己方在谈判中占据优势，在己方对市场行情了解和熟知的情况下，己方先

---

① 彭庆武，主编．商务谈判——理论与实务．北京：北京交通大学出版社，2014：64．

进行报价为宜。反之,则应该让对方先进行报价。若双方实力均等,那么则需要综合谈判项目的其他因素进行考虑。

(2) 谈判者对市场行情和谈判标的的了解程度。如果谈判者对市场行情了如指掌,并且就谈判的标的已经做好充分的准备,那么可以先报价。反之,如果对方是这方面的行家则应该让其先报价,避免过早暴露己方的弱点,受对方压制。当然,若谈判双方都对市场行情和谈判标的不了解,那么就应该争取先报价,以便先发制人、诱导对方。

(3) 惯例。按照一般的谈判惯例,先报价的一方通常是发起谈判的一方。在很多商务谈判中,报价的先后顺序也是有一定的惯例的。[①] 例如,在买卖合同的谈判中,大多数情况都是卖方先报价,而买方进行讨价还价。

(四) 综合性

要想制订一个有效并且可行的报价方案,需要考虑多方面的综合因素。在报价时要考虑标的物的价格、标的物的质量、数量、交易的时间、交易的地点、支付方式、运输方式、保险、赔偿等,这样制订出来的报价方案才是具有可行性的。此外,报价方案不仅要满足己方的利益,还要考虑对方接受该方案的可能性。

二、报价的策略

俗话说:"漫天要价,就地还钱。"这种要价高、还价低的谈判策略在谈判中是非常普遍的。报价是谈判的关键环节,若开价过高,则很有可能导致谈判陷入僵局,甚至导致谈判破裂。若开价过低,则无法实现己方的利益。因此,在报价的过程中谈判者必不可少地会运用到以下一些策略。

(一) 高限报价与低限报价策略

高限与低限报价策略是最常见的两种报价策略。高限报价策略也被称作欧式报价策略,该策略的理论是在商业合作中卖方报价要高,并且在与对手讨价还价的过程中让步要慢。这里所说的卖方报价要高是指根据具体的情况,尽量制订高的起价,为接下来的谈判留下余地。统计研究表明,起价的高低很大程度上影响着最终的成交价。但是切忌漫天要价,报价高

---

① 彭庆武,主编. 商务谈判——理论与实务. 北京:北京交通大学出版社,2014:65.

也要有充分的理由和依据,让对方无可挑剔。

低限报价策略也被称为日式报价策略,其与欧式报价策略相反。运用该策略时卖方先提出一个低于己方期望的谈判起点价格,以此来引起买家的兴趣,试图击败同类竞争对手。然后,再与被吸引的买方进行真正的谈判,迫使其让步,最后达到自己的目的。在日式报价策略中,虽然提出的价格是最低的,但是却提供了价格以外的有利条件。若是买方想要获得有利条件就必须接受更高的价格。所以,卖方提供低价格并不意味着放弃对高利益的追求。

(二) 先入式报价策略

先入式报价是指先开口进行报价。在实际谈判中,采用先入式报价策略的原因是,己方认为先报价可以获得更高的利益。先报价一方所报的价格,会成为之后谈判过程中的标杆,让对方难以摆脱,进而起到先发制人的作用。大多数情况下,己方先报价会让对方或多或少受到"价格陷阱"的影响,可以为己方尽可能多地争取利益。[①]

(三) 差别式报价策略

差别式报价是指根据不同的情况给出不同的报价的策略。如在商品交易中,差别式报价通常考虑的因素有购买数量、交货地点、运输方式、支付方式、需求缓急、交易时间以及客户性质等,对于同一商品,购买数量多的顾客可以享受适当的优惠;对于交货地点和运输方式简单、方便的购货方,可以对其在价格方面适当地做出让步;对于商品需求较急的,可以适当地加价;对于需求弹性较小的商品也可以适当提高报价。

(四) 对比式报价策略

对比式报价,也可以称为"定位报价",即在全面了解相关同类交易的基础上,根据己方各方面的情况来准确定位己方的报价。如在商品交易中,对比报价是指在提供己方商品的报价时,与另一种相类似的或者价值相近的产品的报价进行比较;或在确定商品报价的基础上,对我方商品的优势进行详细的说明,从而使对方认为己方商品的报价可以让其获得更多的实惠和利益。实践证明,在价格谈判中使用对比报价的策略,对商品的报价

---

① 易久发,白沙,主编. "谈"定天下:优势谈判的 6 大方面. 北京:电子工业出版社,2009:95.

可以起到很强的说服作用。因此，在谈判的报价过程中，谈判者应重视对比式报价。

（五）价格解释策略

价格解释策略是指在谈判一方作出报价后，另一方可以要求其对所报价格作出解释。通常情况下，是指卖方报价后买方可以要求其作出报价的解释。一方面，卖方可以借此机会表达其报价的合理性和真实性，并对己方提供的标的物进行详细的说明，阐述"一分钱一分货"的理念。对谈判对方提出的问题做到有问必答，可以巩固己方价格的主动地位，迫使对方缩小其期望值或接受己方所报价格。另一方面，买方要善于提问，若对方回避关键问题则应采用声东击西或者旁敲侧击的方法来诱导对方进行回答，通过卖方对价格的解释来估计还价的余地。价格解释的内容可以包括货物价格、技术服务费、商品流通费、价格构成、报价依据，等等。

不主动进行解释是卖方的原则。对于对方不主动提及的问题，一般不要做过多的解释和说明，以免露出破绽。对对方可能提出的问题进行研究，并做到有问必答，在回答时要迅速、流畅，避虚就实。对报价中较实质的部分多作叙述，对较虚部分应该少叙述或者不叙述。

（六）"虚假"报价策略

在报价的谈判过程中，"虚假"报价是一种以退为进的报价策略。在己方处于劣势，迫切想要达成交易时，对方可能早已察觉。在这种情况下出其不意，报出虚低价可以起到误导对方的作用，从而使对方态度有所转变。若是对方不肯亮出底牌，并且极力诱使己方报价，那么己方可以将计就计，顺从其意思虚报低价。然后，再从中探测虚实，获得反击的机会。此外，在各方坚持不下、实力相当的情况下，也可以虚报低价，借此动摇对方信念。

第四节 法律谈判的让步

磋商与让步是指谈判开局之后，谈判各方就报价和交易条件进行反复协商、交换信息、辩论、逐步缩小双方差距的阶段，或是得到一定的利益的过程。若在法律谈判过程中,各方都坚持己方的原始报价不肯让步,那么谈判将陷入僵局,难以达成最终协议。在法律谈判中要想达成协议,谈判一方或者双方必须作出让步,这是为达成协议而必须履行的义务。让步不仅仅是一种技巧,更是一种谈判策略,它充分体现了有"舍"才有"得"的道理。让步的过程就是谈判策略的运用过程。

一、让步的基本原则

根据谈判各方不同的利益属性,谈判者可以采用不同的让步方式。第一种,若是谈判各方具有共同的利益目标,则各方可以通过相互配合,适当地改变合作的方式。第二种,若谈判各方利益目标不一致,则可以根据各方不同的利益需求,相互作出让步,交换各自的条件,达到各取所需的目的。第三种,若谈判各方利益相互对立,则应在尽可能缓和双方矛盾的情况下进行谈判。以上三种谈判方式的运用,都以尊重双方利益,并以各方或者其中一方作出让步为基础。若各方利益目标不一致,则谈判者要考虑利益需求的主要和次要、整体和局部、长期和近期等,并作出相应的让步。因此,让步策略是谈判策略运用的具体体现。作出让步应该遵循以下几个基本原则。

第一,有效适度的让步。在法律谈判中一般不要轻易作出让步。无论是为了表达合作的诚意而进行让步,还是为了以后在谈判中谋取主动权,让步必须适度,不要为了讨好对方而一味地让步,应该让对方也作出让步。

第二,让步要谨慎有序。谈判中需要在确保我方利益的情况下作出让步,并且把握好让步节奏、注意让步幅度、选择合适的契机,要让对方明白己方作出的任何让步都是非常不容易的。

第三,各方共同作出让步。在法律谈判中要想达到双赢的结果,应该要各方共同作出让步,才能达成协议。若在法律谈判中,己方已经作出让步,而另外一方没有作出让步,己方不应再进行让步。

二、让步的实施步骤与方式

法律谈判中的让步要井然有序地进行,让步的步骤应该包含在谈判方案之中。谈判者在谈判的过程中应该注意把握让步的节奏,这样才能掌握谈判的主动权。如何控制让步的节奏，应主要从让步实施的步骤和让步的方式两方面来把握。

（一）让步的实施步骤

在法律谈判过程中，让步是一个利益取舍的过程。让步的本质是以利益来换取利益，为了获取整体的利益，己方必须牺牲某些部分利益。制订让步的具体步骤，对于实施让步策略是非常重要的。

第一步，确定谈判的整体利益。在谈判之前，从整体上把控各方的利益。一方面可以分析此次谈判的重要性，估算谈判各方中哪方对谈判结果比较看重，进而判断谈判地位的优势和劣势。另一方面，确定己方可以让步的限度，这对于让步策略的实施至关重要。

第二步，确定让步的方式。不同的让步方式会取得不同的效果，也会展示不同的信息。谈判者应根据不同的交易性质选择不同的让步方式。随着谈判环境的变化，让步的方式也要不断地作出调整。

第三步，选择让步的时机。让步时机的选择对谈判的结果起着至关重要的作用。让步的时机并不是固定不变的，而是应该根据谈判的具体情况来确定。恰到好处的让步，应是己方作出小让步却给对方带来了大满足。谈判者最好选择在谈判对方没有犹豫、猜测余地的时候作出让步，这样我方一旦提出让步对方便可能马上接受。

第四步，衡量让步的结果。衡量让步结果最直接的办法就是权衡各方利益，也可以通过让步后各方在谈判中所占的优劣势来判断。此外，让步成本的选择也应在考虑之中。

（二）让步的方式

在法律谈判的过程中，优秀的谈判者善于控制己方的让步程度，尤其是在谈判即将陷入僵局时的让步程度。成功的谈判者往往会根据谈判进程，不停地改变己方的让步方式，让对方难以揣测。让步的方式多种多样，通常可分为以下7种。

1. 最后让步、一次到位

这是一种风险较大的让步方式，即在谈判的前期过程中谈判者不作任何让步，一旦找准时机则作出大范围的让步，到谈判的后期无论对方作出何种反应都不再作出任何让步的一种让步方式。这种让步方式的缺点在于，在谈判过程中只作一次让步之后就不为所动，容易让对方觉得己方缺乏诚意，甚至容易让谈判陷入僵局进而导致谈判的失败。因此，这种让步方式又被称为"冒险型"让步。

2. 均衡

这种让步方式又被称为"刺激型"让步，是一种谈判各方相互抗衡的让步方式。这里的"均衡"，一方面指谈判各方通过彼此作出妥协以达到利益的平衡；另一方面指让步的幅度也较为均衡，不存在明显的递增或者递减。此种让步方式常用于谈判各方势均力敌的情况中，即谈判中没有一方具有明显的优势地位，且各方都有达成合意的意愿。

3. 递增

这种让步方式又被称为"诱发型"让步，是一种逐渐增大让步幅度的方式。在实际谈判中应尽量避免使用该种方式。因为这种让步方式不仅会让对方对己方作出让步的期望越来越大，而且会增长对方的谈判气势，膨胀对方的获利欲望，让己方遭受损失。

4. 递减

这种让步方式与上一种让步方式相反，即是一种让步幅度逐轮递减的方式，又被称为"希望型"让步。此种让步方式会让对方觉得己方作出让步的空间越来越小，态度越来越强硬并且不会再轻易作出让步。谈判人员在不断缩小让步幅度的同时，一定要让对方觉得还有让步的余地，让其对谈判仍然抱有希望。

5. 快速让步

这种让步方式与"冒险型"让步方式有点相似，即在第一次让步时幅度巨大，在接下来的谈判中态度又变强硬，不作丝毫让步。但是与"冒险型"让步不同的是，谈判人员在态度强硬过后又会作出小小的让步，而这一小小的让步会起到很好的效果。在此过程中，谈判对方的情绪也在不断地发生变化，先由喜变忧又由忧变喜，而己方可以随时掌控对方的情绪。这种让步方式充分抑制了对方讨价还价的想法，显示了高超的谈判技术。但是，快速让步的方式是存在一定的风险的，一旦不能恰当使用，不仅可能在短期内将对方的希望化为泡影，让对方无所适从，而且很可能会使己方因此丧失更大的获利机会，因此又被称为"危险型"让步。

6. 退中有进

该种让步方式又被称为"欺骗型"让步，需要谈判者巧妙地操纵对方的心理。该种让步的过程分为四步：第一步，先在谈判初期作出较大让步；第二步，不作任何的让步；第三步，作出一个小小的让步，但是该让步不在对方的期待范围内；第四步，让步的幅度再稍微升高一些，并且暗示对方不可能再进行让步了。在这整个过程中，让步的幅度其实没有太大的变化，却让对方认为已经达到己方的极限，让其在心理上得到满足。

7. 一次性

这是一种不太可靠的让步方式。谈判者开门见山，在谈判开始时就把己方所有能够作出的让步和盘托出，不留丝毫的余地。若接下来对方再提出让步，己方则坚决地拒绝，这种让步方式既缺乏灵活性，又容易使谈判陷入僵局或者直接导致谈判破裂。因此，这种让步方式只能被称为"低劣型"让步。

三、让步实施策略

在法律谈判中，谈判各方都是有目的地进行让步，在己方作出让步的基础上，诱使对方也作出让步进而让己方也获得利益，这才是让步的目的。谈判各方互相作出让步，才能达成谈判的最终目标。在某一问题上通过己方的让步来换取对方的让步的策略，称为互利互惠的让步策略；让出近期利益来实现己方远期利益的方式称为予近惠谋远利的让步策略；若谈判一方未作任何让步而使对方让步的，则称为己方丝毫无损的让步策略。

（一）互利互惠的让步策略

法律谈判是一个互惠互利的过程，在谈判一方作出让步后，另一方理应对其有所补偿，而谈判各方选择的让步方式与各方的商谈方式有着很大关系。在法律谈判中主要有两种商谈方式：横向谈判和纵向谈判。横向谈判是指在讨论谈判的议题时，进行横向铺开，同时讨论几个议题。横向谈判时，谈判各方往往会选择利益交换，进而达到互惠互利的目的。纵向谈判是指专门深入讨论某个议题，在进行纵向谈判时容易出现各方对该议题相持不下的局面，最后可能是其中一方作出让步，也可能是谈判陷入僵局。要想进行互惠式让步，需要谈判者具有长远的眼光。谈判者应在坚持自己利益的基础上，纵观全局，分清利害关系，避重就轻。

要实现双方的互惠互利,法律谈判人员可从以下两个方面来努力。

(1) 当己方谈判人员作出让步时,应向对方表示,作出这个让步是违背被代理人指示的。在己方已经作出了最大限度的让步时,己方必须在谈判中有所回报,才能回去向被代理人交代。

(2) 把对方的让步作为己方让步的条件,即表明己方可以作出让步,但这种让步是在对方对己方也作出某种让步的基础上进行的。

比较而言,前一种"晓之以理,动之以情"的方法更容易成功;后一种则直来直去,比较生硬。

(二) 予近惠谋远利的让步策略

在法律谈判中,谈判者谈判需求和愿望是不同的。谈判者对谈判的满足表现为两种形式,即对现实谈判交易的满足和对未来交易的满足。

在某些谈判中,可以给予对方近期或现实利益的满足,来谋求己方远期利益的满足。例如,在对方提出希望己方作出某一方面利益的让步时,可以强调相互保持长远的合作关系才是本次谈判的重大意义。

(三) 丝毫无损的让步策略

丝毫无损的让步策略是指在谈判过程中,一方要求另一方作出让步,己方却不愿作出实质性让步。此时,另一方可采取倾听并且拒绝的方式,如耐心地听取对方的观点并向对方表示:"我方充分地理解您的要求,相信您的要求一定具有相当的合理性,但就我方目前的情况来看,真的难以满足贵方的要求。我们保证一旦条件允许,一定给予您最大的优惠。希望您能够谅解。"如果不是什么大的问题,对方听了上述一番话以后,往往会自己放弃要求。[1]

第五节 法律谈判的终局

一、谈判的终局方式

法律谈判结束的方式有三种:成交、中止、破裂。

---

[1] 陈文汉,主编. 商务谈判实务. 北京:电子工业出版社,2012:216.

（一）成交

成交是指谈判各方就谈判内容分别进行讨论和协商后，达成一致意见或达成谈判目的。谈判各方成交的主要形式是签订书面合同或者签订意向书，通过法律谈判达成的合同或者意向书受法律保护，可以为各方之后的行为提供法律保障。

（二）中止

谈判中止是指由于某些原因，谈判各方或其中一方提出暂时中止谈判，等影响谈判继续的情形消除后，再继续进行谈判。根据谈判各方对中止谈判后，是否约定了下次继续进行谈判的时间，可以将谈判中止分为有约期中止和无约期中止。

1. 有约期中止

这类中止指由于某种原因使得谈判不能继续进行下去，各方约定等到障碍消除后再继续进行谈判的中止方式。例如，谈判其中一方由于不可抗力而导致不能参加谈判；或者达成谈判的某些条件超过了谈判者被授权的范围，需要等待当事人的确认。在各方都同意的情况下，可以共同商定下次进行谈判的时间。

2. 无约期中止

这类中止指各方在中止谈判时没有约定具体的恢复谈判的时间的中止方式。无约期中止，常见的发生在谈判僵局以及发生不可抗力的情形中。当谈判陷入僵局后，若是谈判各方没有进行约定下次谈判的时间，则可能使谈判陷入无期限的谈判中止状态；在法律谈判过程中如发生不可抗力事件，由于其具有不确定性和不可控制性，因此继续进行谈判的时间也难以确定。

（三）破裂

破裂是指各方经过长时间的磋商以及作出最后的让步后，仍然不能达成共识。当谈判各方协商多次无果，并且都不可能再作出让步，则只能宣告谈判破裂。此时，谈判各方达成交易已经不再可能，再进行谈判已经没有任何意义。谈判破裂可分为友好破裂结束谈判和对立破裂结束谈判。

1. 友好破裂结束谈判

友好破裂结束谈判是指谈判各方虽然不能达成共同的谈判目标，但为了保持各方友好的合作关系而以友好的方式来结束谈判的方式。谈判破裂的原因是各方都有无法割舍的利益和无法让步的交易条件，谈判各方的态度始终是友好的，对于各方的立场和原则都表示理解。虽然谈判各方的谈判目的没有达成，但是增进了各方的交流，也为以后的合作创造了机会。这种友好的破裂方式，在某种意义上来说对各方是有利的。

2. 对立破裂结束谈判

对立破裂结束谈判是指谈判没有达成合作并且不欢而散。造成对立破裂的原因有很多，不管是什么原因，谈判破裂都不是各方想要的结果。若是谈判破裂后谈判各方关系极度恶劣，那么各方日后再合作将很困难。因此，在法律谈判的过程中要尽量避免使用过激的语言，注意要以理服人，以礼待人，体现谈判者该有的修养和风度。[1] 当然，随着谈判的破裂，在纠纷型法律谈判中，争议各方可能将会选择进行诉讼或者启动仲裁来继续解决纠纷。

二、法律谈判的收局

法律谈判进行到最后就是法律谈判的收局。只有正确地判断谈判收局的时间，才能确保在谈判结束之前达到谈判目标。若是对于谈判的收局时间判断错误，在还没有达到目标的情况下就急于结束谈判，这可能使谈判前期的努力成为徒劳。因此，准确地判定谈判的收局时间对于谈判目的的达成具有重大意义。判断谈判的收局时间，可以从以下三个方面来考虑。

（一）从谈判涉及的交易条件判定

此方法是指根据谈判各方的交易条件来判定整个谈判是否进入终局。谈判的主要任务就是交易条件的洽谈，在经过多轮的讨价还价后，若谈判进入尾声，可以根据以下几点判断法律谈判是否可以收局。

1. 留意没有解决的分歧

若是在谈判过程中，各方的分歧已经陆续解决，并且逐渐达成共识，那么距离谈判收局就会越来越近。若谈判各方僵持不下且不愿作出让步，那么谈判则可能以中止或者破裂的方式收局。此外，若谈判的大多数问题

---

[1] 王军琪，主编．商务谈判理论、技巧与案例．北京：中国人民大学出版社，2014：109.

或最关键的问题已经解决,没有什么实质性的大问题需要解决,那么也可以判定谈判即将结束。

2. 谈判一方的条件是否达到另一方的预期

在法律谈判之前,谈判各方都会设定达成谈判的成交线。若谈判其中一方已经达到另一方的成交线,那么谈判很有可能立即达成,则可以宣告谈判的结束。

3. 谈判各方的交易条件是否一致

当谈判各方的条件都达成一致时,谈判进入终局是毫无悬念的,但是在谈判实践中,也常常出现因个别技术问题无法达成一致而导致谈判破裂的情形。

(二) 根据谈判时间判定

法律谈判进入终局的时间与各方约定的谈判时间有很大的关系,谈判者可以从以下三个方面来综合考虑。

1. 各方约定的谈判时间

在谈判开始之前,各方会预先对谈判的时间进行设定。谈判各方约定谈判时间时就已经考虑到谈判的规模、内容、双方政治、经济以及环境形势、市场的需求和企业的利益等,因此,随着谈判时间的结束,谈判自然会进入终结阶段。当然,谈判最终所需的时间,可能会根据谈判的具体情况而相应地作出调整。若谈判各方就谈判的条件争议不大,则容易达成协议,所需要的时间也会相应地缩短;若谈判各方就谈判的内容分歧较大,那么谈判的时间也会相对延长。

2. 单方确定的谈判时间

在法律谈判过程中,谈判时间也可能是谈判中的一方确定的,这无疑会给对方造成压力。若是谈判一方认为其在单方确认的时间内无法实现谈判目标,那么其可能会提出改变谈判时间的要求。所以,在单方确定谈判时间的情况下,判断谈判是否进入终局与另一方是否同意谈判时间有着很大的关系。如谈判各方对单方确认的谈判时间予以认可,则可以根据该时间判断谈判是否进入终局,反之则不能将该单方确认的时间作为考虑因素。

3. 形势突变的谈判时间

虽然谈判各方已经约定好谈判时间,但是随着法律谈判进行过程中形势的变化，如市场行情的变化、公司内部发生重大事件等，谈判者会突然改变原有计划，甚至可能要求提前终结谈判。法律谈判的外部环境的变化，不可避免地影响着谈判的进程。

（三）从谈判策略判定

在法律谈判过程中，会运用多种谈判策略，如果谈判策略实施后谈判必然进入终结，这种策略就叫终结策略。终结策略是一种最终的冲击力，是终结的信号，其对谈判的收局有重大的决定作用。最常见的终结策略主要有以下四种。

1. 最后立场策略

若谈判各方经过多次交涉后仍无结果，一方作最后陈述表明立场，即其已经作出最大程度让步，若对方仍不接受该条件，则宣布谈判结束；当然，若对方接受该条件，那么谈判即达成。这种最后立场策略可以判定谈判是否收局。若是在各方没有进行充分讨论的情况下，其中一方就作最后的陈述，这样则会有恐吓对方的意味。同时，若是没有选择好的时机使用最后立场策略，还会暴露己方的谈判目标和最终底线，甚至可能使谈判陷入僵局。因此，只有在谈判进行了充分讨论的情况下使用最后立场策略才可以判定谈判进入终局。

2. 折中进退策略

即根据各方所提条件的折中条件作为各方合作或妥协的策略。例如，谈判各方已经耗时很长，且各方都已经作出了适当的让步后，仍存一些问题，但又不想消耗更多的谈判时间，为了尽快达成交易、实现合作，一方提出简单易行的方案，即各方都以同样的幅度妥协退让。通过使用该策略，可以快速有效地解决纠纷，节省各方的时间和精力。如果各方都接受该方案，那么谈判进入终局，若是各方或其中一方不同意该方案，那么谈判终局的判定则另当别论。

3. 总体条件交换策略

各方谈判人员在临近谈判结束时，以各自的条件做整体的进退交换，以求达到谈判目的。谈判各方在经过对某个议题的多次商讨无果后，可以根据谈判的所有内容与对方进行协商，做一揽子交易。例如，某个谈判项目中可能会涉及技术服务谈判、货物买卖谈判等，谈判人员可以统筹兼顾，一次性进行条件交换。

4. 以谈判者发出的信号来判定

当法律谈判进入收尾工作时,谈判者可能会不自觉地发出某种信号。如当经过长时间的谈判后,谈判者可能会突然对其中几个问题进行拍板或者直接达成协议。

第四章　法律谈判的战略管理

案例指引

某大型广告公司A公司需要采购一批数码相机,当地众多数码相机销售商得知此事后,纷纷表示愿与A公司合作,并向A公司发送了产品介绍。A公司派采购部的陈经理负责采购,并就签订合同等相关事宜进行谈判。经过市场调查和对比分析,陈经理决定与其中信誉较好的B公司进行洽谈。

谈判前,B公司经市场调查得知,A公司作为广告公司,未来在电子数码设备方面的采购需求很大,因此,不应仅看中这一次交易的利益,更应通过此次合作建立长久的合作关系。同时,B公司还对竞争对手的报价范围进行了调查,并参考了市场报价,最终确定了一个比其他对手略高,但却在合理范畴的报价。鉴于此次竞争对手较多,B公司认为此次谈判可以给予较多的优惠以达成交易,为今后长久的合作关系打下基础。但是优惠率不能超过20%,且为了让A公司有赢的感觉,应注意让步的方式。

谈判开始,B公司法务经理刘经理首先介绍本公司产品的特点及优势,并对竞争对手的产品进行分析。随后,刘经理将报价书递给陈经理。陈经理看完报价书后,认为还有降价的空间,便摇着头假装生气地说:"你们的价格太高了,如果没有同我公司合作的意愿,现在就可以结束谈判。"刘经理早已料到陈经理会有此激烈反应,但也清楚自身的报价并不是漫天要价。刘经理并没有辩驳,而是心平气和地向陈经理进行解释,并承诺会提供更多优惠条件,例如减免维修费用、增加售后服务项目等。但陈经理并没有被对方迷惑,而是说道:"其他公司也承诺给予我们很多优惠条件,且价格本身就比你们低。所以后期维护优势并不能成为你们价高的理由,我方希望能在原有价格基础上降价20%,希望你们能斟酌一下。"

刘经理考虑一会儿后答复道:"陈经理,我们此次的报价是经公司内部特批的价格,很难再有降价空间,但若贵公司同意在支付方式、时间上与我方配合,我可以去争取再降价10%。"陈经理仍表示至少降价15%才愿与B公司商谈其他事宜。这时,刘经理表示需要通过电话向公司请示。通话结束后,刘经理表示公司同意了降价要求,不过提出A公司必须按照B公司规定的付款方式和付款期限进行交易。陈经理听后,虽然心里对该结果很满意,却装作不耐烦地说:"就按你们说的交易,但价格必须降15%,这样没问题了吧。"刘经理点头同意。

于是,A公司与B公司在价格问题上达成了合意,在此基础上就其他事宜继续进行谈判。经过反复磋商,最终谈判成功,实现合作。

思考:
1. B公司是如何进行法律谈判战略管理的?
2. 你认为战略在法律谈判中的作用如何?

第一节 法律谈判战略管理概述

谈判者想要成功进行一场法律谈判,需要在全局与整体上对谈判进行把控。谈判战略是谈判开展与技巧实施的前提与基础,重视谈判战略管理才能从宏观上把握谈判进程,才能确保谈判的方向。

一、战略的概述

(一)战略的定义

战略,起源于军事领域,最初是指军事将领指挥军队的才能,后来逐渐演变为一项军事术语,指对战争的整体布局与筹谋。战略最重要的目的就是通过筹划与布局,为己方创造持久的优势地位。南宋学者陈亮有云:"治国有大体,谋敌有大略。立大体而后纲纪正,定大略而后机变行,此不易之道也。"我国自古便是战略大国,中国人乐于谋略,也善于谋略,留下了许多谋略的典籍,如《孙子兵法》《三国演义》《三十六计》等。特别是《孙子兵法》不仅在军事领域影响深厚,还在其他诸多领域也有着广泛影响。而西方对于战略的深度思考，是从"海权制胜论""机械化制胜论"等开始的，后来英国战略理论家哈特（L. Hart）提出"大战略"概念，使得西方人对于战略的认识逐步从纯军事领域扩展至商业等其他众多领域。

在现代社会中，战略被更为广泛地运用在商事领域。肯尼斯·安德鲁斯认为，战略是目标、意图和目的，以及为完成目标而制订的方针和计划的一种模式，这种模式界定着企业正在从事的或者应该从事的经营业务，界定着企业所属的或应属于的经营类型。[①] 李玉刚认为，战略是制订企业总体目标并寻求改善竞争地位的谋划和方略。[②] 由此可见，战略是一个宏观概念，它具有全局性、长远性、整体性、系统性、基础性、发展性、相对稳定性、竞争性、差异性和匹配性等基本特点。[③]

（二）战略与策略的区别

很多书籍常将战略与策略等量齐观，其实不然。战略与策略两者之间是存在本质性的区别的。根据百度词条显示，策略即计策、谋略，一般是指：（1）可以实现目标的方案集合；（2）根据形势发展而制订的行动方针和斗争方法；（3）有斗争艺术，能注意方式方法。战略是从宏观上、大局上以及方向上对事物进行把握和理解；而策略是为适应战略方向而作出的短期的、应变性的行动。一方面，战略为策略提供了方向性、稳定性的标杆，策略是在战略范畴内所作出的；另一方面，策略贯穿于具体实施的过程，是对战略方向的巩固。例如，在法律谈判中，如果选择合作型的谈判战略方向，在谈判的策略选择上必然会倾向于使用开放性问题，并且应该积极倾听对方诉求，提出互利的可行性方案。战略与策略这种相互区别又互相联系的关系，在法律谈判中应该得到重视。谈判时一定要注意区分策略与战略，在保证谈判战略方向稳定的同时，又能根据情势作出策略的反应。

二、法律谈判战略

（一）法律谈判战略的定义

上文的定义多从企业战略的角度来界定战略的概念，那什么是法律谈

[①] 徐飞，编著. 战略管理. 北京：中国人民大学出版社，2013：6.
[②] 李玉刚，编著. 战略管理. 北京：科学出版社，2013：1.
[③] 徐飞，编著. 战略管理. 北京：中国人民大学出版社，2013：6.

判的战略呢？在罗伊·J. 列维奇、戴维·M. 桑德斯以及布鲁斯·巴里所撰写的《商务谈判》一书中，战略专家将战略定义为："将组织主要目标、政策和行动整合成一个有机整体的模式或者计划。"将这一定义运用到谈判中的话，谈判战略就是实现谈判目标的总体计划以及使这些计划实现的行动。① 由此可知，法律谈判战略是指，在法律谈判中运用法律思维，为实现谈判目标进行规划布局并制订实施方案。

（二）法律谈判战略的分类

1. 法律谈判战略的类型

法律谈判按谈判各方关系建立的意愿以及己方利益实现的强烈程度可以分为四种战略类型：竞争型战略、共赢型战略、回避型战略、长久型战略。竞争型战略的选择条件为：谈判者关注己方的利益实现而不在意关系的建立；共赢型战略的选择条件是：谈判者既关注己方利益的实现，又重视长久关系的建立；回避型战略的选择条件是：谈判者既不关注己方利益的实现，也不注重长久关系的建立；长久型战略的选择条件是：谈判者更多重视长久关系的建立，而不在乎己方利益的短暂实现。具体如下图所示：

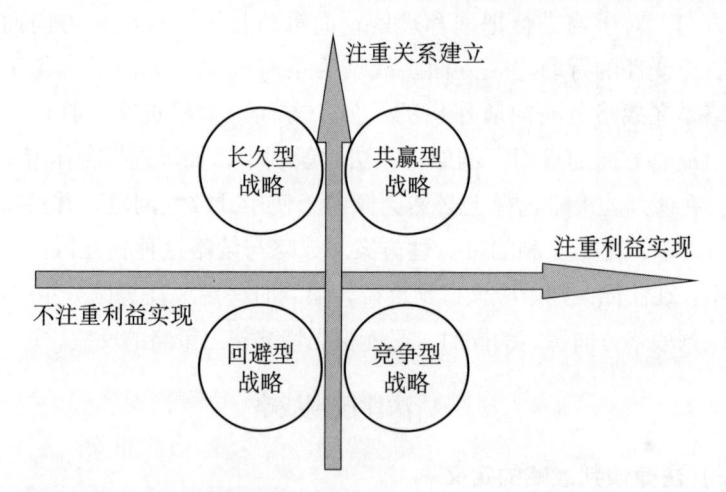

2. 法律谈判战略类型的特点

在法律谈判中，谈判者基于对利益实现的愿望强烈程度以及对长久关

---

① 罗伊·J. 列维奇，戴维·M. 桑德斯，布鲁斯·巴里. 商务谈判. 程德俊，译. 北京：机械工业出版社，2012：75.

系建立的重视程度，可以采取不同战略。这四种战略除了在利益实现以及关系建立程度上的差异外，还各自存在下列较为显著的特点。

（1）竞争型战略的特点。竞争型战略最大的特点是实现自身利益的最大化，是一种通过损害对方的一定利益而实现己方利益的战略。在这种战略中，谈判者与对手之间相互提防，通过使用策略迷惑对方，不让对方探知己方真实的意图和想法。在此战略实施的过程中，谈判者可能会使用威胁、恐吓等方式占据优势谈判地位，而一旦出现谈判僵局，则通过引入第三人来打破僵局。

（2）共赢型战略的特点。共赢型战略的最大特点是实现共同利益的最大化，己方目标的实现与对方目标的实现是密切联系的。在此种战略中，谈判者之间是彼此信任并且坦诚的，他们认真了解彼此的需求，并共同寻求替代的方案。在战略实施的过程中，他们会诚实地分享信息，并给予对方足够的尊重。一旦出现僵局，为实现共同利益，可能会以各退一步的方式来打破僵局。

（3）回避型战略的特点。回避型战略的最大特点是对谈判没有期待，是一种在谈判中无法实现谈判者目的，或者实现目的需要付出昂贵代价的情况下实行的战略。在这种战略中，谈判者常常采取回避的方式，消极应对对方需求。谈判中一旦出现僵局，谈判者可能会直接放弃谈判。

（4）长久型战略的特点。长久型战略的最大特点是为建立长久的合作关系而放弃短暂的现实利益。在这种战略中，谈判者始终保持坦诚的心态，对方也以诚相待。谈判者在谈判中常常通过放弃己方部分利益来迎合迁就对方的策略，从而达成谈判。在谈判过程中一旦出现僵局，采取此类谈判战略的一方，可能会变得无能为力或不知所措。

三、法律谈判战略管理

（一）战略管理的定义

战略管理一词，最初是由美国企业家安索夫在其 1976 年出版的《从战略计划走向战略管理》一书中提出的。如果将战略界定为静态的概念，那战略管理就是动态的过程。对于战略管理这一概念的理解，向来都是仁者见仁、智者见智的。如斯坦纳认为企业战略管理是确定企业使命，根据企业外部环境和内部经营要素确定企业目标,保证目标的正确落实并使企业使命最终得以实现的一个动态过程。[①] 而在《战略管理》一书中,徐飞认为战略管理是一种确保当前利润最大化、同时追求长远利益的组织行为。[②] 他分别从功能上、流程上对战略管理进行了解读。通常认为,战略管理是制订、实施和评价能够使组织达到其目标的跨功能决策的科学和艺术。[③]

(二) 法律谈判战略管理的定义

关于法律谈判的战略管理,鲜有人对此进行研究、定义。笔者认为,对法律谈判的战略管理的理解可以参考商事等领域对战略管理的定义。法律谈判的战略管理是指,在法律谈判中,运用法律思维制订、实施以及评价能够达到其谈判目的的决策科学和艺术。法律谈判的战略管理可以从狭义和广义上进行理解,狭义上的战略管理仅指战略决策,广义上的战略管理不仅仅包括谈判中战略计划的制订,还包括谈判战略的实施、风险管控等。本节所说的法律谈判的战略是指广义的战略。

(三) 法律谈判的战略管理原则

法律谈判的战略管理,是指从宏观上对谈判进行把握和管控。在具体操作过程中,必须遵循一定的原则。

1. 客观环境原则

如前文所述,任何理性战略的确定都是基于对各方信息的综合考虑,单边选择战略难免会失之偏颇。因此,在进行战略管理时,要注意搜集和分析各类客观信息,从而作出正确的选择。

2. 全过程管理原则

法律谈判的战略管理应该是贯彻于整个谈判流程的。战略管理的目的是为了使自身在谈判中持续处于优势地位,从而更好地实现谈判目的。切忌在法律谈判中将战略计划制订出来之后就束之高阁,或者取得一点优势地位就开始掉以轻心。战略的管理应该从谈判各方的前期接触便开始,一直延续到谈判收局以及合同签订阶段。

[①] 亨利·明茨伯格,等. 战略历程:纵览战略管理学派. 刘瑞红,等译. 北京:机械工业出版社,2002.

[②] 徐飞,编著. 战略管理. 北京:中国人民大学出版社,2013:11.

[③] 徐飞,编著. 战略管理. 北京:中国人民大学出版社,2013:11.

3. 整体最优原则

作为宏观性的管控，在法律谈判中，战略管控必然应着眼于全局。正是基于这样的全局观，其所关注的利益应该是整体的最佳利益，而不应拘泥于某一点或者局部的利益。坚持整体最优原则，才能保证谈判战略管理方向的正确性，保证整个谈判持续处于对双方均有利的状态。

（四）法律谈判战略管理的过程

法律谈判战略管理是包含制订、实施、风险管控等一系列行为的动态过程，正是这样一个过程将静态战略动态化，并且最终形成可操作的方案。从动态的逻辑以及系统的角度分析，可以将法律谈判战略管理的过程分为几个阶段，即法律谈判的定位与目标、法律谈判的环境分析与战略选择、战略计划的制订和实施、战略的评价与控制。

1. 法律谈判的定位与目标

法律谈判的定位与目标是法律谈判战略管理的前提。只有明确了法律谈判的基本定位以及最终目标，才能更好地了解谈判主体的需求，从而作出正确的战略选择。这里的定位与目标，应该是实质性的（如特定的结果）、无形的（如关于建立长久关系）以及过程性的（如议事日程）。

2. 法律谈判的环境分析与战略选择

通过对法律谈判内外环境进行的分析与组合，我们能找出己方的优势与劣势以及需要注意的事项，为制订理性的法律谈判战略提供依据。完成上述谈判的定位、目标的确认以及谈判环境的分析后，就可以开始依照实用性、可行性、接受性等原则进行战略的选择。

3. 法律谈判战略计划的制订和实施

战略管理的概念是宽泛而抽象的，如果要具体运用于谈判之中，还需要依据战略选择的结果制订具体战略计划。战略计划应该与战略选择保持一致，并贯穿于整个谈判流程。制定了完备的战略计划以后，谈判中就要遵照既定计划来实行，及时反馈，协调各方，从而保证谈判目标的实现。

4. 战略的评价与控制

战略评价与控制是指在战略计划实施后，将反馈的信息与预计的战略实施效果进行比较，检查战略实施过程中是否发生偏离的情况，分析产生偏差的原因，并采取相应措施进行纠正，以确保法律谈判处于战略管控之下。战略的评价与控制,其实就是对法律谈判的回盘与复查,防止战略选择的错误、战略实施过程中的偏颇,保证法律谈判战略管控的效果。

第二节 法律谈判的定位与目标

一、法律谈判的定位

法律谈判的定位是指对谈判主题、谈判利益、谈判所代表的利益方、与谈判对方的关系等的确定。法律谈判定位的确定是明晰整个谈判基调的前提。

在法律谈判的定位中,对谈判利益的定位最为重要,这直接关系到法律谈判的目标、谈判战略的选择,等等。谈判与调解的最大区别就是谈判所代表的利益,即便谈判的最终结果可能实现共赢,但是在谈判过程中,谈判者始终只代表一方的利益。因此,我们需要明确我们所关注的谈判利益是什么,是只关注本次谈判利益的实现,还是希望通过谈判建立长久合作关系以实现长远的利益,或者将谈判仅作为一种策略手段以实现其他谈判项目以外的利益。

法律谈判的定位,不仅应立足于谈判项目本身,还应考虑委托人的具体情况,如发展规划、文化理念等,因此,谈判者应当与委托人共同确定谈判的定位,并且理解谈判中的利益需求,以维护当事人利益。

二、法律谈判的目标

法律谈判的目标是指在谈判中可量化的,并且具有操作性的目标,包含实质性的目的(如特定的结果)、无形的目的(如关于建立长久关系)以及过程性的目的(如议事日程)。

(一)确定法律谈判目标的原则

确定法律谈判目标,首先需要坚持三大原则:实用性、合理性、合法性。

1. 实用性

所谓实用性原则,是指在法律谈判中,谈判者依据自己的经济、环境等情况来确定谈判目标,该谈判目标应当对谈判者本身具有一定的价值。

2. 合理性

合理性原则包括谈判目标时间的合理性与谈判目标空间的合理性。在法律谈判中，谈判目标的选择通常会受到人、环境等客观因素的影响，谈判目标可能仅在某个时间、某个空间是合理的，在另一个时间、另一个空间又是不合理的。所以，法律谈判者在确定谈判目标之前应对其进行时间与空间上全方位的分析，使谈判目标真正具有合理性。

3. 合法性

所谓合法性原则是指谈判者确定法律谈判的目标必须遵循一定的法律规则和道德规范，不能损人利己。例如对对方谈判者进行威胁；双方谈判者暗中勾结，损害集体利益；贿赂对方谈判者等，通过这样的方法确定的目标则是不合法的。

（二）确定法律谈判目标的考虑因素

在法律谈判中，谈判者确定谈判目标必须以客观条件为基础，综合考虑双方的内部环境与谈判的外部环境。总体而言，需要兼顾下列因素。

（1）法律谈判所涉及的领域；

（2）法律谈判的标的；

（3）谈判者可以接受的最低利益；

（4）法律谈判的时间限制；

（5）谈判者可以作出的最大让步；

（6）谈判陷入僵局时采取的措施；

（7）初谈失败时可以采取的方案；

（8）可能影响法律谈判目标的其他客观因素。

（三）法律谈判目标的四个层次

法律谈判各方会根据彼此的立场、利益而"讨价还价"，使得谈判目标最终处于某一层次上。法律谈判目标的具体层次可以依据谈判期望的强度划分为四种：最高目标、实际需求目标、可接受目标、最低目标。

1. 最高目标

最高目标也叫最优期望目标、顶线目标，是对谈判者最有利的结果。谈判者实现这个目标，可以满足己方的最大利益，但该目标同时也是对方谈判者能够忍受的最高程度，若是超过这个目标，谈判往往会破裂。法律谈判是谈判双方基于己方利益而进行的博弈过程，双方都希望获得更多的利益，任何一方都不可能让与对方过多的利益，因此，最高目标是一个单方面的、可望而不可即的理想目标。尽管如此，也并不意味着最高目标毫无用处，一般来说，最高目标是谈判的开始话题，谈判者在谈判开始提出的目标往往是最高目标，从而在接下来的谈判中能更好地与对方进行磋商、利益互换。另外，最高目标可以促使谈判人员了解当前局势与理想目标的差距，从而激励谈判人员争取更多的利益。

2. 实际需求目标

实际需求目标是谈判各方根据主客观因素，考虑到各方面情况，经过科学论证、预测和核算后，纳入谈判计划的谈判目标。[①]

与最高目标不同，实际需求目标通过谈判者的努力与沟通一般可以实现。该目标关系到一方谈判者的主要甚至全部的利益，所以，在实践中，谈判者往往会想方设法努力达成实际需求目标。另外，应注意的是，谈判者不能过早地泄露己方的实际需求目标，以免对方否决该目标而导致己方在法律谈判中失利。

3. 可接受目标

在法律谈判案例中，经常会出现谈判一方不能完全满足谈判另一方的全部实际需求的情形。这种情形下，谈判者可以考虑可接受目标，即实现一部分实际需求目标。可接受目标并不是毫无底线的，而是处于谈判者可以让步且不过分损害其利益的限度内。在法律谈判中，法律谈判者对可接受目标不能抱着"不争馒头争口气"的态度，而应采取"只要得到部分利益就可以接受"的态度。

4. 最低目标

最低目标是谈判者可接受的最不理想的目标，是谈判者必须保证实现的最基本目标，也是谈判者必须坚守的最后一道防线。若是这个目标不能实现，谈判者通常会终止谈判。

最高目标、实际需求目标、可接受目标和最低目标组成一个完整的目标体系，它们互相联系，也各有其用。谈判者在确定法律谈判时应对这四

[①] 王福祥，主编. 商务谈判理论与实务. 北京：科学出版社，2008：100.

个层面的目标有一个清晰的了解，并善于利用不同层次的谈判目标的特点去推动法律谈判的进程，达成谈判的成功。

第三节 法律谈判环境分析和战略选择

一、法律谈判的环境分析

法律谈判的环境分析需要考虑很多方面，如外部关系、内部资源、对手的情况等，这些环境的分析与上述法律谈判的定位与目标共同构成了战略选择的前提。法律谈判的环境分析所包含的内容丰富，本节主要从以下两个方面进行论述。

（一）法律谈判的外部环境

法律谈判的外部环境是指可能影响法律谈判过程或者谈判结果的外部环境因素，具体可以包括外部市场环境、政治环境等法律谈判的"自然环境"以及对手情况等法律谈判的"人文环境"。

1. 法律谈判的"自然环境"

法律谈判的"自然环境"包含的范围广泛，包括政治环境、社会环境、市场环境等可能影响谈判结果的环境要素。这些"自然环境"十分庞杂，且可变的因素多，可能一小时前后所面对的环境就截然不同。因此，笔者建议在分析此类环境信息中，化繁为简，抓住环境中的核心要素，着重进行分析。

2. 法律谈判的"人文环境"

法律谈判中的"人文环境"，主要是指谈判对方的信息。以企业为例，主要是指对方企业的文化、经营理念，对于特定谈判的态度，谈判人员的组成、惯常采取的策略方法，等等。对于此类环境，有赖于谈判前的信息搜集等工作，进而进行分析整理。

（二）法律谈判的内部环境

法律谈判的内部环境，指的主要是谈判者自身的一些环境因素，仍然以企业为例，内部环境主要是指企业的文化环境、对于谈判主题的关注程度、利益需求、谈判人员组织等。通过对上述信息的分析，辨明谈判者本身对于谈判的态度以及法律谈判的基调方向。

通过上述内外环境的分析与比较，可以得知，在法律谈判中，谈判者应综合内外谈判环境、己方所处的优势与劣势，以便进行战略的选择和战略计划的制订，最终保证谈判者持久的优势地位。

二、法律谈判战略的选择

在明确法律谈判的定位、目的，并且对谈判的内外环境进行分析整合后，就要开始对谈判战略进行选择。本章第一节介绍过谈判战略可以分为竞争型战略、共赢型战略、回避型战略以及长久型战略。谈判者在综合上述信息，并考虑到对己方利益实现与双方关系建立的重视程度，相应选择能确保其优势地位的战略种类。虽然具体的战略细节会十分复杂，但是战略选择的基本逻辑并不复杂。基于法律谈判战略管理的过程，战略的选择就是挑选一种战略，以确保：（1）谈判者真实利益的实现；（2）谈判者自身的发展；（3）在法律的范畴内；（4）付出的成本最小。如果可以同时满足上述四个条件，并且具有可操作性，那就是合适的法律谈判战略类型。

第四节 法律谈判计划的制订和实施

谈判者根据定位、目标以及内外环境分析进行了战略选择后，就要开始着手实施战略。但法律谈判战略是抽象的、具有指导性的，没有具体的操作流程与步骤。因此若想将法律谈判的战略完整实施，则需要在已选择的战略模式下，制订具体可操作的谈判计划，将法律谈判的战略贯穿于整个谈判过程。

一、法律谈判计划制订的基本原则

（一）周密谋划原则

周密谋划原则，是指法律谈判者在谈判中对每一个谈判阶段都要进行周密、严谨的筹划，才能在谈判时胸有成竹。法律谈判是一项逻辑性极强的社会活动，谈判者需要在谈判前根据具体情况作出周密的筹谋，并考虑谈判形势发生变化时应作出的战略变动,这样才能确保实现预期的法律谈判目的。

(二) 随机应变原则

随机应变原则,是指法律谈判者在谈判过程中根据谈判阶段的具体情况,灵活变动谈判计划,掌握谈判整体格局,促使法律谈判向有利于己方的方向发展。谈判桌上的形势随时可能发生变化,如果谈判者不能及时作出相应的计划变动,很可能在接下来的法律谈判中陷入不利地位而导致谈判失利,损害己方利益。

(三) 有理、有利、有节原则

法律谈判是双方法律谈判者站在各自的立场上与对手不断磋商,相互让步,最后解决争端的博弈过程。一般来说,双方法律谈判者要想达成两方都接受的协议,则该协议应使两方都获得满意的利益,所以谈判双方在法律谈判过程中要遵循有理、有利、有节的原则。有理,是指在谈判磋商中无论提出的是建议还是意见,都需要建立在充分的材料与数据的基础上,不是空洞的说教,更不是凭空臆测,或是无理固执己见。有利,则是谈判人员应当利用对自己有利的因素,推动谈判向预期的目标发展。有节,是指在谈判磋商中涉及争议问题时,因关系到双方的利益,应掌握好分寸与火候,适可而止,切不可贪得无厌。[①]

二、法律谈判计划的制订流程

制订法律谈判的计划应遵循一定的逻辑顺序,一般包括如下步骤:现象分解;明确问题;整合问题并进行谈判组合;明确利益;明确限制性因素;形成假设性解决方法并深入分析;制订谈判策略;进行风险评估;拟定行动计划方案等。制订法律谈判计划能更好地帮助谈判者在谈判进程中随机应变,及时采取有效的手段与方式,实现谈判目标。

(一) 现象分解

进行现象分解是制订法律谈判计划的逻辑起点。谈判由问题、趋势、分歧、事件等元素组成,进行现象分解是指先将上述元素分解出来并找出

---

① 方其,主编.商务谈判——理论、技巧、案例.北京:中国人民大学出版社,2011:158.

各自的意义,然后重新布局,安排成最利于己方的形式。

(二) 明确问题

有些谈判如买卖普通物件涉及的问题可能比较简单,而某些谈判面对的问题就会相对复杂,如公司并购重组谈判,其中可能涉及人员安排、资产处置以及新的分配方案等,所以明确谈判问题十分重要。有专家认为,在任何谈判中,都最好从如下几个方面出发,提出完整的重要问题清单。

(1) 对所有可能需要决定的问题进行分析;

(2) 参考以往类似的谈判经验;

(3) 研究已有信息(例如,买房前通过邻居、验房师或者阅读有关如何购买房屋的文章等来获取信息);

(4) 咨询相关领域的专家(例如,买房前咨询房地产经纪人、银行信贷员、律师、会计师或者最近购买过房屋的朋友等)。[1]

(三) 整合问题并进行谈判组合

在明确法律谈判的问题后,可以将已经明确的问题列成清单,再针对整合后的问题清单进行谈判问题的组合。在整合与提炼双方问题的过程中,还需要谈判者确认这些问题是否都是实质性问题,因为只有找出实质性问题才不仅不会给谈判造成负担,还会增大谈判成功的可能性。如果发现存在大量无关紧要的问题,可以适当删减。

在整合问题及进行谈判组合的同时,还需要明确问题的重要程度,并将所有问题按照重要性等级进行划分。同时,还需要对问题之间的关联程度进行分析,因为如果一系列问题关系十分紧密,在谈判过程中一旦在一个问题上进行让步,则可能造成多个方面需要退让,谈判者应该特别注意这一点。

(四) 明确利益

在明确谈判问题并进行组合后,我们需要明晰各方的真实利益需求,这里的需求不仅仅是己方的利益需求,还包括对方的真实利益需求。如果对方只是想尽快处理积存的货物,那这时对方的真实利益就是尽快出售货物;如果我们看中的是对方组织的实力与平台,那这时我们的真实利益就

---

[1] 罗伊·J. 列维奇,戴维·M. 桑德斯,布鲁斯·巴里. 商务谈判. 程德俊,译. 北京:机械工业出版社,2012:81.

是与对方达成长久的关系，以达到借助对方平台的目的。这些都是在谈判计划中需要明确的，因为只有明晰了双方的真实利益需求，才有可能实现双赢或者寻找出最佳替代性方案。

（五）明确各种限制性因素

限制性因素，其实质就是谈判中的底线和替代性方案。在谈判中，如果对方不接受谈判初期提出的一系列要求，并且步步紧逼，要求我方退让，这时我方谈判者该如何自处？限制性因素决定了谈判者在谈判中的底线，即不可接受的范畴，一旦触及该底线，如果没有其他替代性方案，那谈判很可能陷入僵局。明确了限制性因素，也是防止谈判者在对方步步紧逼下作出不理智的决定和让步。

（六）形成假设性解决方法并深入分析

形成假设性解决方法是指谈判者解放思想、打破常规，针对具体个案提出解决方法。至于方法是否有效，则需要在后续的比较、实践中去验证。当然，提出的解决方法不能毫无根据，应该切实可行，能够在理论上解决问题、满足谈判目标。在假设性解决方法的基础上，再针对个案的具体情况，根据"可能"与"有效"两大原则对解决方法进行比较选择，找出最为合理的谈判方案，进行深入研究，从而为最终的选择打下理论基础。在这一过程中，需要谈判者理性地思考、准确地权衡利弊得失，迅速果断地进行判断，而不能优柔寡断、迟疑不决。

（七）制订谈判策略

在对解决方法进行深度分析后，谈判者还需对该解决方法的约束条件做法律谈判的环境分析，并根据自身所处的优劣势地位以及真实的利益需求制订出正确的谈判策略。这些谈判策略是服务于整个谈判计划的，因此，谈判策略既要立足己方实际情况，又要契合谈判对方的谈判地位和谈判团队情况，有针对性地制订法律谈判策略。

（八）风险评估

法律谈判中的风险可以分为非人员风险和人员风险两种，非人员风险主要包括法律风险、政治风险、市场风险等，人员风险主要包括技术风险、素质风险等。我们在法律谈判计划的制订过程中，需要对上述风险进行评估，从而采取相应手段进行规避。

(九) 拟定计划方案

对法律谈判作出了全方位的分析后，此时还是未将具体的法律谈判战略落至实处，法律谈判战略仍是抽象的，所以理论落实到实践是关键性的一步。谈判者应综合上述信息，拟定具体的计划方案，如谈判人员的具体安排配置，谈判时必须遵守的规程等。

三、法律谈判计划的实施

拟定好法律谈判计划后，谈判者应按照计划的内容予以实施，确认谈判的时间、谈判议题、人员的分工，等等。虽然谈判计划的制订是建立在明确的定位目标以及环境分析基础上的，但是由于谈判前期信息错误或者法律谈判中的突发状况，导致已制定计划可能存在错误或者漏洞，这就需要谈判者在谈判中根据新的信息对计划进行调整，以适应法律谈判的新情况，这也就是下一节重点论述的法律谈判的战略评价与控制，在此不再赘述。

第五节　法律谈判战略的评价与控制

法律谈判的战略一经选定，必然贯穿于整个谈判流程之中。如何保证谈判战略的选择是正确的，如何保证谈判战略能够顺畅地执行下去，如何处理谈判战略中出现的错误等，这些都需要战略的评价与控制。

一、战略评价与控制概述

法律谈判的战略，是在确定定位与目标以及分析内外法律谈判环境后所进行的选择。但是谈判的环境瞬息万变，也可能需要对法律谈判战略进行调整。如果这些外部环境不足以撼动谈判战略的稳定，但是在制订谈判计划的过程中，在具体实施谈判战略的过程中，由于受谈判人员的素质、对内外环境的把握等非客观因素的影响，法律谈判战略很可能在实施过程中出现偏差，或者结果与预计的谈判效果相悖。因此，要想使整个法律谈判都在正确的方向范畴内，需要对法律谈判战略进行评价和控制。

(一) 战略评价与控制的概念

战略评价与控制，就是将经过信息反馈的战略实施成效与预定的战略目标进行比较，找出战略实施偏离的程度以及偏离的原因，并采取相应措施纠正，保持活动方向与既定战略的一致性，以完成使命与实现战略目标。[1] 战略的评价与控制是法律谈判自我检测的过程，也是战略管理的最后阶段，是整个战略管理能顺利进行下去的保证。

(二) 战略评价与控制的必要性

正是由于法律谈判环境的多变性，以及在法律谈判过程中存在法律、政治以及市场等风险，战略选择以及战略实施随时面临挑战，战略评价与控制成为战略管理的必要阶段，是保证有效战略管理的最后一道关卡。

1. 有利于有效贯彻战略

法律谈判的战略会贯彻于整个谈判过程之中。虽然在法律谈判中全体人员的思想应力求保持高度一致，但是因为谈判环境的复杂、人员素养个性的差异、谈判的决定层和执行层之间的差异等因素的存在，其必然会造成谈判人员对战略的理解差异。

战略的评价与控制给了谈判者们一次重新审视战略的机会，为谈判者们统一谈判思路，正确理解谈判战略提供了保障。通过战略的评价控制，使得谈判组织思想保持一致，能够更加有效地理解谈判的真实利益需求，从而维护好谈判利益。

2. 有利于人员配置

战略评价与控制使得谈判人员在战略理解上达成一致，有助于谈判人员的分工合作，谈判人员必然会在理解战略的基础上，作出相应的执行行为或者进行再次分工，合理调整人员安排结构，更有效地发挥谈判人员的各自优势。

3. 有利于增强谈判计划执行

完美的战略如果缺乏强有力的执行，也只是纸上谈兵。在法律谈判中，建立一套严格的战略评价控制体系，是谈判计划执行的强有力的保障。谈判者通过对战略的评价与控制，可以发现在执行过程中存在的问题，比如

---

[1] 徐飞，编著. 战略管理. 2版. 北京：中国人民大学出版社，2013：28.

谈判人员责任心不强、缺乏全面信息搜集能力等，进而对问题及时采取措施进行纠正，让谈判计划的执行恢复到正常轨道，重回谈判优势地位。

二、战略评价与控制的应用

战略评价与控制在法律谈判中的运用，主要涉及三个方面，即战略方向检验、执行情况检验以及采取纠正措施。这三个方面在时间上前后连接，相互联系，共同保证法律谈判战略的方向正确性以及执行的有效性。

（一）战略方向检验

战略的选择是基于多方信息的综合，但是法律谈判环境复杂多变，无论多么严谨的选择，都有可能会在将来的实施过程中出现偏差。战略评价与控制首先需要做的便是检验原有的战略方向是否与现有的谈判环境相符，具体可以从以下几个方面进行检验。

（1）检验战略选择的前提是否正确。初期战略的选择必然是基于前期信息的搜集整理，如果这些前期的信息本身存在错误，那初期的谈判战略选择必然也会有不妥的情形存在。

（2）检验法律谈判环境中的变化。法律谈判环境肯定是在变化中的，但是并不是每一个细微的变化我们都需要关注。战略评价与控制要求察觉法律谈判中变化的关键信息，并且进行整合。

（3）评测法律谈判环境的变化是否影响战略的方向和实施。确定了战略方向的正确性，检测出谈判环境中变化的关键因素后，就应该分析这些关键信息是否影响到整个谈判计划的运行，是否需要调整战略方向。

（二）执行情况检验

在执行过程中，谈判人员以及谈判环境的变化，必然会对战略实施以及谈判计划的实施产生一定影响。为了保证谈判战略的有效实施，就需要对谈判计划的执行进行检验。可以从以下三个方面进行评价。

（1）谈判计划是否在谈判战略的框架下。

（2）谈判计划执行是否与原计划一致。

（3）谈判的效果是否与预计效果一致。

对上述三个问题进行评价后，对发现的问题进行深入分析，找出产生问题的原因。

(三) 采取纠正措施

在对上述战略方向以及谈判执行情况进行评价和分析后，就要进入战略评价与控制的最后一个阶段，就是采取纠正措施或实施权变计划。可以采取的措施主要有：

（1）对于因前期信息错误和后期关键谈判环境因素变化造成战略选择错误的情形，需要根据现有和实际的情况，重新进行战略选择。

（2）对于执行过程中因谈判人员对战略理解有偏差、人员分工不合理等原因而导致执行力低下的情形，需积极采取战略贯彻、人员调整等措施。

三、有效战略评价与控制的标准与原则

战略评价和控制是战略管理的重要环节，其主要作用是在法律谈判中发现战略实施中存在的问题，并加以解决。在具体操作过程中，应该依照一定的标准和原则进行。

（一）有效战略评价的标准

1. 兼顾长期和短期

对谈判战略的评价不仅要考虑到当前法律谈判环境，还需要根据现有信息进行有效预测。战略评价应具有现实性和前瞻性。

2. 充分反馈

充分反馈，是指战略评价必须对法律谈判中的战略实施所涉及的问题进行全方位反馈，并且分析其深层次原因。

3. 及时性

虽然谈判战略是全局性的、抽象的，并要求其具有长久稳定性，但是战略评判却要求其具有及时性。评价活动必须是对法律谈判环境的变化迅速作出反应的结果。

（二）有效战略控制原则

1. 适当性原则

战略控制依据计划展开，但并非刚性执行计划，而应该具有一定的弹性。具体要求：（1）控制时间上不宜过长；（2）保证执行方向的正确性，不拘泥于战略目标的实现。

2. 谨慎性原则

在重新选择战略时，需要谨慎。只有在与战略结果相差甚远时，才能

调整战略方向，重新选择战略。

3. 因地制宜原则

谈判人员都有不同的分工，在调整谈判计划的同时，需要考虑到每个成员的个性、分工，制订适合谈判团队的执行计划。

4. 激励原则

战略控制的最大作用就是通过发现战略实施过程中出现的问题，并及时有效地加以解决，但是最终这一切都有赖于人去实现。所以无论采取怎样的方式进行管理，都要以激励整个谈判团队积极性以及提高谈判效率为出发点，且不可一味地消极指责。

法律谈判的战略管理，是从宏观上把握谈判的，保证谈判是在法律以及相应的战略框架下进行。它贯穿于整个谈判过程之中，是法律谈判不可或缺的一部分。只有确定了谈判战略，才能保证法律谈判方向的正确性，才能有效保证谈判计划实施的有效性，才能实现法律谈判的真正目的。

第五章　法律谈判的思维实践

案例指引

　　W公司租用了一家酒店的宴会厅举办系列讲座，租用时间为三个月。在租用到第二个月时，公司突然接到该酒店的通知，告知其租金将上涨为原租金的两倍，否则将终止租赁合同。W公司当然不愿意支付如此昂贵的租金，但该月讲座的邀请函已经发给了将到场的嘉宾，会场也进行了布置，若更换场地重新布置，时间上来不及。于是，几天后，W公司委派其公司法律顾问米律师约酒店经理见面进行协商。

　　米律师并没有直接质问酒店经理为何要涨价，而是说道："收到酒店的通知，我公司十分惊讶，这个价格比原租金足足高出了一倍。但是我公司并不会因此责怪你们，因为你们提高租金也是为了酒店的利益，是你们的职责所在。但请允许我向您分析一下提高租金将给你们带来的好处和坏处，或许能从中找到我们彼此间存在的共同利益。"接着，米律师分析道："首先，假设你们不将宴会厅租给我们，而是出租供舞会或其他会议使用，我承认这对于酒店是非常有利的，因为这些活动给你们带来的利润远比从我们这里获得的多。但我不得不和你们说说'弊'的一面。首先，由于我公司无法接受你们提出的高价，那么我们只能选择更换场地，但你并不能保证在接下来我公司不租用的时间里，一定能获得上述所提到的收益。也就是说，若中断我们的合作，你们有可能在接下来的两个月收益更少。其次，我公司举办的讲座所邀请的嘉宾都是国内有名气的人士，让这么多有知识、有文化、有消费能力的人光顾酒店，这对酒店而言难道不是值得把握的机会吗？这是不是远比你们花大价钱在网络上刊登广告有用得多？"

　　米律师分析完后对酒店经理说："我希望你们能再认真考虑一下。若我们能继续在贵酒店举办讲座，你方收获的不仅仅是租金，还有对酒店无形的宣传效用。因此希望您能保持租金不变，继续与我方合作。"

第二天，米律师接到酒店经理的电话，通知他租金还是维持原价不变，并祝讲座举办顺利。

思考：
1. 案例中双方的共同利益是什么？
2. 案例中体现了怎样的谈判思维？

法律谈判的思维是指法律谈判者在法律谈判过程中理性客观地认识事物的行为和过程，也是谈判者对法律谈判活动中谈判标的、谈判环境、谈判对手及其行为间接、概括的反映。相较于一般谈判思维，法律谈判思维的独特性在于，其在一般谈判思维的基础上融入了法律思维。因此，法律谈判的思维可以理解为"谈判思维"和"法律思维"的结合。

笔者从多年从事法律谈判实务的经验出发，介绍几种实践中较为重要且常用的法律谈判思维方式。

第一节　辩证思维

在利益交错的现代社会，我们的生活中总是充满着各种各样的矛盾和冲突。从某种意义上来说，我们每个人时刻都在直接或间接地进行着一场又一场的谈判。要想获得理想的谈判结果，就要运用辩证思维来看待问题，并通过辩证思维的指引，全面客观地认识问题。

一、辩证思维的概念

法律谈判中的辩证思维是指，谈判者用辩证性的认识与思考来反映和概括谈判中的一般规律，是认识和解决谈判中相关问题的一种科学的思维方式。

辩证思维的特点是客观性，联系性与发展性，全面性与系统性。[1] 首

---

[1] 唐正东. 马克思主义辩证思维方法的一般特点和基本规律. 南京工业大学学报（社会科学版），2015（3）：13~16.

先，辩证思维的客观性要求我们用对立统一的观点来认识法律谈判。法律谈判中的对立统一体现在冲突与合作的关系上，法律谈判兼具冲突与合作，冲突是谈判各方为了实现各自的利益而展开的争夺，而合作往往是解决问题的关键。如果只见合作，不见冲突，就会在谈判中丧失原则，使己方的利益受到损害；如果只见冲突，不建立合作，不从合作的立场出发，企图在谈判中造成"你输我赢、你败我胜"的局面，则往往会造成谈判的破裂，无法实现各方的目的。其次，辩证思维的联系性与发展性让我们用联系的、发展的观点来看待法律谈判。在法律谈判中应当关注谈判双方此前的联系与之后的关系，这两个方面往往决定了谈判主体在此次谈判中所要实现的目的。最后，辩证思维还要求我们注意法律谈判中的全面性与系统性。这实质上是要我们在法律谈判中树立全局观，例如，当谈判中涉及多种利益时，就应思考如何进行利益取舍以实现总体利益最大化；再如在选择谈判战略时，应考虑如何使不同谈判环节中应用的策略能有效配合，发挥最大的系统功能。

二、辩证思维的作用

辩证思维在法律谈判活动中具有如下作用。

（一）统率作用

辩证思维在法律谈判中的统率作用体现在，谈判主体运用辩证思维对谈判进行整体性规划。通过运用辩证的思维，能够让我们认识到问题的实质，为我们提供一种科学、全面的分析框架，通过这种分析框架，能够揭示事物内部的深层次矛盾。在法律谈判中运用辩证思维，能够对整个谈判进行谋篇布局，实现对谈判的整体性规划。

（二）突破作用

辩证思维在法律谈判中的突破作用体现在对困难问题的化解。法律谈判常常会陷入僵局，导致谈判停滞不前或难以取得突破性的进展，通过运用辩证思维中联系性与发展性的特点，寻找谈判所涉及的各种关联性因素或未来利益，往往能够找到打破僵局的突破口。

（三）提升作用

辩证思维在法律谈判中的提升作用体现在对谈判的认识上。人类对事物的认识总有一个由浅入深、由感性到理性的过程，辩证思维能够帮助我们全面总结谈判的成果，提升对谈判成果的认识。

三、运用辩证思维时要注意的问题

（一）避免绝对化

辩证思维的核心是对立统一，其对现实中看待问题的要求之一便是要避免绝对化。任何事物都不存在绝对的好与坏，时常会因为外部环境的变化或观察角度的变化而发生转变。假如在法律谈判中抓住对方的某点错误纠缠不放，并故意由此否定对方的所有方面，便是犯了以偏概全的错误；在对利益的把握中，不能因为某一种特定利益争夺上的失利而否定整个谈判的成果，因为很可能在其他利益上还有争取的空间。

（二）避免以现象代本质

避免以现象代本质是指看问题不要仅关注表象而忽视内因。在法律谈判中，观察对方的行为时，应当进一步分析其行为背后的逻辑，关注影响其行为的相关因素，如此才能发现对方的真正动机，避免被对方的表面行为所迷惑。

第二节 逻辑思维

现实生活中，我们有时候会评价某人做事没有逻辑，也就是口头上常说的"不按常理出牌""想一出是一出"，按照逻辑学的说法，就是不遵循思维逻辑的规律。这样的处事方式可能会造成前后矛盾，难以保证思维的明确性、确定性和一致性，违背逻辑规律。而谈判，尤其法律谈判是一项严肃和严谨的活动，因此，谈判者在法律谈判中必须时刻保持清醒的头脑，运用逻辑思维方式。

一、逻辑思维的概念

逻辑思维是思维的一种高级形式，是符合事物之间客观联系的思维方式，常被称为"抽象思维"或"闭上眼睛的思维"。逻辑思维是一种理性活动，思维主体把感性认识阶段获得的对于事物认识的信息材料抽象成概念，运用概念进行判断，并按照一定的逻辑关系进行推理，从而产生新的认识。

逻辑思维是人们在认识过程中借助于概念、判断、推理反映现实的过程。其特点是以抽象的概念、判断和推理作为思维的基本形式，以分析、综合、比较、抽象、概括和具体化作为思维的基本过程，从而揭示事物的本质特征和规律性联系。它的基本形式是概念、判断、推理。它的方法主要有归纳和演绎、分析和综合以及从具体上升到抽象等。

掌握和运用逻辑思维所需的各种思维方式和方法的程度，我们称之为逻辑思维能力。谈判的逻辑思维能力是谈判能力结构中最基本的要素，它是谈判人员面对谈判过程中出现的问题和假象所做的认知、思考、分析、判断等反应，是法律谈判者所必须具备的能力。

二、逻辑思维的作用

逻辑思维是一种确定的而非模棱两可的、前后一贯的而非自相矛盾的、有条理的和有根据的思维方式。在法律谈判中，运用逻辑思维能够帮助我们对整个谈判的局势运筹帷幄，掌握谈判的发展趋势，并结合法律规则和原理，根据细微的变化采取对应的策略。

法律谈判中，巧妙地运用逻辑思维，主要有以下几个作用。

（一）能准确辨认出有价值的信息

法律谈判是一种智慧与谋略的较量。在法律谈判中，双方为了达到各自的目的，往往会故布迷阵、暗设障碍。面对对方抛出的诸多信息和己方已经掌握的大量数据，我们常常望洋兴叹，由于无法有效利用这些信息与数据，从而导致难以作出科学决策。将海量数据经过抽取、加工、提炼，改变传统的文字描述识别模式，以便我们能更高效地掌握重要信息和了解重要细节，关系到法律谈判过程中重大决策的制订和发展方向的研究和判别。

这里可以引入"思维可视化"这一概念。思维可视化是指运用一系列图示技术把本来不可视的思维，如思考方法、思考路径、发展过程及变化等呈现出来，使其清晰可见。被可视化的"思维"更有利于理解和记忆，可以有效提高信息加工及信息传递的效能。

可视化思维不是简单地将证据、观点借助技术手段，通过有声有色的图、表、动画、视频来展现，更重要的是它意味着一种换位体验思维，是强调对方体验至上的思维。这种"用图表说话"的法律谈判方式不仅能提升体验效果，同时也能顾及对方的感受。在传统的利益相对的法律谈判模式下，谈判另一方体验感的好与坏，在一定程度上决定了谈判工作的成与败。对方是否听到、注意到、并认可己方观点，关键取决于对方是否体验到了己方传递的信息。而体验感是听觉、视觉、感觉等人体感官的综合反应，它要求法律谈判者必须改变过去"我说我的、不管对方听不听"的落后思维模式，站在对方的立场上与对方进行更深入的交流。

作为一个理智而冷静的法律谈判者，在面对谈判对手所传达的众多信息时，应该学会运用可视化思维，整理分析数据，从正反两方面加以思考，运用逆向、侧向思维进行推敲，进行严密的逻辑论证。或类推，或演绎，或归纳，辨别信息的真伪，获取其中真实有价值的信息，从而制定出正确可行的谈判方案。

（二）将分析与论证严密结合

在法律谈判中，准确辨认出有价值的信息是进行谈判最首要的任务。筛选出有用的信息后，法律谈判者往往会将这些信息在法律的框架内进行整合，将分析与论证严密结合。这些工作的顺利完成必定离不开逻辑思维的运用。

在法律谈判的具体操作过程中，科学的分析、严密的论证是一只"看不见的手"，贯穿于法律谈判的全过程。在谈判进行之前，谈判人员应以严谨的态度进行大量的调查准备工作，并且反复验证其主观设想的真实性，及时修正谈判的战略思路和操作方案，做好充分的事前准备。毕竟在复杂的外部世界之中，再严密的计划也抵不过一些突如其来的状况和始料未及的变化，法律谈判者只有将分析与论证严密结合，才能从宏观上把握全局，制定出恰如其分的应对策略。

（三）运用逻辑规律来解决问题

逻辑规律是保证思维形式正确的规律，对各种思维形态起决定作用，因此，逻辑思维要遵循逻辑规律，以便在复杂活动或问题解决之前形成计划和策略，使得法律谈判顺利进行。

法律谈判的逻辑思维是一种全面的、综合的思维方式。实践已经证明，在法律谈判过程中，各方对于以往堆砌式的以物证、书证、证人证言等机械分类的形式出示证据、传递信息的做法兴趣不浓，因此谈判者采用这种方式得到的效果通常微乎其微。要想取得良好的谈判效果，必须对案件涉及的纷繁复杂的证据进行梳理，将各种零散的证据进行组装、拼合、归类，找出其与待证事实之间的直接逻辑关系。唯有如此，参与谈判的人员才会跟随谈判者的思路，接受谈判者传递的观点和信息，谈判沟通才能更加顺畅和高效。

三、逻辑思维的运用

法律谈判逻辑思维的过程就是法律谈判者在遵循逻辑规律的前提下，不断提出假设、检验假设、排除或接受假设，从而确定谈判中的关键问题，进而分析问题原因，提出解决问题的思路和方法的过程。在这个过程中，我们可以使用列表等一些分析工具，使抽象的逻辑思维以更直观具体的形式表现出来。

提出假设时要求我们尽最大努力把可能出现的情况全部列出来，设想在法律谈判过程中出现这种种情况该如何去应对。然后法律谈判者要结合谈判的主题、现有的各种内外部条件以及可能出现的问题，来检验已经作出的各种假设哪一种更加可行。运用逻辑思维是一个分析梳理问题，判断谈判关键之所在，寻找可适用的谈判技巧，确定谈判策略的过程。[①]

第三节 强调共同利益

强调共同利益可以使谈判进行得更加顺利。每个谈判者都应牢记——每场法律谈判都有潜在的共同利益，而有共同利益就意味着有双赢的机会。为了找出互利的解决方案，首先要做的就是识别共同利益。谈判者可以通过明确以下问题来识别各方是否存在共同利益：我们之间有无维持关系的共同利益？我们之间有什么样的合作和互利机会？如果谈判破裂，我们会有什么损失？有没有各方都可以遵守的共同原则？

[①] 张守刚，主编. 商务谈判实训. 北京：科学出版社，2009：7.

在法律谈判中，强调共同利益要求法律谈判者自身要有大的格局，不能只顾自己的利益。如果各方都只抱着利己的初衷进行法律谈判，那么谈判成功的可能性微乎其微。强调共同利益意味着各方都要有创新思维，尽最大努力发挥主观能动性，考虑一切能够创造价值的因素，而后再各取所需，获取更多利益，以期能达到共赢的结果。

一、强调共同利益的作用

强调共同利益对各方来说都是好事，因为共同利益有助于达成协议，而寻找共同利益无疑会增强合作的可能性。谈判各方如果都能从共同利益出发，认识到各方利益是互补的，就能使固定利益变多，使己方的利益增大。这里有必要强调，共同利益不是指各方的利益是一致的，而是指各方在谈判中都有利益可图，而且这些利益是互补的。法律谈判中强调共同利益有如下作用。

（一）有利于建立与保持良好的关系

强调共同利益是一种向前看的思维逻辑，它有利于谈判各方建立与保持良好的关系。法律谈判的核心要素是利益，通过强调共同利益，一方面可以为解决当下的谈判问题提供帮助，另一方面，谈判各方在事务中的交往并非一次性的，强调共同利益可能会使各方有可期待的后续合作，这能促进各方再次建立或保持原有的良好关系。

（二）有利于更好地兼顾各方的利益

法律谈判开始时，往往由于各方对各自利益的追求而难以达成合意。在对利益的追求中，各方关注的仅是有利于自己的因素，这种追求利益的方向是单向的，时常会造成各方之间的冲突。强调共同利益之所以有利于达成谈判，是因为强调共同利益对利益的追求是双向的，能同时满足各方的需求，兼顾各方的利益。

（三）有利于各方突破竞争实现合作

如上所述，强调共同利益对利益的追求是双向的，因此它有利于化解人们常常存在的一种定势思维：对于争论的东西，或是我方得到，或是对方得到，似乎不存在第三种更优选择。当谈判的一方提出共同利益时，便能引导对方转换思维，从竞争的思维转为合作的思维，最终实现合作，完成谈判。

二、实现共同利益的措施

强调共同利益，不能仅在口头上表示，只是卖力挥舞旗子，却不付诸行动的虚伪态度，很快就会暴露出来。所以，在法律谈判中，各方都应该抱着互利共赢的态度，采取实际行动，展示出各自的诚意，最终实现互利共赢。这在很大程度上要求谈判者在寻求自己利益的同时也主动考虑并照顾对方的利益，创造性地寻找各方的共同利益点，建立互惠互利的关系。

其实，谈判各方最终能否实现共同利益，能够在多大程度上实现共同利益，都取决于法律谈判各方的行动。那么，欲实现共同利益，在法律谈判中，各方必须努力做到以下几点。

（一）做大蛋糕

做大蛋糕指的是创造出更多的能够分配的利益。冲突的存在一般都是各方不满足于现有的有限利益的分配，有时候在现有的利益状况下难以找到合适的方案，则可以转换思维，着眼于创造出更多的能够分配的利益。这种利益并非一定要即刻存在，但是必须有实现的可能性。对于共同利益的创造，则可以通过挖掘各方背后的利益、寻找替代性利益、降低成本、减少风险等手段来进行。

（二）提出新的可供选择的分配模式

提出新的可供选择的分配方案，需要借助创造性的思维，充分发挥想象力，扩大方案的选择范围，探寻新的思路和解决问题的方法。一方面，要收集大量的信息资料，为新思路提供依据；另一方面，要突破原有的思维定式，倡导与鼓励提出新的见解，集思广益，找到巧妙的解决方法。此阶段，法律谈判者应从不同角度来分析同一问题，要做的并不是寻找最佳方案，而是尽量扩大谈判方案的可选择空间。例如，在达成协议方面，如不能达成永久性协议，可以达成临时的协议；不能达成无条件的协议，可以达成有条件的协议等。

然而在大多数谈判者的脑海中，创造并不是谈判中的步骤。他们认为自己的工作仅是缩短各方阵地的间隔，而不是增加一切可能的方案。谈判者认为其为了取得各方的一致意见已十分不易，若还需面对一堆各不相同的建议而进行漫无边际的讨论,只是在浪费彼此时间,把事情弄得更糟。其实,"条条大路通罗马"这句话用在法律谈判上也是恰如其分的。法律谈判中一般存在多种可以满足各方利益的方案,而普通法律谈判人员往往习惯于采用某一特定方案,当这种方案不能为各方同时接受时,便会形成谈判僵局。这时,谁能创造性地提出可供选择的方案,谁就掌握了谈判的主动权。当然,这种替代方案一定是既能有效地维护自身的利益,又能兼顾对方利益的方案。

(三) 主动提出共同利益

主动提出共同利益,是指在谈判中由己方优先提出探索共同利益。在法律谈判中,可能由于对谈判目标及相关影响因素的盲目乐观,致使各方谈判者均处于一种高度自信的状态中,坚守自身利益不予让步,使谈判陷入僵局。在这种情况下,我方可以主动地、积极地提出对共同利益的讨论。在法律谈判中,这种行为并不意味着认输或示弱。谈判的最终目的是实现所追求的利益,为此所采用的手段应该是多样的,要根据需要进行变化。当谈判陷入僵局,己方优先提出寻求共同利益,一方面能够推动谈判的进行,从而高效地完成谈判;另一方面,这也是一种以退为进的手段,引导对方考虑共同利益,在对共同利益进行分配时还能掌握主动权。

第四节 注重文化差异

一、文化差异思维对法律谈判的影响

文化,是一个内涵极其丰富的概念,据说近百年来人们从各领域对它所下的定义已经有上百种,但是到目前为止,还没有形成一个为大家所公认的定义。文化的概念广泛而复杂,《现代汉语词典》的解释是:文化是指人类在社会历史发展过程中所创造的物质财富和精神财富的总和。文化是一个复合整体,它包含着一个国家或民族的历史、地理、风土人情、传统习俗、生活方式、文学艺术、行为规范、思维方式、价值观念。[1]

---

[1] 袁其刚,编著. 商务谈判学. 北京:电子工业出版社,2014:209.

在法律谈判中,特别是在跨区域的法律谈判中,不可避免地涉及不同的文化观念和风俗习惯,谈判的结果也会受到这些文化和习俗的影响。要成为一名合格的法律谈判者,必须意识到文化对谈判的影响,并在谈判中借助文化的魅力促成交易,实现当事人利益最大化。我们将从以下几个方面探讨文化差异对谈判的影响。

（一）沟通方式

在谈判中最常运用的沟通方式便是言语沟通,相应地,语言的差异也是在国际谈判以及跨区域谈判中表现得最显著的文化差异。虽然我们可以通过学习对方的语言来缓解这一问题,但却不可能完全消除这种语言差异。因为各民族的语言都是经历了千百年而积淀下来的,其中蕴含着丰富的元素,不可能依靠短时间的语言学习就能全方位把握该民族的文化。以中文为例,语言文化内容丰富,可能同样的话在不同语境或是语调下会有着截然不同的含义,这时就要求谈判者不仅要学会语言,更要明白语言背后所代表的文化内涵,尽量减小语言文化差异所带来的影响。

（二）风俗习惯、宗教信仰与禁忌

在历史的发展中,不同的民族形成了不同的风俗习惯及宗教信仰,这些风俗习惯与宗教信仰会在谈判者身上扎根,并通过一定方式表现出来。作为一名合格的谈判者,我们必须考虑这些风俗习惯和信仰问题,比如中国部分南方地区的人们不喜欢"4"这一数字;日本人习惯在谈判时将赠送礼物看作是尊重对方、表达自己心意的方式;在中国红色代表吉利,可是在很多欧美国家红色则是不幸的征兆。在接待工作、准备工作以及正式谈判中,不可以忽视这些由于文化差异而造成的风俗、信仰的不同。

（三）时间观念

文化的差异也会导致不同地域的谈判者在时间安排上的习惯不同。如德国、日本等国家的谈判者不仅习惯事事提前安排,而且在时间方面的要求也近乎苛刻。他们严格把握每一个时间段应该完成的工作,不论是对自己还是对对方谈判者,都要求严格按照事先的时间安排行事。而美国、瑞典等国家的谈判者,虽然在时间要求上不像德国人那般严格,但也不能容忍过度的迟到或是不守时。印度以及一些非洲国家的谈判者对时间的要求则相对宽松,他们只期望在一定时间内完成工作,不会苛求至具体分秒,甚至在谈判实施中可能会出现不守时的情况。

因此,在谈判中,如果谈判者对时间观念不够重视,则很可能会因为这一细节给对方留下不好的印象,造成双方的误会,阻碍交易的达成。

(四)价值观念与思维方式

美国等西方国家,由于社会发展以及历史原因,更加倾向于追求个人价值,主张先实现个人利益再考虑团队利益与国家利益。在谈判中,他们习惯将一个完整事物分解成各个部分,并分别讨论其利益得失。而中国、日本等东方国家则习惯将国家或集体利益放在个人利益之上,在谈判中将各个分散的部分联系成一个整体,从整体上考虑利益的得失。东方人很注重私人情谊,他们认为良好的个人关系是促成谈判的重要前提,而西方谈判者则认为交易与个人关系之间并不存在必然的联系。

总而言之,在谈判过程中,我们要善于把握对方的价值观念、思维方式以及处理人际关系的方式,在利用这些文化差异的同时,坚守自己的原则,这样才能在谈判中立于优势地位。

二、文化差异对不同国家谈判者谈判风格的影响

盖温·肯尼迪说:"具有不同文化背景的人们有着不同的谈判风格。在该社会成员所参加的谈判中,你几乎被完全规定了谈判的内容和方法。"[①] 在法律谈判中,谈判者可能来自世界各地,谈判表面上看似是各方经济利益的沟通与洽谈,实质上是不同文化之间的碰撞和试探。这种文化的差异是不同谈判者形成不同谈判风格的基础,对谈判的结果起着十分重要的作用。在法律谈判中,谈判者个人风格迥异,但是同一地域或是同一国家的谈判者,由于受到共同文化的影响,在谈判风格上必然会有一些共性,以下就部分国家谈判者的风格作简单的介绍。

(一)美国

美国作为一个年轻的发达国家,同时又是个移民国家,对不同文化的接纳程度较强。美国人的性格也体现出其文化特性,比如开放、热情、自信、强调自我价值以及不拘礼节,等等。他们重效益而轻形式,对个人价

---

① 陈文汉,主编. 商务谈判实务. 北京:电子工业出版社,2012:252.

值极度推崇。正是这样的文化背景使得美国人在谈判中形成了自己独有的谈判风格。在谈判前,他们会将效益分析做得十分细致;在谈判中他们不会在意接待或谈判形式,而更习惯直来直去,直奔实际效益。他们注重办事效率,追求在最短的谈判时间内达成交易;他们讲究谋略,偏好个人决策,强调个人责任,力求每一场谈判都速战速决。美国人虽然热情开放,容易结交,但是他们将工作与私人关系区分得较清楚,将商业关系和经济利益放在第一位。在谈判中,美国人注重契约,法律意识强,在合同起草或修改时,一般都会请律师发言表态。美国人将法律作为保护自身利益的依靠,一旦签订合同,合同就被视为以后履约的依据,不会轻易改变或放弃。

(二)德国

德国人的谈判风格在世界上也是独树一帜的。德国人处事谨慎、保守、刻板,注重计划,追求完美。德国人对于时间的要求近乎苛刻,他们的计划可以按分钟计算,不能容忍丝毫差异,所以对于对方谈判者不守时的行为是极度反感的。也正是由于其在时间安排上的执着,使得德国人会将准备工作做得非常细致。这种细致不仅仅体现在谈判前的准备上,还体现在最终协议的打印装订等一系列细节之中。他们在谈判中注重逻辑性与系统性,不仅关注产品生产的本身,而且注重生产流程中的每一环节,以达到量化生产流程的目的。此外,德国人也注重技术,所以在技术类产品交易时须做好详尽的准备,以便随时接受谈判对手的详细质询。

德国人在人际关系上也相对讲究。德国商人极其喜欢显示自己的身份,所以对有头衔的人一定要称呼头衔。德国人也不似美国人那样开放,所以要想与他们建立良好关系必须给足他们时间,让他们对自己有一个全方位的了解。德国人求稳心强,如果赢得德国人的信任并与他们建立了良好的商务关系,则有利于日后与其长期合作。

(三)日本

日本人的谈判方式不仅不同于西方国家,而且与亚洲其他国家也存在较大差异。很多人都觉得日本人是很难对付的谈判对象,但如果熟悉他们的谈判风格,与其谈判的难度则会大大降低。首先,日本是一个十分注重礼仪身份的国家,等级观念强,他们的行为受到严格的礼仪约束,所以最好选择与日本谈判者职位、年纪、资历相当或稍高的谈判人员与其进行谈判。日本人将赠送礼物看作是重视对方的一种表现,所以在谈判中要特别注意送礼这一细节,根据对方职位等级赠送相应的礼品,切不可盲目统一赠送。其次,日本人在谈判中非常在乎面子,不会直接进行反驳或者拒绝,一般会以委婉的方式表达自己的观点,这种情况下不要轻易认为他们已经接受了你的观点。再次,日本人善于运用"吃小亏占大便宜"与"放长线钓大鱼"的策略,因此在与日本人的谈判中要注意坚守自己的原则与底线。最后,日本人认为良好的人际关系是合作成功的前提,因此他们在谈判中乐于建立长期的合作关系,会将大量时间花费在人际交往上。

(四)中国

中国地域辽阔,不同地方的人展现出来的个性又是各不相同的,这里仅就中国人的一些共性做一些介绍。

中国人待人接物注重礼节,热情好客,爱面子,吃苦耐劳,看重人际关系。正是这些个性,造就了独特的"东方文化"。

首先,中国人注重人际交流,待客十分热情,所以在谈判接待中会给对方宾至如归的感觉。但是中国人也信奉"先礼后兵",开始时一般客气待人,随后再慢慢地提出棘手的问题,将主动权握在自己手中。其次,中国谈判者对于问题的原则性与灵活性掌握得较为出色,懂得审时度势,随机应变,"以势压人",擅长发现漏洞,善于用谋略。最后,受到中华传统儒家"和合"观念的影响,中国人注重双赢,但有时候也会过于计较单方获利的多少。

第五节 互联网思维

互联网的生产和飞速发展是 20 世纪末的一个奇迹,它在给社会生活、经济生产带来便利的同时,也给企业尤其是中小型企业带来了商机和挑战。互联网思维是指在互联网+、大数据、云计算等科技不断发展的背景下,对市场、用户、产品、企业价值链乃至对整个商业生态进行重新审视的思考方式。法律谈判的互联网思维需要我们跳出传统的、纯粹的、面对面的沟通模式,利用互联网这一新兴事物,实现消除谈判者地域因素的阻碍、增加谈判成功概率、降低谈判成本、加快商务以及地域之间的沟通,促成交易,以实现既定的谈判目标。

在日新月异的当代社会,互联网已经从一种工具变成一种思维,一种文化,一种工作和生活的状态。因此,法律谈判者要想不落窠臼,顺势发展,就要学会互联网思维方式,充分利用好这一沟通桥梁,提高谈判效力,拉近与谈判者之间的距离。

一、运用互联网思维的优势

(一)消除区域障碍

利用互联网进行谈判可以消除因地域不同带来的时间、空间、文化等差异与障碍,使我们不论身在何处、从事何种行业,都能及时进行沟通与交流。现代人生活与工作节奏十分紧凑,谈判各方有时因为工作安排而无法采用传统的面对面方式进行信息交流,但在互联网这一大前提下,这些都不再是问题,无论你身处何地都可以进行资料传递,并且通过语音、视频进行沟通。在传统谈判中,考虑到谈判的时间成本和距离成本,谈判者更愿意寻求本地的公司进行合作,而在互联网这一大背景下,谈判者不再过分注重对方的地域因素,可以更多地从商业或其他方面的利益出发来选择合作伙伴。

(二)消除社会地位的障碍

在传统的法律谈判模式中,大型企业一般不愿意与不知名的小企业进行谈判,高层人员通常不愿意与低层人员进行沟通,而且由于谈判各方社会地位的不同,致使谈判延期、沟通受阻以及谈判发生变动等问题时有发生。但是运用互联网进行谈判,这些问题都可以得到缓解,可以说互联网交易给了初级或者低级管理者与高层管理者直接沟通的机会。

在运用互联网进行谈判时,无论谈判者的年纪、职位及社会地位如何,都惯用邮件或者其他网络沟通工具进行询盘。互联网在此时可以被看成是一个位阶的平衡器,即在传统谈判中无法进行现实谈判的双方,在互联网谈判中可以进行有效的沟通。但是我们需要注意的是,即使是在互联网上进行非面对面的沟通,也要将己方所要传递的信息表达清楚,并注意谈判礼仪与禁忌，充分考虑谈判对手的感受以及文化环境。

（三）消除性别障碍

互联网作为谈判中的优质媒介，有助于消除性别上的障碍。社会常常对女性工作者抱有一些偏见，主要表现在将女性人员排斥在关键岗位之外，使她们无法真正发挥自身才能。这些偏见在法律谈判中也现实存在，有一些企业甚至会对女性谈判者表现出蔑视的态度，使得沟通受阻。

随着社会不断进步，越来越多的女性在公司中担任高级职位，并在法律谈判中扮演重要角色，而互联网为女性工作者提供了一个与对手平等交流、谈判的平台，使女性在面临跨区域谈判时可以尽量发挥自身才能。

（四）消除谈判者面对面谈判的压力

在传统面对面的法律谈判中，往往由于谈判者本身的气场差异或者谈判对方明显的优势地位让己方倍感压力，抗压能力稍弱的谈判人员很可能会因为这些压力而无法发挥出自身真正的能力与特长。互联网谈判能有效削弱谈判对手的压迫感，减少各方冲突的可能，使谈判各方可以在一个相对平等的平台上进行沟通，从而更加自如地展现自身的能力。

（五）增强多方谈判的便捷性

互联网谈判非常重要的特点之一是可以同时开展多项业务。谈判者除了接触一家合作单位外，还可以同步接触其他潜在合作伙伴。谈判人员可以通过邮件将信息传递到有意向的对手手中，在等待对方回复的同时着手其他重要工作。谈判人员通过与多方的沟通，可以了解谈判标的的市场竞争情况，以便确认己方的报价或者其他信息是否具有优势。

上文虽然提及了许多运用互联网思维的优势，但是我们在运用互联网思维时，需要先确定对方的实际需求，这是谈判与沟通能够通过互联网顺畅进行的基础。互联网是人与人之间沟通的"桥梁"，它不仅方便着普通人之间的交流，也推动着国内外的经贸发展，是现代谈判中不可或缺的一部分。

二、运用互联网思维的缺陷

互联网是一把双刃剑，它在给沟通带来便利的同时，也可能给谈判带来风险。为了更好地规避这些风险，我们需要了解运用互联网思维的缺陷。

(一) 增加冲突处理的难度

传统的"面对面"谈判，各种问题能通过不同类型的蛛丝马迹及时发觉甚至预见，且能有各种途径第一时间缓解或应对。而通过互联网进行法律谈判虽然可以使谈判各方在一个较为平等的平台上进行洽谈，但也可能使得各方一旦产生对立，尤其是陷入僵局时，处理起来十分棘手，且很可能造成谈判破裂。此外，因为在互联网中谈判者无法面对面沟通，也可能使谈判对方对发盘搁置不理，从而造成谈判时间的拖延。这些都需要我们在谈判中予以注意与防范。

(二) 片面强调价格的重要性

虽然通过互联网进行法律谈判消除了当事人之间的地域差异，但也使得谈判者们更执着于价格，对于其他因素（比如工厂生产力、产品质量、运输等）关注得相对较少，而这些因素在交易中有时却是至关重要的。因此谈判者在利用互联网进行谈判时，切忌过分关注价格而忽视其他因素。

(三) 催生大量虚假信息

在大数据时代，运用互联网谈判可以让谈判者获得更多的商机与谈判机会，但是也让许多别有意图的人有机可乘。他们利用谈判者急于成交或者互联网谈判经验不足的特点，传递虚假信息，使谈判者花费大量的时间和精力进行无效谈判，从而失去一些真正的商业机会，有时甚至导致商业秘密泄露，给公司的名誉与经济带来极大的影响。

三、适合单独运用互联网思维的谈判情境

分析运用互联网思维的优势与缺陷，我们会发现，在法律谈判中，并非任何时间、情境都适合单独运用互联网进行谈判。有经验的谈判者，应该区分哪种谈判情境可以完全通过互联网进行，而哪种需要依靠传统的面对面形式进行。

适合单独运用互联网进行谈判的情境有：（1）初期的信息交换，阐明关键性的议题以及在特殊条款上达成一致意见；（2）利用互联网为传统方式下的谈判进行前期准备，如酒店预订、谈判议程以及确定谈判参与人数等；（3）谈判各方所谈内容涉及金额较低或者前期已经就内容初步达成意向。上述情况通过互联网进行谈判无疑是省时省力的最佳选择。而面对谈

判中内容繁杂、标的金额巨大的项目,如果纯粹运用互联网谈判则可能会造成信息沟通不详尽、无法全面得知对方意图等问题。

互联网固然有其不可替代的优势,但是在使用上要区分对象与环境,不可以盲目推崇,以免使谈判出现问题。

四、运用互联网思维的谈判策略

当前我国几乎所有的电子商务交易都采用网上谈判,达成交易后再通过银行进行离线支付或网上支付。互联网在给我们提供便捷性的同时,其高效性的特点也给我们提出新的要求,需要我们更重视谈判前的策略准备、谈判方式以及风险防范等问题。

(一)制订互联网谈判的计划

在真正与对手沟通之前,谈判者应该全面考虑互联网谈判潜在的问题与风险。因为信息一旦发送,就会被接收者视为有法律效力或者具有约束力的文件,甚至可能被当成筹码用于谈判中。没有经过充分准备和仔细思考的信息很可能被对方误解,从而造成谈判分歧,阻碍谈判顺利进行。所以在通过互联网进行法律谈判之前,谈判者应结合互联网谈判的特性制定好谈判计划,有关流程可以参考传统面对面模式。

(二)防范互联网谈判博弈中的风险

阅读电脑屏幕上的电子信息并且通过电子邮件迅速回复,已经成为谈判者普遍采用的互联网沟通方式,但是这种方式很可能会因谈判者缺乏远见或视野狭隘而陷入人际关系的博弈中。谈判者在接收与发送消息的过程中,可能会因一心求胜而运用冒险策略,忘记谈判的初衷,最终造成谈判破裂。我们在互联网谈判的博弈中要不忘初心,防止自己进入这样的怪圈,防范互联网所带来的风险。

(三)合作方式与竞争方式相结合

通过互联网进行法律谈判受个人情感因素影响较小,所以谈判人员往往不太注意人际关系的建立,竞争性行为便成为互联网谈判的主导理念。互联网谈判者常常使用刺激性或者否定性的表达和挑衅的言辞,并且借助互联网谈判一般无法看到对方的肢体语言,从而也就缺少理解和表达的辅助性手段。

法律谈判仅仅依靠竞争方式是不可能成功的，成功的谈判应当是合作方式与竞争方式相结合的。因此，在互联网谈判中，我们需要做到以下几点：（1）谈判人员在初始信息互换与接洽中不能过度透露信息；（2）互联网谈判人员必须互相支持、配合、彼此交换信息，这样才能使各方了解各自需求，推动谈判进程。

五、互联网谈判的注意事项

利用互联网方式进行法律谈判，可以有效降低成本、提高灵活性、缩短谈判时间、提高工作效率等，但是互联网谈判因其缺少面对面交流，也存在风险，因此运用互联网谈判需要注意如下事项。

（一）加速法律谈判人才互联网运用能力的培养

通过互联网进行法律谈判，需要谈判人员具备相关法律知识和谈判技巧的同时，还要掌握基本的互联网运用能力。而目前的谈判人员往往善于实施法律谈判，却缺乏互联网运用能力，或者有互联网运用能力，却对法律谈判知识与谈判技巧缺少了解。所以，面对互联网法律谈判的快速发展，要加速法律谈判人才综合能力的培养。

（二）加强与客户关系的维系

互联网谈判带来便捷的同时，也让谈判者之间因缺少面对面交流而难以建立友好关系。随着互联网的不断普及，许多谈判对手信息可以在网络上进行查询，而谈判者可以利用这些信息，更好地了解客户兴趣，与客户、合作伙伴等建立友好关系。

（三）加强资料的存档保管工作

网上谈判常常通过邮件或者其他交流软件进行沟通，但是一旦网络发生故障或黑客入侵，就会影响谈判双方的联系。因此，法律谈判过程中的发盘、还盘、确认等资料应及时下载，并分类归档。

（四）必须签订书面合同

互联网谈判达成的交易一经确认或接受，一般即认为合约成立，交易双方均受其约束，不得任意改变。但为了明确各自的权利与义务，双方必须签订正式的书面合同，促使各方按照合同来行使权利和履行义务。

六、互联网思维与传统谈判模式的结合

在社会迅猛发展的今天，法律谈判中的互联网思维已经必不可少，但利用互联网进行谈判也存在一定风险。因此，谈判者应将互联网谈判与传统谈判模式相结合，共同推动谈判的进程。互联网谈判可以让我们更好地了解对手、进行沟通，而面对面谈判则可以让我们更好地建立人际关系、更细致地观察对手。因此，谈判正式开始后，特别是谈判进行到中后期时，谈判者可以采用传统谈判模式中的面对面谈判，弥补互联网谈判中利益有余而人情不足的缺陷，从而建立长久的合作关系。

互联网的开放性与包容性，使得法律谈判愈加便利和高效，在享受网络给谈判带来的方便的同时，我们也不能忽视互联网自身的缺陷。新形势下，法律谈判者应充分利用互联网给谈判带来的便捷，但是也不能完全抛弃面对面谈判。只有将互联网谈判与传统谈判相结合，既注重谈判的高效性，又不忽视谈判各方关系的建立，才能将谈判的效能发挥到最大。

第六章　法律谈判的策略

案例指引

小周是一名正在广州找工作的应届毕业生，为了方便工作，他想在广州本地租房居住。小周对住房的要求比较高，对租房的楼层、室内装修、小区环境等都有自己的要求，但其最为关注的是房东的诚信度。经过几番寻找，小周终于找到了较为满意的房源，房东是位50岁左右的女士。因没有经验，小周邀请亲戚陈晴帮助自己进行谈判，陈晴同时也是一名律师。在约定的时间，小周和陈晴一起来到拟出租的房屋内。见到小周后，房东表示自己的房子是首次出租，之前没有人住过，自己也一直十分爱惜，所以自己对于房客有着较高要求，希望租客人品好，值得信赖。陈晴听后，示意小周不要主动询问房价，而是在房间内参观起来。陈晴注意到房间内有许多艺术品和油画，于是便就这些画作和饰品与房东聊了起来，与此同时还主动和房东谈论起有关小孩教育和成长的话题。房东对小周也十分认可。就在此时，房东问道："你们是否看中这套房子了，我打算以每月2 800元租金出租，你看这个价格可以吗？"陈晴听后发现该价格没有小周之前预想的高，看来房主还是希望尽快将房子出租。于是陈晴此时说道："这个价格太高，这价格在该小区算是超出均价了。"房东听完后，主动对陈晴说道："房租还可以再商量，我们先聊聊，租不成就当交个朋友嘛。"陈晴沉思片刻后诚恳地对房东说："通过刚才和您聊天，我认为您是值得信任的人。我们对您的房子也十分满意。这个房子是我侄子小周一个人居住，您的房子他会好好爱惜的。但您也知道，他目前刚毕业，经济上不宽裕，而且您小区其他房源租金并不高，您看租金2 300元怎么样？"房东听后并没有感到不满，因为在之前的聊天中她对小周已经有所了解，相信他能爱惜房子，仅强调自己的房子装修得很好，设备齐全，但月租2 300元实在是少了些。

陈晴见房东仍在犹豫，转而开始询问宽带费用、水电费、物业费如何结算等问题。另外，小周提出可以一次性付半年房租，以此表示自己的诚意，这对房东有着极大的吸引力。房东见小周如此有诚意，且对小周这个人也感到放心，经过协商，房东同意以2 400元月租金出租，并承担宽带安装费用。在陈晴确认了房东的产权证和身份证、水电物业煤气等费用的结余情况后，双方签订了租赁合同，并对该结果十分满意。

思考：
1. 小周和陈晴在谈判中运用了哪些谈判策略？
2. 影响法律谈判策略选择的因素有哪些？

对于初次接触法律谈判的人来说，法律谈判的策略陌生而新奇。如果说法律谈判的战略管理与团队管理是从宏观上把握整个谈判过程，那么法律谈判的策略与技巧便是从微观上实现对谈判的操控。法律谈判具有很大的不确定性，如何让己方在瞬息万变和错综复杂的谈判中占据主导地位，把握谈判进程，实现谈判目的，很大程度上依靠谈判策略的制订与实施。法律谈判策略对谈判的结果有直接的影响，关系到谈判各方的利益，正确运用法律谈判策略是谈判获胜的法宝。

法律谈判内容的广泛性、繁杂性决定了谈判策略的多样性。在制订谈判策略的时候，我们需要遵循一定的原则和思想，比如客观标准原则、周密谋划原则以及人事分开原则，等等。但是笔者认为，作为一名合格的法律谈判者在制订谈判策略时，还需要学会审时度势，根据环境形势、所处的立场以及所需要达到的目标，适时引入新思想、新理念，实现既定谈判目标。以下我们就法律谈判策略进行详细的剖析。

第一节　法律谈判策略概述

一、法律谈判策略的含义

迄今为止，学者对法律谈判策略的概念还未达成共识。有学者认为法律谈判策略是指律师在谈判过程中确定的有利于自己当事人的基本指导思路,它应该由一系列技巧或者一系列具体的谈判行为组成或体现出来。[①] 笔者认为,法律谈判策略是由具有专业知识的人员介入,在法律谈判过程中为实现特定的谈判目标,运用法律思维和法律规定,采取的各类布局和方法等的总称。法律谈判策略不仅仅是指某个单一方式、策略或技巧的正向运用,还包含不同方式、策略或技巧的组合运用和反向运用。法律谈判准备阶段策略方案的制订,是对法律谈判进程进行科学预测和解析。法律谈判磋商阶段策略方案的调整,则是对法律谈判中变化情况的灵活处理,是谈判人员丰富经验的体现。法律谈判策略的形成并非一蹴而就,而是经过谈判人员反复斟酌与酝酿才得以形成的,通常是全体谈判人员的智慧结晶,而不是某一个人的"独角戏"。

二、法律谈判策略的特性

通过分析大量的法律谈判实践案例,我们发现,法律谈判策略具有以下几个特性。

(一) 针对性

法律谈判是一种带有强烈目的性的社会活动,参与法律谈判的主体都是为了实现特定的目标。因此,在法律谈判的过程中,谈判各方所采取的策略都是从各自既定的目标出发,针对谈判中可能发生的或已经发生的问题而采取的一系列措施。法律谈判者在制订策略时,应当综合考量法律谈判所涉及的标的、内容、目标、手段及人员风格等因素,科学预测对方谈判者可能采取的策略,提前布局,见招拆招。如在买卖合同纠纷谈判中,卖方采取"消磨"策略,以消耗买方时间,逼迫买方最终因时间成本问题而不得不进行大幅让步。这时买方可采取"亮底线"的策略,直接告诉对方底线,如果突破底线,则可能采取诉讼手段维护自身权益。

(二) 时效性

时效性指的是同一事物的性质在不同的时期存在差异。法律谈判策略的时效性是指某些策略可以在法律谈判的某个阶段发挥最大效用。如"试

[①] 韩德云,袁飞,主编. 法律谈判. 北京:法律出版社,2018:27.

探气球"策略通常在谈判双方分歧较大或者谈判陷入僵局之时采用,以试探对方可接受的范围,挖掘打破谈判僵局的有用信息。"沉默是金"策略一般适宜在谈判的开始使用,谈判刚刚开始,双方都属于试探阶段,逼迫对方先透露更多的有用信息有助于后续的判断。但是随着谈判的深入,继续使用该策略可能适得其反,容易让谈判陷入僵局。

(三) 灵活性

法律谈判的一个重要特点便是灵活多变,现实的法律谈判并非像舞台剧一般按照剧本逐步推进,而是充满了不确定性,这便要求谈判人员运用法律谈判策略时应当具有一定的灵活性。尽管策略制订的针对性与时效性要求谈判者事先科学评估谈判中的既有因素,有效预测谈判过程中的意外状况,但是法律谈判中总是会出现难以意料的状况,所以需要谈判人员根据谈判的实际情况以及自身的经验,随时调整策略的运用。当然,灵活性并不等于毫无准备地参与谈判,也不等于可以违背法律谈判的原则和规则,而是要根据谈判过程的具体情况,及时调整既有策略方针,选择运用合适的策略以应对新情况。

(四) 隐匿性

法律谈判策略是谈判人员的"筹码"与"底牌",是自身掌握谈判主动权的资本。因此,在具体的法律谈判实践中,除非使用"亮底牌"策略,否则谈判策略一般只能为己方自身知晓,而且要尽可能有意识地保密,这就是法律谈判策略的隐匿性特征。隐匿己方谈判策略的目的在于预防对方有针对性地运用反策略。在法律谈判中,如果谈判对方对己方的策略或技巧了如指掌,对方就会在谈判中将反策略运用自如,占据谈判优势地位,使己方处于不利地位。

(五) 整体性

法律谈判策略的整体性强调的是把法律谈判策略看成由各单个策略组成的有机整体。从单个法律谈判策略来看,我们可以分析其使用的方法、适用的场景、时间、阶段。但是从法律谈判策略的整体性出发,谈判人员应跳出单个策略的局限思维,考虑各单个法律谈判策略之间的联系与协调,以实现法律谈判的整体目标。法律谈判策略的整体性要求谈判人员在制订法律谈判策略时,不仅要针对具体问题选择合适的策略,也要考究不同策略适用的时间、空间，还要考虑策略运用的灵活性，更要注重策略之间的整体联系与协调性，分析所选策略之间是否存在冲突，是否存在切换上的困难等。

三、法律谈判策略的作用

（一）实现法律谈判目标的基本手段

法律谈判开始的动因源于谈判各方的需求，而谈判各方的需求在法律谈判中最终体现为各自的谈判目标。谈判各方的谈判目标必然存在差异性，甚至有时候是大相径庭的。因此，要确保谈判顺利进行，最大限度地实现己方利益，就需要运用好法律谈判的策略。有效的谈判策略能够帮助谈判者更加顺利地实现谈判目标，因而可以将谈判策略视为实现谈判目标的基本手段。明确谈判目标，进而制订清晰科学的谈判策略，是一名合格的法律谈判者应当具备的基本素质，也是法律谈判过程中必不可少的环节。

（二）增强法律谈判的计划性

制订法律谈判策略能够增强整个法律谈判活动的计划性，避免主观随意性。在多数法律谈判中，谈判者并非单个主体，而是由不同专长的人员组成的团队，谈判策略则是团队中各成员的行动指南。谈判策略在制订之初就是团队成员集体智慧的成果，因此如法律谈判中未出现违反原则性事件，各谈判成员就应该遵循既定的谈判策略，只针对部分情况对策略进行小幅调整。这样既可以保障法律谈判活动的有序进行，也可以尽量避免因部分团队成员主观臆断而造成不确定的后果。

（三）推动法律谈判进程的"调节器"

从本质上来看，法律谈判的过程就是沟通与磋商的过程。在不同法律谈判情境下，采用不同的法律谈判策略将会对法律谈判的进程产生不同的影响。如在纠纷型法律谈判中，谈判各方都采用"挑剔打压"策略，则会导致谈判的冲突感急剧上升，充满"火药味"，甚至会让法律谈判陷入僵局。此时，一方如想打破僵局，则可采用"利弊分析"策略或者"博取同情"策略。由此可见，法律谈判策略是推动谈判进行的"调节器"，对法律谈判策略的适时运用，不仅可以适当给予对方谈判压力，而且可以推动法律谈判的进程，最大限度地保障法律谈判目标的实现。

四、法律谈判策略的类型

法律谈判的策略依据不同的分类方式可以进行不同的类型区分。

（一）谈判前的策略、谈判中的策略以及谈判终结后的策略

根据谈判不同阶段分类，可以分为谈判前的策略、谈判中的策略以及谈判终结后的策略。

谈判前的策略是指在谈判开始前需要选择的策略。这时的策略应当以谈判准备为主，主要是如何收集信息、制订谈判方案、模拟法律谈判等。

谈判中的策略是指谈判进行过程中的策略。在此部分的策略包括了如何开局，报价和磋商以及如何打破僵局。

谈判后的策略是指谈判结束之后如何对谈判终局进行复盘，巩固谈判结果所选择的策略。

（二）合作型谈判策略和纠纷型谈判策略

根据谈判类型分类，可以分为合作型谈判策略和纠纷型谈判策略。

合作型谈判策略是指谈判各方在确定合作目之后，为达到双赢的结果而选择的谈判策略。在此类型谈判中，各方的利益没有直接对立，不需要针锋相对地激烈斗争，而是需要开诚布公地进行信息交流。因此合作型谈判策略更多是心平气和、友善的策略。

纠纷型谈判策略是各方为解决诉讼或仲裁争议，或者在非诉讼冲突中进行谈判所选择的策略。该类型谈判的特点是，通过磋商促使双方形成共识，达成协议，解决纠纷。

（三）优势地位的法律谈判策略、劣势地位的法律谈判策略和均势地位的法律谈判策略

根据法律谈判地位的优劣势分类，可以分为优势地位的法律谈判策略、劣势地位的法律谈判策略和均势地位的法律谈判策略。

1. 优势地位的法律谈判策略

优势地位的法律谈判策略，亦可称为进攻性策略，是指在法律谈判中占有优势地位的谈判者所制订或运用的策略。在谈判中，谈判双方在实力上的差异一般表现在经济实力、政治实力以及市场影响力上。当法律谈判一方在谈判中占据优势地位时，促成交易并不困难，但也有可能出现麻痹

大意、犯低级错误等情形。为了实现谈判利益的最大化,并建立长期的合作关系,占有优势地位的谈判者应注意策略方法,抓住机会乘胜追击,切不可松懈而轻视对手。

2. 劣势地位的法律谈判策略

劣势地位的法律谈判策略,亦可称为防御性策略,是指在法律谈判中处于劣势地位的谈判者所制订或运用的策略。处于劣势地位的谈判者在选取法律谈判策略时,应当尽量避免采用正面交锋或冲突的方式。法律谈判的最终目的并不是针锋相对,而是通过磋商发掘双方的利益共同点,最终实现共赢,因此,必要的妥协回避、以退为进不失为友好合作的一种方式。

3. 均势地位的法律谈判策略

均势地位的法律谈判策略是指在法律谈判中处于均势地位的谈判者所制订或运用的策略。在法律谈判中,谈判各方在许多情况下常常处于势态均衡的状态,即没有哪一方在法律谈判中明显优于对方。均势状态常常出现在许多纠纷型法律谈判中。在势均力敌的状态下,法律谈判者要根据各方优劣态势合理选用谈判策略,此时,谈判者的经验、策略的选择以及具体策略的运用就显得尤为重要。

(四) 单人策略和团队策略

根据谈判人员组成规模的不同,谈判策略分为单人策略和团队策略。

单人策略是指法律谈判一方的谈判人员为一人的策略,此时的法律谈判是一项包括交换意见、说服对方和达成合意的个人活动。没有团队支持的谈判者只有尽力提升自己个人的谈判能力,才能更好地分取更多的"蛋糕"。谈判者个人在与谈判对方进行谈判时,若察觉到由于自己的身份、地位、实力与对方不平等,而导致自身处于谈判劣势地位时,应继续保持对对方的尊重,再进行细致分析,并选用合适的策略。

团队策略是指法律谈判一方采用团队模式的策略。此时,团队整体被看作是一个独立的个体,团队内的任一成员代表的都是集体利益。与前述单个谈判者相比,团队的建立赋予各谈判人员以盔甲和后盾。在此种情形的法律谈判中,谈判成员各司其职,扬长避短,使得团队的攻击能力与防御能力达到最大值。

(五) 单一策略和整合策略

根据法律谈判中谈判策略使用的数量或类型,可以分为单一策略和整合策略。

单一策略是指法律谈判人员在谈判过程中仅使用某一个策略或某一种类策略，此种策略多用于己方占据绝对优势或谈判时间较短的法律谈判中。

整合策略是指法律谈判人员在谈判过程中使用多种类型的策略，此种策略一般多用于时间较长、谈判议题较复杂的法律谈判中。比如，为了达到目的，法律谈判人员既可能选用进攻策略，也可能选用防御策略；既可能选用单人策略，也可能选用团队策略。

随着社会的不断发展，法律谈判的事项也越趋复杂，很多情况下，单一策略无法达成既定目标，谈判人员往往会选用整合策略。但是，"合抱之木，生于毫末"，整合策略也是由单一策略融会贯通而成的，因此，在学习实践中，我们必须对单一策略的原理、方法和关键点给予足够的重视。

虽然我们从各种角度对谈判策略进行了分类，但是应该看到法律谈判策略的运用并不是固定化、模式化的，上述分类只是为法律谈判者提供几种较为常见的策略思路。法律谈判中各种情势瞬息万变，各种势态下的策略可以根据法律谈判进程交叉运用。在符合法律谈判基本原则的前提下，只要有利于法律谈判目标的实现，就不应局限于法律谈判策略的分类方式。

第二节　优势地位的法律谈判策略

法律谈判中处于优势地位的一方在选择法律谈判策略时，往往会选择更为强势和直接的策略，以下介绍几种处于优势地位的谈判者在法律谈判中常用的策略。

一、先抑后扬策略

先抑后扬策略，是指法律谈判中的优势方给劣势方先提出近乎苛刻的条件，尽力压低对方的心理预期，在这一先决条件下再作出适当的退让，能最大限度地使对方感到欣慰和满足。通过"先抑"事先压低对方的心理预期，降低对方的估测值，再使用"后扬"给予一个较于前一个要求相对宽松的要求，不仅实现了优势方利益的最大化，而且让对方在心理上"有赢的感觉"。

在本质上，先抑后扬策略应用的是心理学上的"锚定效应"，它是指当人们需要对某个事件做定量估测时，会将某些特定的数值作为起始值，起始值像锚一样制约着估测值。同样，在法律谈判中，法律谈判人员在作出决策时，或多或少地会受到最初接收到的信息的干扰。例如，在侵权纠纷诉讼中，一般原告方会在诉讼请求中适当提高请求金额，为后期诉讼中的调解预留一定谈判空间。原告一方运用的就是先抑后扬策略。

二、抓大放小策略

抓大放小策略，是指法律谈判者在充分了解谈判各方综合实力以及谈判内容的基本情况后，根据既定的谈判目标，在法律谈判中重点关注谈判各方所关注的主要部分以及次要部分的重要方面，不将次要部分作为谈判重点。在法律谈判中，为了保证法律谈判的高效性与方向性，谈判团队应当从整体和大局出发，在谈判中抓住主要矛盾，不应在次要矛盾上浪费过多时间和精力。法律谈判是一个磋商的动态过程，各方谈判主体在谈判中会透露出大量的信息，因此谈判人员必须依托既定谈判目标和谈判经验，评估与判断谈判的重要方面。例如在批量房屋租赁法律谈判中，谈判各方关注的应是交易对价、违约责任等，而不宜过多纠缠于房间桌椅的数目、门窗的颜色等。

三、唱双簧策略

唱双簧策略，是指谈判优势一方中两个谈判者采用截然不同的风格而进行谈判，属于一种心理战术技巧。在运用唱双簧策略时，一个谈判者表现为态度强硬，且对于己方所提出的报价不予退让，而另一个谈判者则态度温和，表现出与对方合作意愿强烈。如在房屋买卖合同法律谈判中，卖方中一方表示存在多个意向买方，所以坚决不肯降低价格，而另一方则表现为愿意与买方达成交易，但是强调房屋同时存在多个买家的信息，最终使得买方接受现有报价或仅作出极少的让步。

四、挑剔打压策略

挑剔打压策略，是指通过指出对方存在的细微错误或不足，从而实现打压对方气势,逐步强化己方优势的效果。其实我们在生活中也经常用到这种策略,如在商场买衣服时为了达到还价的目的,会指出商品的一些不足,通过挑剔打压方式最终得到满意的报价。

在法律谈判中运用这种策略,要求谈判团队在谈判初期做好人员的分配,可以与唱双簧等策略配合使用。比如在法律谈判伊始便安排一名谈判成员提出苛刻的条件,对对方的产品、服务等进行挑剔,给谈判对方造成一种强势、不可退让的感觉。随着法律谈判的深入,当谈判出现相持不下的局面时,安排另一名谈判成员扮演和事佬的角色,以缓和法律谈判氛围。扮演"温和"角色的谈判成员在法律谈判中必须显示出通情达理的一面,即表示愿意耐心劝说"挑剔"的谈判者,让其作出必要的让步。通过配合使用挑剔打压策略与唱双簧策略,攻破谈判对方的心理防线,最终实现己方既定的谈判目标。

五、消磨策略

消磨策略,是指以谈判者的耐性和韧劲为手段,在自己具有时间资源优势的条件下,采用相持、纠缠、轮番谈判等手段消磨对方的意志,从而达到己方的谈判目的。[①] 在法律谈判中,处于优势的谈判者可以设计一系列耗费精力又无关痛痒的谈判议题,通过对这些议题的多番谈判,使谈判对手处于超负荷、疲倦的状态,以此扰乱其心态,迫使其作出让步和妥协。在讨论不同的议题时,处于优势的谈判一方可以让谈判成员轮番上阵,在谈判方式、谈判节奏等方面不断交替变化,让对方难以琢磨,疲于应对。在使用消磨策略时,处于优势的谈判一方还可以观察谈判对方是否急于达成交易,如谈判对方确有较大的时间压力,则可以通过进一步深化消磨策略、放缓谈判节奏,迫使对方作出让步。

六、暗度陈仓策略

暗度陈仓策略,是指将真实的意图隐藏在表面的行动背后,用明显的、无害的行动迷惑对方,使对方产生错觉,以忽略自身的真实意图,达到出

[①] 张强,杨明娜,傅剑波,编著. 商务谈判. 北京:中国人民大学出版社,2012:149.

奇制胜的策略。通俗而言，就是指在法律谈判中，隐藏己方的真实目标，故作声势地将谈判重心引至己方并不看重的问题上，混淆视听，最终在我方在意的问题上迫使对方让步，达成交易。法律谈判一方可以通过透露假目标信息，扰乱对方的思维，为己方争取获取利益的机会，具体可以从以下几个方面进行实际操作。

1. 转移视线

所谓转移视线，是指在法律谈判中故意隐藏己方谈判的真实意图，将话题转至己方并不十分看重的问题上，混淆对方视听。例如在法律谈判中，己方其实并不看重交货地点，反而更看重运输方式的选择，为了迷惑谈判对手，己方执着于与对方纠缠交货地点，以交货地点的退让诱使对方在运输方式上作出让步，最终实现己方真正的意图。

2. 分散注意力

在法律谈判中，谈判者可以通过讨论与己方真实意图不相关的议题，分散对方的注意力，让对方摸不着头脑，无法探知己方的真实想法而自乱阵脚，或是利用这种分散注意力的方式，降低对方的防御心理，试探对方的交易底线或真实意图。分散对方的注意力有助于迷惑对方，进而妨碍对方预先计划的实行，或丧失最好的谈判时机，从而维护己方的优势谈判地位。

3. 投其所好

作为法律谈判中处于优势地位的一方，全面掌握对方谈判人员的信息也是十分重要的，如通过谈判前或者谈判中搜集信息，分析谈判对方最关注的是什么。在法律谈判中，优势谈判者需要在这些谈判对方十分关注而己方实际上视作次要方面的问题上，花费更多时间和精力进行谈判，目的在于展示己方对该问题的重视，使对方误认为该问题是各方都关注并且着重考虑的问题。在法律谈判中，一旦己方在这些问题上作出让步，对方会获得巨大的成就感，从而在讨论己方关注的问题时，对方更易作出让步。

第三节　劣势地位的法律谈判策略

作为法律谈判中劣势地位的一方，在选择法律谈判策略时，往往选择更为柔和、间接的策略,而且法律谈判优劣态势并不是固定不变的,通过法律谈判策略的灵活使用,就有可能扭转优劣态势。以下介绍几种处于劣势地位的谈判者在法律谈判中常用的策略。

一、沉吟不语策略

在防御手段中,沉吟不语策略是最行之有效的,也是最方便实施的策略之一。具体做法是在法律谈判中,找准时机,保持沉默,尽可能让谈判对方表达自己的想法,或者多向谈判对方提问,以此窥探谈判对手的真实意图和谈判底线,再根据谈判中大量谈话里所透露的信息,制订出有针对性的策略。但在使用沉吟不语策略时应注意以下几个方面:第一,不打无准备之仗。不是所有阶段都适合沉默,沉吟不语策略需要充分的准备和科学的评估,通常该策略比较适合的阶段是报价阶段。当谈判优势方在报价阶段咄咄逼人时,处于劣势一方适当沉默可以缓和双方的分歧,为之后的谈判争取空间。第二,伺机而动。在法律谈判中,沉吟不语最终还要落脚于"说",因此谈判者要沉着冷静,切不可被对方激怒,在沉默之中等待爆发的时机。第三,利用行为语言。沉默不语并不代表面无表情,或是没有其他任何肢体语言。谈判者要充分利用自身的肢体语言,一方面不因肢体语言而泄露己方信息、意图;另一方面,适时地通过肢体语言将一些己方希望传递的信息传达出去,混淆对方视听,最终反客为主,占据主导位置。

二、权力有限策略

权力有限策略,也可以被称为有限授权策略,是指在法律谈判中,为了达到迫使对方让步或修改承诺条件的目的,处于劣势的谈判一方假借受授权范围的限制,或是行政管理方面的某些禁止规定,转移矛盾,对谈判对方提出的问题故意不予正面回答,让对方陷入无尽的等待,再伺机反攻的一种策略。事实上,受限制的权力有时候比独揽大权更有谈判优势。权力有限策略同样适用于优势地位的谈判,但是对于谈判中处于劣势地位一方而言,其发挥的效果更为明显。在法律谈判中,作为权力有限的谈判人员可以微笑地说"不",而谈判对方又无法因此多加责难。谈判对手受权力有限策略的影响,在考虑谈判框架时,也可能从劣势地位谈判者拥有的权限角度去思量。如果优势谈判一方急功近利，又因权力有限策略而心烦气馁，最后作出妥协与退让，那权力有限策略就发挥了其最大的效用。

权力有限的策略优势体现在两个方面：一是利用该策略可以更好地保护己方的立场。在法律谈判中，因受权力的制约，谈判者在作出退让或者妥协的决定时必然受到制约，这样可以坚守底线，避免谈判劣势方在强压下迷失自我。二是该策略是对抗对方的有效盾牌。运用权力有限策略迷惑对方，让对方摸不清我方虚实，进而取得先机。

三、利弊分析策略

利弊分析策略，是指法律谈判者对各方面的利弊进行分析，从而引导法律谈判各方作出理性抉择。在法律谈判过程中，谈判劣势方要全面考虑谈判各方的利益，分析眼前利益与长远利益，并对各种利益进行排序，从而引导各方共同提出最佳方案。运用利弊分析策略需要法律谈判者做到如下几点：首先，陈述各方的事实和观点，对相关信息进行重组，将谈判各方未完全表达的意思以正面方式进行表达，并以恰当的提问方式与谈判对方进行确认。其次，对各方需求进行可视化利弊分析，如采用数学模型等方式，将利弊以数字、图表的方式表现出来，给各方谈判者提供一个较为直观的参考，引导谈判者作出理性抉择。在法律谈判中，要让利弊分析策略真正发挥其功效，处于劣势地位的谈判一方需要在进行利弊分析时直面对方真正需求，这样才能让谈判对方从内心接纳建议，促使各方达成理性、共赢的合作方案。

四、亮底线策略

亮底线策略，是指在法律谈判伊始便对全部可让利益进行说明，运用该策略的目的在于"以诚制胜"。在法律谈判中，一方率先作出大幅度的让步对谈判对手具有强烈的诱惑力，有利于提高谈判效率，降低谈判成本。采用亮底线的策略可以让对方感知己方谈判的诚意，巨大的让步不仅会给予谈判对手巨大诱惑，保持和谐、融洽的谈判气氛，而且会给谈判对手巨大的压力，从而迫使对方作出适当的让步。但是在法律谈判中使用亮底线策略，会存在巨大的风险，如谈判对方极有可能得寸进尺，进一步讨价还价。因此，在法律谈判中，谈判者在采用亮底线策略前，要对谈判对方进行科学的分析，以评定该策略的可行性。在运用亮底线策略时，应注意语气、方法，务必做到诚恳坦率，让对方感知己方已经亮出最终的底线，已经到了极限，否则可能会适得其反。

五、博取同情策略

法律谈判的过程，其实质也是各方综合实力较量的过程。处于劣势地位的谈判者通过表达自身的难处、弱势等，以唤起对方的同情和恻隐之心，以期能够阻止对方进一步施压。在实践中，部分处于劣势地位的谈判者往往不愿意示弱，认为其如果一再示弱，会在气势上输对方一大截。其实不然，这种博取同情的手法我们经常可以在经验丰富的谈判者身上看到。博取同情并不是一味地装可怜和乞求，而是适当地表现出"为难"，这种策略对谈判经验不足的谈判对手十分有效。

博取同情策略常见的方式有：表现出非常为难的样子，或是说"如果我作出这样的决定，我回去肯定要挨批评的"，"我已经退无可退，如果再退下去，老板就该辞退我了"，或是采用其他的方式示弱。但是，在使用该策略时，要注意切不可因为示弱而丧失个人尊严与人格，表达困难时要有条有理。而且在示弱的同时，不能因试图用"以坦白求得宽容"的方式而将内心想法与既定目标和盘托出，那将会适得其反。

六、曲线救国策略

在法律谈判的过程中，当处于劣势地位的谈判方发现双方可谈判空间过于狭小时，可以采取曲线救国策略，即谈判人员通过其他途径接近谈判对方，先进行了解，联络感情，有一定的情感基础后再进行谈判。人是一种感性与理性并存的动物，都有七情六欲，满足自身的感情和欲望也是人的一种基本需要。因此，在法律谈判中运用感情因素去影响对手，不失为在劣势情形下可取的一种策略。在实践中，缩小双方距离的方法有多种，例如，利用空闲时间，主动与谈判对手就其感兴趣的话题闲聊或者进行娱乐活动；利用前期发掘的信息，如同乡或者同校，拉近彼此的距离；也可以互赠小礼品，请客吃饭或提供便利的交通食宿；还可以通过帮助解决对方私人疑难问题建立友谊；等等。以上这些方法都能以迂回的方式从侧面促进法律谈判的顺利进行。

第四节　均势条件下的法律谈判策略

一、私人接触策略

私人接触策略，是指法律谈判者通过与谈判对手接触，以多种形式增进彼此的了解，建立友好关系，进而推动法律谈判的顺利进行。私人接触的形式非常多，较为常见的有：电话或微信联系、登门拜访、组织娱乐活动等。

1. 电话或微信联系

电话或微信联系是私人接触中十分常见的一种方式。谈判者在电话或微信联系前事前要做好准备，了解对方的性格特点，注意措辞、礼仪，切不可急切毛躁。在微信聊天时，还可以用适当的表情表达的自己的语气，缓解文字的冷漠。法律谈判者还需要注意的是，无论情况怎样紧急，都不可在接触伊始就直奔主题进行实质性交谈。谈判者在电话接通或者添加微信后，先要寒暄问候，再慢慢进入主题，谈话内容务必简明扼要、逻辑清晰，节奏始终一致。在涉及关键问题时，如谈判的时间、地点、内容等，谈判人员应放慢语速，最好请对方记录并确认。微信联系时，谈判人员应使用文字而非语音，避免产生争议。

2. 登门拜访

登门拜访，是指出于联络感情、礼貌礼节、关照食宿等原因，一方谈判人员亲自到另一方谈判人员住所地进行拜会访问，这也是在私人联系中较为常用的一种方式。拜访分为礼节性拜访和事务性拜访。礼节性拜访不一定带有商务或其他目的，范围十分广泛，方式也灵活多样。事务性拜访则一般有确定的主题，且拜访之前需要约定时间，突如其来的拜访或是强迫对方接受的拜访都是不礼貌的。事务性拜访要严格遵守约定的时间，提前5分钟到达约定地点较为适宜，拜访的时间也不宜过长。在势均力敌的情况下，建议谈判者先从礼节性拜访开始，通过拜访了解对方的喜好、性格等，再进一步规划事务性拜访，这样才能最大限度地发挥登门拜访的效用。

3. 组织娱乐活动

组织娱乐活动，是谈判者为了联络与谈判对手的感情，而经常采用的方式之一。常见的形式有唱歌、旅行、参加画展等等。组织娱乐活动的形式并不固定，而是需要根据谈判对手的兴趣爱好而定。如广东人喜欢在茶楼喝茶聊天，四川人喜欢在吃热腾腾的火锅时畅谈。

运用娱乐活动策略时需要注意：首先，要摸清对方的兴趣爱好，并适当加入地方特色；其次，无论交谈的过程多么顺畅，气氛多么融洽，都要谨言慎行，不可丧失原则；最后，要保持警醒的头脑，辨析对方信息的真实性。

二、热处理和冷处理策略

热处理法，是指法律谈判者在谈判各方分歧不大时，加快推动谈判进程的方法。这一策略一般适用于谈判各方共同利益明显或各方当事人在认识上基本一致的情形，也适用于时间紧、双方合作愿望强烈的谈判。

冷处理法，是指法律谈判者在谈判各方之间分歧较大、情绪激动时，先用休会等方式让谈判各方当事人冷静，待各方心平气和后再进行谈判的方法。各方谈判者基于各自的立场和需求进行法律谈判，存在分歧与矛盾是必然的，但是为了谈判的顺利进行，在谈判中要尽量避免争吵、争执，防止分歧和矛盾升级。冷处理法具体可采用以下几种方式处理问题：（1）冷静地倾听。谈判者冷静地倾听一方面可以获知谈判对方的想法，另一方面在倾听后适当表示赞同，让谈判对方感受到尊重。（2）婉转地提出不同意见。在谈判对方表达意见后，婉转地提出己方的意见，不仅可以弱化谈判各方的冲突，也可以将己方观点传达给谈判对方。（3）适当休息。当法律谈判出现僵持或争论局面时，谈判者可以主动提出休会的建议。暂时的停顿不仅能够使谈判各方保持冷静，调整思绪，而且有助于后续谈判的进行。例如，以调解中的谈判为例，在英国，调解员一旦发现双方当事人都表现出愤怒的情绪时，会立刻给当事人安排15分钟的茶歇。调解员通过这一安排，让双方当事人分别在不同的房间冷静，待当事人平复情绪后再进行调解，避免矛盾激化。

三、出其不备策略

出其不备策略，是指在法律谈判过程中，突然作出重大改变，使对方措手不及，从而获得优势地位的策略。谈判者在使用该策略时应注意以下几个方面：第一，对经验极其丰富的谈判对手应当谨慎使用此策略。因为一旦此策略被谈判对手识破，则很可能会弄巧成拙，使己方陷入不利地位；第二，使用该策略时应当注意方式方法，充分考虑谈判对手的性格、风格，如遇到强势之人就应当避免采用提高嗓门、人身攻击等方式；第三，使用该策略的时机应当谨慎把握，如应尽量避免在法律谈判进入尾声阶段使用，否则可能会使谈判对方认为己方毫无谈判诚意，导致谈判失败。

四、分割策略

分割策略，是指法律谈判若涉及多个争议问题，谈判者可针对各方已达成合意的内容订立合作协议或作备忘录，再针对其余存在争议的问题继续谈判的方法。实践中，一些较为复杂的法律谈判可能涉及多个议题，通过将议题进行分类，固化确认已达成合意的问题，再有针对性地进行谈判，能有效提高法律谈判的效率。分割问题谈判策略的两个重要步骤，一是问题切割，二是固化谈判成果。问题切割，是指法律谈判者将谈判中的争议分割成几个部分，当部分争议不能解决且不影响其他部分问题解决时，谈判者可以将谈判各方已达成共识的问题先固定下来，将有争议的问题留待之后讨论。而固化谈判成果的方式包括谈判者重述、形成备忘录或订立合同等。[①] 如在房屋买卖的法律谈判中，买卖双方可以就房屋买卖价格先行签订合同，再针对违约责任、物业交割、税费缴纳等签订补充协议。

五、欲擒故纵策略

欲擒故纵策略，是指在法律谈判中一方虽对谈判进程十分急切，但却装作毫不在意的策略。此策略一般针对志在必得的谈判，谈判者故意采取

---

① 程波. 美国调解技巧的社会心理学解读. 湘潭：湘潭大学出版社, 2016：122.

各种措施，让对方感到己方满不在乎的态度，从而压制对手开价的胃口，确保己方在预想的条件下达到谈判的目标。① 因此，在法律谈判中要注意使己方的态度保持不冷不热、不紧不慢，不要急迫地争取规划日程等活动的主动权，这种从容的态度一方面可以表明己方对于法律谈判并非急迫的态度，另一方面可以表现己方在法律谈判中的自信，让对方摸不透。如当法律谈判中对方执着于某个条款且态度强硬时，不必急于与对方争辩，己方可以用不慌不忙的态度回应，这会让对方摸不着头脑，从心理上攻克对方。

所谓"欲擒故纵"，最终落脚点还在于"擒"。因此在运用本策略时，不可过于消极地"纵"，否则会让对手认为己方对谈判毫无诚意，使其对谈判失去希望进而也转为消极的态度。富有节奏的"纵"，可以激起对方迫切成交的欲望，进而降低其谈判筹码，达到"擒"的目的。在具体运用这一策略时要注意以下几点。

（1）态度虽然淡漠，但是要注意礼貌礼节，不可使用带羞辱性的词句，维护双方良好的感情，确保长远的合作。

（2）要给对方以希望。虽然此策略要求谈判者对谈判保持一种不冷不热的态度，但是每次回应对方的时候都应有适当的借口，确保对方在无法轻易获取有效信息的同时，也不至于完全丧失谈判的信心。这种若即若离的气氛，会让对手在再次获得机会时，倍加珍惜。

（3）给对方以诱饵。要使谈判对方感觉可以从法律谈判中获得利益，而且这种利益足以吸引对方，才能把谈判对方吸引到谈判中。

（4）使用该策略前，需要先评估谈判对方与己方之间的实力，如果相差太大，各方并非处于势均力敌而是优劣态势明显的状态下，使用本策略只会让对方认为己方态度不诚恳，从而拒绝谈判。

六、试探气球策略

试探气球策略，是指在法律谈判过程中通过采用假设的方式询问，不断缩小彼此的差异，从而获得更多合作可能性的策略。"试探气球"常会以"如果……那会怎样？"的句式引入，如"如果这套房存在产权争议，那会

---

① 方其，主编. 商务谈判——理论、技巧、案例. 北京：中国人民大学出版社，2011：161.

怎样？""如果我们延长合同期限，那会怎样？"该策略具有以下作用：第一，通过询问不同条件下合作的可能性，找寻彼此更多的共同之处，不断扩大合作的方式，从而提高达成合意的概率；第二，不断提出不同可能性的组合，不仅可以使己方达到谈判目的，也可以充分照顾到对方利益，为取得共赢奠定坚实基础；第三，在彼此不断交换意见的过程中，准确把握谈判对方的真正所需及其弱点，为己方及时调整谈判策略提供重要信息。

七、抛砖引玉策略

抛砖引玉策略，是指使用自己不成熟的意见引出别人更好的意见。法律谈判中的抛砖引玉策略，是指己方提出一个不成熟的方案，进而引出对方更为全面的方案。抛砖引玉策略的主要作用在于，不仅可以探知对方的真实目标，还可以缓解己方的谈判压力。己方提出的方案可能忽略了对某些方面的考量，而对方提出的方案能不同程度弥补己方方案的漏洞，帮助谈判各方聚焦问题的关键点。同时，一方在使用抛砖引玉策略时，常常是为了寻找法律谈判突破口，佯装提出一个不太成熟的方案，引出对方的真实想法，再根据对方的方案归纳法律谈判的主要矛盾，以推动法律谈判的进程。

第七章　法律谈判的技巧

案例指引

　　王律师接受一位消费者的委托，就所购汽车的质量问题与4S店交涉。此前，该消费者已与4S店进行过接触，并在店内大吵大闹，最后还与4S店经理发生了肢体冲突，但处理结果依旧不尽如人意。王律师接受委托后，与消费者一道来到4S店，找到了经理。王律师让委托人在大厅休息，独自一人将经理请到了店内的会议室。王律师猜想，该经理曾与委托人有过不愉快的经历，心里可能会有怨气，为此，他采取了"化干戈为玉帛"的沟通方式，站在经理的角度，对委托人粗鲁的行为表示极不赞同。经理因此感受到被理解及尊重，接着向王律师讲述了当天消费者在店内大吵大闹的经过。王律师一直保持认真倾听的态度，待经理发泄完心里的怨气，王律师为自己委托人无理的行为表示真诚的歉意，并适时地询问厂家对双方交涉事项的处理态度。此时，经理与王律师已经建立了相互信任的关系，其表示，就汽车质量问题，厂家确实存在一定的过错，因此厂商也是希望能尽快解决此事，以免影响该汽车品牌的声誉。王律师看到经理的态度已经明显缓和，并且表达了想解决争议的诚意，于是王律师以为厂家着想的口吻，故意透露自己和委托人提前商量好的"底线方案"，从而变相地给厂家施加了压力。最终，在消费者作出适当让步后，双方都认可了赔偿方案，并及时以书面方式固定了谈判成果。

思考：

1. 王律师在谈判时用了什么技巧？
2. 你认为法律谈判中常用的技巧有哪些？

法律谈判是人们为了表达己方意见、平衡各方的利益而进行磋商交流的过程。它直接影响着谈判者之间的关系，甚至会对谈判者产生深远的影响。国际行政学会主席、法国高级行政大法官盖·布莱邦特认为：伴随社会法治的建立与健全，行政民主化、科学化程度的不断提高，谈判作为一种沟通思想、缓解矛盾、维持或创造社会平衡的手段，其地位日渐突出，作用越来越明显。随着我国经济的不断发展，经济交往以及政治交往等活动越来越频繁，发展和交往过程中产生的合作、纠纷等也越来越多，这些因素会催生出各行各业的谈判现象，人们也会越来越习惯于运用谈判来解决工作、生活中的各类问题。一方面，谈判因其本身的优势而受大众青睐，使得现代生活中谈判无处不在；但另一方面，由于并非所有谈判都能取得成功，并非所有的人都会谈、都能谈，这就要求在法律谈判中，谈判者必须掌握谈判的技巧，从而最大程度地促成谈判。

第一节　法律谈判的语言沟通技巧

一、法律谈判中语言沟通技巧的特点

法律谈判的过程是谈判者们进行语言交流的过程。语言在法律谈判中如同桥梁，占有重要地位，语言的运用技巧往往决定了法律谈判的成败。语言是人们交流思想的媒介，它必然会对政治经济和社会科技乃至文化产生影响。公关语言是一个组织为实现其公关目的而运用的语言，它与常见的交际语言有着很明显的差异，公关语言具有功利性、情感性、规范性以及控制性等特点。谈判语言作为公关语言的一种，当然具有公关语言的上述特点，但是，因为法律谈判自身的特点，其还具备其他公关语言所没有的特征，如说服性、论辩性、技巧性、实效性和切境性。虽然在谈判中，谈判主体的差异会导致谈判语言有所不同，不同谈判主体所运用的谈判语言或质朴动人，或辞藻华丽，或幽默风趣，但是无论谈判者习惯使用哪种风格的谈判语言，上述五项法律谈判语言的特征，必然会体现在整个法律谈判中。

(一) 说服性

谈判大师尼尔伦伯格在《谈判的艺术》一书中说:"谈判就是给与取。然而,每一方都时刻提防对方可能损人利己的任何苗头。"谈判的过程其实就是一个用语言说服对方或是被对方说服的过程。谈判中每一方都是在用尽资源来说服对方,法律谈判中的语言必然也必须带有说服性,因为只有法律谈判的语言具有说服性,才有可能打动对方,使得对方愿意让步。谈判就是在反复的说服退让中,达到各方利益的平衡点,最终达成协议。所以,说服性是法律谈判语言的一个显著特点。

(二) 论辩性

在法律谈判中,谈判者互相说服的过程,其实就是一个论辩的过程。法律谈判伊始,各方一般会提出对己方最有利的条件,谈判者可能会认为对方的谈判条件与己方的理想状态相去甚远。此时,各方的谈判者一方面会逻辑严密地对己方条件的合理性、可行性进行论证;另一方面,也会利用己方拥有的资料,积极地反驳对方的论证,以求为己方争取更大的利益,并且将己方的损失降到最低。谈判的过程看似是语言交锋的过程,在这种你来我往的语言交战中,其激烈程度实则并不亚于一场真枪实弹的战争。有时候仅仅因为各方条件中的一个小细节,便可能使各方你来我往地辩论多个回合。如果是涉及谈判者最关注的问题,则可能需要耗费更多的时间和精力。

(三) 技巧性

说话,看似是一件极其简单的事情,但却只有为数不多的人能把话说好说精。在法律谈判中,法律谈判环境以及各方谈判思路总是处于不断变化中,在什么情况下需要用什么样的语言、语气来说服对方,这就与法律谈判语言的技巧密切相关了。为了达成合作或者解决纠纷,在法律谈判中,谈判者有时候需要以"真诚"打动对方,有时候需要用"假象"迷惑对方,有时候需要"适当服软"来迎合对方,有时候又需要"以牙还牙"来表明己方的立场。总之,法律谈判的语言不仅需要根据谈判环境的不同、谈判思路的不同,随时转换,而且需要法律谈判者发挥自己的聪明才智,注重谈判语言的技巧,动之以情,晓之以理,促成谈判。

(四) 实效性

谈判的环境瞬息万变,这就要求法律谈判者根据实际情况作出快速准确的反应。风险与机会同在，有时候因为法律谈判中的一句话可能导致谈判功败垂成，也可能因为一句话扭转谈判劣势。无论是哪一种情况都需要谈判者根据谈判场上的变化及时作出反应，并以说话等方式表达己方的想法、立场。所以，法律谈判语言要比其他公关语言或一般的交际语言更讲究实效。

（五）切境性

法律谈判语言的切境性，顾名思义，就是指谈判语言要切合其所处的谈判环境。朋友之间的说话可以是轻松、毫无顾忌的，但是在法律谈判中却需要严谨细致，因为你的每一句话，代表的都是己方的观点和立场。有时候同样一句话，在某些语境下是赞美，但换个语境可能就会被认为是讽刺。由于法律谈判环境复杂，所以谈判者要特别注意语言的切境性，上述所谈及的说服性、论辩性、技巧性和实效性都是建立在切境性的基础上。只有谈判语言与谈判环境相符合，才能达到较好的预期效果。

二、法律谈判中语言沟通技巧的原则

说话是一门艺术，也是一门技巧。谈判各方必须掌握熟练的语言技巧，才能在谈判中抓住机会说服对方，达成交易。法律谈判中运用语言沟通的技巧时要遵循客观性、针对性、逻辑性、灵活性等原则。

（一）客观性原则

所谓客观性原则，是指在法律谈判过程中，谈判人员的语言要以事实为根据，不能脱离客观实际。客观性原则是其他原则的基础与前提，若谈判各方遵循这一原则，便能够更好地取信于对方，缩小各方的立场距离，从而增加法律谈判成功的可能性，达成谈判目的。

（二）针对性原则

谈判语言技巧的针对性原则是指谈判人员要根据不同的谈判对手、谈判内容、谈判阶段等，使用不同的语言技巧。针对性原则具体包括以下内容。

1. 根据不同的谈判对手采取不同的谈判语言

谈判者因自身的性格、年龄、经验等不同而倾向于采用不同的谈判方式和谈判语言。所以谈判人员在谈判时如果能根据这一特点选择相应的谈判语言，可以增加谈判对方的好感，促进法律谈判顺利进行。例如，如果谈判对手性格直爽、大气，谈判人员说话应该直截了当，而不是旁敲侧击、迂回曲折；如果谈判对手内向敏感，谈判人员说话应该细致温和，以免对方误会。

2. 根据不同的谈判内容采取不同的谈判语言

法律谈判的内容直接影响法律谈判的语言选择。谈判时法律谈判人员要根据了解到的相关资料选用合适的语言，并使用针对该谈判内容的必要的相关词汇和专业术语。

3. 根据不同的谈判阶段采取不同的谈判语言

在不同的谈判阶段会有不同的谈话侧重点，谈判人员必须针对不同的侧重点选择相适应的谈判语言。例如在谈判开始阶段，各方谈判人员可以以文学、外交等语言为侧重点，联络感情，为法律谈判创造良好的氛围。

(三) 逻辑性原则

谈判语言技巧的逻辑性原则是指谈判人员进行法律谈判时，思维要严谨周密，语言要明确恰当、符合逻辑。通常而言，逻辑性强的语言往往更具说服力。在法律谈判中，以说服对方谈判者来达到己方目的是谈判成功的一个标准，因此谈判时注意语言技巧的逻辑性是很重要的。

(四) 灵活性原则

法律谈判的进程不可能是一帆风顺的，即便事先的准备工作再周详细致，也可能出现遗漏。这个时候，谈判者对语言的灵活运用往往可以起到"化险为夷"的作用。

三、法律谈判中语言沟通技巧的应用

(一) 心理暗示

心理暗示是一种能够影响潜意识的语言沟通技巧，有效的心理暗示往往会使他人不由自主地按照被暗示的方向或目的作出一定的行为，或者不假思索地接受被暗示的意见和信念等。心理学家普拉诺夫认为，暗示的结果是使人的心境兴趣、情绪、爱好、心愿等方面发生变化，从而又使人的某些生理功能、健康状况、工作能力发生变化。心理暗示的实质在于，用含蓄、间接的方式对别人的潜意识产生影响，潜意识又影响人的心理和行为。

在法律谈判的过程中，谈判者可以借用语言的技巧，对对方谈判人员进行心理暗示，进而影响谈判对手的潜意识，从而不露痕迹地说服对方，让对方接受己方的观点或者条件。在法律谈判中，常用的心理暗示主要有以下几种。

1. 善用"肯定类"词汇削弱对立、紧张的氛围

有经验的法律谈判者喜欢用"我们……"的句型诱导对方，因为这样说可以营造一种合作的气氛，暗示谈判双方彼此之间处于同一阵线，而不是绝对对立的。类似的"肯定类"词汇还有"共同""共赢"，等等，善用这种"肯定类"词汇，可以缓解谈判时紧张的氛围和压力，使谈判双方更容易达成共识。

2. 向对方"灌输"、传递双方为合作关系的认识

在法律谈判时，法律谈判者要经常性地使用"当您使用它的时候……"而不要说"如果""假如"等句式。"当……"这样的说法具有很好的暗示效果，它可以向对方"灌输"、传递双方此时已经是合作伙伴的认识，可以避免对方产生抵触情绪。而如果用"假如"句式会使对方产生脱离感或者距离感，从而不能很好地进行谈判。

3. 描述愿景

描述愿景，也具有心理暗示作用。例如使用"我们现在的法律谈判相较于过去两个月已经有了极大的进展，再加把劲，估计再努力几天就能取得双方都满意的结果""这样下去，过不了两个星期我们就能够解决这档子麻烦事""接受这个调解方案的话，未来你将不会因这个案子受到困扰，你的工作生活也将会趋于平静"这样的句子，可以使谈判对方对未来的谈判结果抱有一种积极的期待，从而帮助己方更快地完成谈判。

4. 提示引导

提示引导是指把一句话分为三个部分，通过暗示转移对方的注意力。具体到法律谈判实践中，法律谈判者可以在描述三个不容反驳的事实后，加入适当的引导词，向对方施加心理影响，影响其潜意识，让对方把注意力转移到己方想要其注意的地方，从而使对方认同我们所提出的事实或者观点。提示引导的步骤有三：第一，用语言去描述对方目前的身体状态、心理状态或是他的思考状态，甚至是环境状态；第二，运用提示引导词；

第三，明确引导目标，确定该目标是己方想让对方注意的地方。

5. 多次重复

在法律谈判的过程中，如希望用己方的观点说服对方，变"急风骤雨"为"和风细雨"，则需要将己方观点逐渐输出，使谈判对方放松警惕，从而在潜意识中逐步接受该事件。多次重复的方法可以帮助我们逐步突破对方的理性思维进入其潜意识，在潜意识中影响对方。例如，我们随处可见的商业广告在电视上天天播放。当你在去超市购物时，你的潜意识会告诉你：它们很知名，买它们似乎是一种不错的选择。如果我们有该类商品的需求，就会自然而然地选择这种商品。这就是重复的力量、暗示的力量。

（二）提供对比

在心理学上有一个理论，叫作对比原理，即基于之前的体验，同一样东西会给人不同的感受。一个经典知觉心理物理学的实验，反映的就是这种现象。若你分别将左手放进冷水，右手放进热水一小段时间，之后同时将两只手放入装有常温水的桶中，你便会发现曾放在冷水中的左手此时感知到的常温水像热水，而曾放在热水中的右手此时感知到常温水像冰水。这便是强烈对比所产生的影响，即基于过往的经历，当遇到类似情形时，便会下意识地在心中进行比较，这种比较对决策者有着巨大影响，甚至让人无法理智地进行判断。在法律谈判中，谈判者常常使用对比的原理，采用封闭的选择题方式，诱使对方掉入潜意识的陷阱，从而实现自己的谈判目的。所以，法律谈判者需要更加谨慎地对待法律谈判对手给出的选项，时刻保持头脑清醒。

第二节　法律谈判的非语言沟通技巧

一、非语言沟通技巧概述

非语言沟通是指谈判者不使用语言传递信息，而是通过"非语言"的方式来传递信息。非语言形式多样，包括动作、表情、眼神、姿势等。因为非语言沟通的信息往往是通过身体语言来体现的，所以也被称为"身体语言沟通"。人们有意识或者无意识地都有可能用到非语言沟通技巧，因此，在法律谈判中，非语言沟通的方式在沟通中使用的频率非常高。事实上，谈判者在表达情感、表明态度时一般是在无意识地运用非语言沟通技巧。正因为如此，在法律谈判过程中，一方面，谈判者要善于运用非语言沟通技巧，更准确、更恰当地表达自己的观点、情感，赢得对方的好感与理解；另一方面，谈判者要细心观察对方的非语言信息，了解对方的真实情感与意图，及时采取应对措施，引导法律谈判向有利于己方的方向发展。

二、非语言沟通与语言沟通的联系与区别

(一) 非语言沟通与语言沟通的联系

在法律谈判中，沟通方式分为非语言沟通方式与语言沟通方式，二者紧密联系，相伴而生。

法律谈判时，单靠语言沟通的方式有时很难使对方清楚地了解己方想表达的信息，这时非语言沟通方式的补充与强调作用就显得非常重要。比如，谈判者在进行某个话题的叙述时，若有提高语调或用手指轻敲桌面等行为，则是表示其希望对方重视这个话题。

若是语言沟通方式与非语言沟通方式表达出的信息相互矛盾，往往非语言沟通方式给出的信息更真实。例如，在进行法律谈判时，一方谈判者明明已经处于劣势，却脸色惨白、嘴角颤抖地说："笑话，我当然不怕谈判破裂。"在这种情况下，对方谈判者也可以从他的神态动作中了解其真实想法和心理状态。

非语言沟通方式还可以代替语言沟通方式，传递部分语言无法表达的信息，从而产生不可低估的效果。在谈判时，谈判者有时会下意识地使用非语言沟通的方式，这样既不花费口舌，又可以使对方明白己方的态度。比如，当一方谈判者向对方提出某个要求后，对方谈判者眉头紧皱，露出一副伤脑筋的样子，这表示这个条件很难让人接受。

(二) 非语言沟通与语言沟通的区别

语言沟通和非语言沟通存在很大的区别。具体如下。

1. 沟通环境

在进行非语言沟通时，谈判者可以不必与对方直接接触，只需通过眼睛观察即可。比如，我们可以通过观察对方的着装、神情、动作来了解其

性格、爱好、心情等。另外非语言行为也可以传递各种各样的信息。例如，在进行法律谈判时，如果对方谈判者微笑或点头，谈判者可以判断对方对谈判内容或进程很满意；如果对方谈判者坐立不安或频频看表，谈判者可以判断对方对谈判内容或进程不感兴趣甚至不满。

2. 连续性

语言沟通是非连续性的，而非语言沟通则是连贯、连续的。谈判者是通过眼睛观察对方的非语言行为，所以无论对方作出怎样的行为，只要对方还在己方的视线范围内，就可以通过连续的一系列行为获知信息。比如，在商店里，一位女士在货架旁边徘徊，时不时地拿起、放下商品，并向售货员询问价格等情况，说明其内心犹豫，拿不定主意。女士的连续行为向售货员传递着非语言信息，直至其在售货员的视线里消失才停止。

3. 渠道

人们利用语言沟通时以语言作为唯一渠道，但人们利用非语言沟通时则不止使用一种渠道。比如，球迷在看足球比赛时，除了可以通过球迷们的谈话判断其是哪个球队的粉丝，还可以通过其他非语言途径获知球迷所支持的球队，如穿着自己喜爱球队代表色的衣服，举着给球队加油的牌子，在某个球队得分时大喊大叫，等等。

另外，非语言信息较语言信息更加难以隐藏，常常随着情绪的变化而不自觉地流露出来，如人们在高兴时会不由自主地笑，在愤怒时会板脸，紧张时会搓手等。

4. 结构

语言沟通必须遵循一定的规则、结构，这样才能为对方所了解。但是非语言沟通则不需要那么讲究，它的发生顺序可以是随机的，并且没有既定的结构或者绝对的表现形式。比如，在进行法律谈判时，谈判者往往会事先准备讲话的顺序、内容等，而不会事先思考什么时候跷腿，什么时候把手置于桌上等非语言行为。一般情况下，非语言沟通只需遵守一种规则，即某种行为在某种场合下是否合适。例如，在正式的场合，即使人们再高兴，也不能跳起来大喊大叫，而是喜怒不形于色。

5. 学习的方式

语言沟通通常需要人们接受正式的、有结构的、完整的学习。而非语言沟通并不需要如此，人们只需要通过模仿就可以学到，比如，小孩模仿父母，下属模仿上司，朋友间相互模仿等。

三、非语言沟通的特点

多种多样的非语言沟通具有以下四个共同的特点。

（一）非语言沟通是由文化决定的

非语言沟通形式多样，很多种类的非语言沟通方式与其所属的文化联系紧密。比如，初次见面时，美国人倾向于目光的接触，他们往往只能将身体接触局限在有力的握手上；波兰人会对对方行吻手礼。另外，非语言沟通还带有亚文化特征。例如，在中国，通常来说，北方人说话豪爽，行为动作的幅度较大；而南方人说话委婉，行为动作的幅度较小。

非语言行为与性别也有联系，男性的非语言行为不同于女性的非语言行为。美国社会语言学家戴博拉·坦南曾经做过一个实验，他记录了许多不同年龄的男性与女性的沟通视频，从中得出结论：在进行沟通时，女性更愿意坐在同性身边进行交谈，她们喜欢直视对方进行交流；男性会相互错开来坐，而且很少与对方进行眼神交流。无论是在男女混合群体里还是男性群体里，男性通常坐姿放松，手脚伸展；相反，在男女混合群体里，女性会拘谨，束手束脚，在女性群体里，她们才会以放松舒展的方式坐。

（二）非语言信息在很大程度上是无意识的

非语言沟通往往是在无意识状态下进行的，人们很难也很少刻意控制。比如，当你不舒服时，周围的人很快就能觉察出来，因为他们可以从你脸上痛苦的表情中判断出你的状态。再比如，你跟别人交谈时，会不由自主地与喜欢的人靠得近，与不喜欢的人靠得远；听到你赞成的观点会微笑或点头，听到你不赞成的观点则会流露出不满意的神态等。

（三）非语言沟通表明情感和态度

非语言沟通中的表情、手势或目光都能向他人传递情感信息或表达态度：或愉快，或悲伤，或惊讶，或恐惧，或愤怒，或不舍……通常而言，人们会根据经验，通过对方说话的音量准确判断对方的情绪，比如，当对方高兴的时候，声音一般会比较高昂。另外，非语言行为还可以表现出你对某件事情的态度，比如，管理人员可以从员工的一系列非语言行为中获知其对工作的态度,从而将员工分成"群体内的人"和"群体外的人"。"群体内的人"会被安排从事重要、核心的工作,并可以较为灵活安排工作时间及领取满意的薪水;"群体外的人"则一般从事边缘工作,无法灵活安排自己的工作内容,所获得的薪水也较低。

(四)非语言信息可能与语言信息矛盾

　　语言沟通与非语言沟通所表达的信息可能不一致。在进行语言沟通的过程中,人们通常会事先对语言进行加工等精心准备;相反,非语言沟通中的行为往往是行为主体无意识地流露出来的,很难被控制。因此,人们有时通过语言所传递的信息与其在非语言沟通中所传递的信息,二者间可能存在矛盾,这时就需要进行辨析来获知行为主体想要真正传递的信息。通常而言,人们会选择相信非语言沟通表达出来的信息。正如前文所提,语言沟通容易被人们控制,但非语言沟通很难被控制。语言往往能通过事先的准备而隐藏谈判者内心真实的想法,而身体语言则难以受控制。日常生活中,当对方言行不一时,人们一般会舍弃其有声语言,而观察他的行为、动作、神态等,以此来判断对方真实的思想情感与心理活动。在正式的法律谈判中,谈判者除了要仔细倾听对方的语言,还要细心观察对方的言行举止,从而判断对方的真实意图与谈判目标,引导法律谈判向有利于己方的方向发展。

四、非语言沟通在法律谈判中的作用

　　非语言沟通方式是对语言沟通方式的补充,甚至在一定情形下可以代替语言的沟通方式。非语言行为可以丰富语言的表达内容,在某种程度上起到辅助表达内容、增强说话语气的作用,引人重视。另外,在法律谈判进展不顺利或气氛不和谐时,非语言沟通可以调节气氛,使谈判各方转入正常的法律谈判轨道。

　　在法律谈判中,熟练地运用和识别非语言行为对各方的交际往来非常重要。通过对对方的非语言行为的识别和分析,谈判人员可以了解对方谈判人员的精神状态与心理内容,从而获知对方的谈判目的与谈判底线。而谈判人员要想准确判断对方谈判人员的非语言行为,还应该事先了解对方非语言沟通方式的文化背景,以及在这一背景下的文化差异、各种规范与习惯。

在法律谈判中,由于不同的非语言行为在不同的国家或地区表示不同的意思,所以准确地辨别不同文化背景下的非语言行为是一门有趣的学问。在不同的文化背景下,人们的喜怒哀乐可能用完全不同的方式表现出来。比如,在英国,大拇指朝上表示"很好""不错"等意思,但是在伊朗,大拇指朝上则表示"不满意",甚至"卑鄙下流"的意思。在法律谈判中,出现文化常识的错误可能比出现语言错误要更为严重,前者不仅可能影响法律谈判的进程,导致谈判破裂,更甚者还会影响国家的政治、经济利益。总而言之,在进行法律谈判前,弄清楚谈判对手非语言沟通的文化背景与注意事项,对成功地进行法律谈判有着重大的影响。

五、非语言沟通技巧在法律谈判中的运用

(一)肢体语言

20世纪50年代,美国心理学家阿尔伯特·麦拉宾提出了著名的"麦拉宾法则",即我们对一个人进行评断时所用到的讯息中,根据语言得到的讯息(谈话内容、言词的意义)占7%;从听觉得到的讯息(声音大小、语调等)占38%;通过视觉得到的讯息(外在、表情、动作、态度等)即肢体语言占55%。[1] 可见肢体语言所透露和表达的信息是最为庞大的。应用在法律谈判中,我们必须把握对方肢体语言所传达的信息,分析和判断对方的心理变化,并根据这些变化,有意识地调整谈判的方式和策略,使得谈判朝着对己方有利的方向发展。

肢体语言又称身体语言,是指通过头、眼、颈、手、肘、臂、身、胯、足等人体部位的协调活动,来传达人物的思想或者情感的一种沟通方式。由于肢体语言通常是一个人下意识的举动,肢体语言的欺骗性和迷惑性低,因此能更为直观、迅速地暴露其最真实或更深层次的想法。作为一个法律谈判者,在谈判时必须注意观察对方的穿衣风格、双手的动作,解读对方的面部表情等多种肢体语言。具体来讲,谈判时应注意以下几点。

1. 注意对方的手

法律谈判中,常见的肢体语言包括谈判人员的手势、面部表情、体态

---

[1] 加藤圣龙. NLP超强沟通术. 孙莎莎,译. 海口:海南出版公司,2014.

等。其中，手部的肢体语言在法律谈判中使用频率较高，运用范围较广。比如说双手交叉表示不耐烦；扭绞双手表示紧张、不安或害怕。在法律谈判中，如果谈判人员能够注意到这些细节动作并采取必要的措施，便能更好地达到己方的谈判目标。

2. 关注对方的眼睛

俗话说"眼睛是心灵的窗口"，眼睛能够表达情感和想法。当对方经常与你对视时，说明他对你所说的内容感兴趣；如果对方的眼神闪烁不定，说明他对你所说的内容不感兴趣，只是出于礼貌没有打断；如果对方在说话时眼珠一直转动，说明他对谈判缺乏诚意；大部分人在撒谎时，眼睛会看向右上方；人们在试图回想某些事情时，眼睛往往会看向左上方。

3. 观察对方的表情

面部表情是最能直接观察到的一种非肢体语言。研究认为，人类的脸部可以作出25万多种不同的表情。谈判中，我们的目光大部分时间应该停留在对方的脸上，面部表情所传递的信息，能够帮助我们更好地解读对方的态度与想法。

（二）情绪语言

情绪也是一种语言，谈判者通过观察对方的情绪，可以猜测对方的心理活动。

1. 消极情绪

消极情绪最主要的表现途径就是愤怒。在法律谈判中，利用消极情绪假装大发雷霆的谈判人员数不胜数，这确实是威胁对方并使其作出让步的重要方式之一。但我们需要注意的是，法律谈判中的愤怒究竟是"真实的"还是"策略性的"，这将关乎法律谈判的走向。任由消极情绪蔓延并且不在乎他人感受的谈判人员，在做大"馅饼"方面基本上不会有什么建树，同时在分配"馅饼"的问题上也无法得到对方的信任和理解。截然相反的是，"策略性"消极情绪的使用更有可能使得对方妥协，对方会认为你只有在底线临界点附近才会爆发情绪，因而会着重考虑临界点的报价，以免使谈判流产。如果法律谈判者能巧妙地控制好"策略性"情绪的使用，则能更好地坚持己方底线，推动谈判进程。

2. 积极情绪

毫无疑问，积极情绪的表达或多或少都会对法律谈判产生影响。优秀的法律谈判者需要留给对方的印象是：我方谈判者是一位富有积极情绪的谈判人员，能够很好地推进谈判的进程。在积极的情绪下，人们处理信息的方式与过程会有所不同，好心情可以催生创造性思维。与带有消极或中性情绪的谈判人员相比，具有积极情绪的法律谈判者会更多地运用合作型的策略，更愿意进行信息交流，从而提出更多可供选择的方案。

（三）空间概念

在法律谈判中，谈判个体通常会划出自己的"领土"，即个体空间。美国西北大学人类学家爱德华·霍尔通过大量的观察与实验，提出了评价人类沟通中交往空间的方法。在他的研究基础上，结合心理学、人际关系学等各种学科，有学者对法律谈判中的个体空间下的定义是：个体空间是指在整个谈判持续过程中，谈判者个人能够进行控制和调整的空间范围。[①] 以下主要讨论个体空间的三个区域。

1. 亲热交往空间

亲热交往空间是人际交往中最小的间隔距离，通常不超过50厘米，这种距离通常表示一种紧密接触的关系。在法律谈判中，这个距离一般只用于表示礼节的拥抱等行为，否则，会引起谈判对手的警惕和反感，影响谈判氛围，不利于法律谈判的顺利进行。

2. 私人交往空间

私人交往空间的距离大致是50厘米到120厘米，即一臂之隔的距离。在法律谈判中，这个空间的距离大约等于双方亲切握手时保持的距离。

3. 公众交往空间

公众交往空间是最大的个体空间。在这个空间中，两人的距离最大可到3.66米。在法律谈判中运用公共交往空间时切忌距离过大，否则会减少说者和听者用有声语言沟通的可能性和现实性，不利于谈判的进行。

在法律谈判中，谈判人员交往时存在的个体空间对谈判人员与谈判的效果有重要的影响。在进行谈判前，谈判人员应该深入了解对方习惯的个体空间的范围，这样才能在谈判交际时把握好尺度，营造良好的谈判氛围。比如，受文化影响，中国人进行法律谈判时能接受较小的空间范围，但是

[①] 袁其刚. 商务谈判学. 北京：电子工业出版社，2014：191.

美国人更喜欢较大的空间范围。因此，法律谈判人员应该学会正确理解和运用个体空间效应，以便更好地进行谈判，达成协议。

第三节 法律谈判倾听的技巧

在法律谈判过程中，形势复杂多变，为了取得更好的谈判效果，保证谈判目标的实现，谈判人员应该在谈判时灵活地运用谈判技巧。在法律谈判中，谈判人员了解和把握对方谈判人员观点和立场的主要手段就是"倾听"。只有通过倾听确认谈判对手的观点和立场后，谈判人员才能作出更妥当的谈判战略和策略。因此，倾听是进行法律谈判的一个非常重要的前提和基础。从心理学和日常的生活经验来看，当我们专注地倾听别人讲话时，表示我们对讲话者的观点很感兴趣或很重视，从而给被倾听者以一种满足感，使谈判各方产生更多的信赖感。本节主要分析法律谈判中倾听的技巧及其运用。

一、倾听的内涵

倾听，是接收口头和非语言信息并确定其含义，从而作出适当反应的过程。人们说到"听"的时候，往往首先想到的是听觉器官对声音的生理反应，并鲁莽地认为"听"的目的就是听到对方的表面话语。其实，"听"的内涵非常丰富。在古汉语里"听"的写法是"聽"，对"聽"字进行字面解析，其偏旁"耳"就是指语言中大多数的信息都是通过耳朵来获取的，耳朵还能够捕捉对方的语速、语调、语气的变化，并以此获得细微的、不明显但可能重要的信息。但是，仅仅靠耳朵来倾听并不够，获知准确的信息还需要一个人全身心的积极配合。"聽"字偏旁"耳"下的"王"指的是在倾听时要时刻关注对方，以对方为主。"聽"字的右边的"四"表示眼睛，即在倾听过程中，倾听者要用眼睛观察对方，分析出对方的隐藏意思，或者与对方进行目光上的交流，得到对方眼睛所传递信息。另外，在"聽"字的右下方，有一个"心"字，指的是倾听时不仅需要外部器官的参与，还需要其内心的关注，倾听者只有用心体会对方的真实意图，才能真正理解对方的意思。

中国有句俗语："三分说，七分听。"西方也有句谚语："用十秒钟时间讲，用十分钟时间听。"由此可知，"会听"比"会说"更重要。在一项对财富排行榜 500 强企业的调查中，59％的企业表示他们会为员工提供倾听方面的培训。另外研究还表明，有良好倾听技巧的员工的工作效率更高。这些也证明"会听"比"会说"重要。

倾听是人们沟通时的重要内容。善于倾听的法律谈判者可以给对方谈判者留下良好的印象，制造适宜的氛围并引导他们畅所欲言，从而使得谈判人员获得更多更重要的信息。另外，如果谈判者缺乏谈判经验，多倾听对方谈判者发言，还可以减少甚至避免发言失误造成损失等情况发生。

二、倾听中容易出现的问题

听、说、读、写是人们日常生活中使用最频繁的四项基本沟通本领，而倾听又是这四项基本技能里花费时间最多的。倾听，是接收口头及非语言信息、确定其含义并对此作出反应的过程。本杰明·富兰克林认为，与人交往取得成功的重要秘诀就是多听。绝大多数法律谈判者都认为自己具有良好的倾听本领，但实际上往往事与愿违。俗话说，言多必失。一个成功的法律谈判者应该倾听的时间比自己说话的时间多得多。人说话的速度本来就慢于人脑思维的速度，当听别人说话时，我们大脑就会有一定的空闲容量，因此，一边听别人讲话一边走神是常见的现象。一方面，我们有时候在倾听的同时，会构思如何进行回应，此时注意力都集中于整理自己的思路，而忽略了对方陈述中的重要信息，失去了宝贵的机会，顾此失彼；另一方面，对方谈判者可能会故意制造一些非谈判因素干扰你的注意力，影响你的判断力，导致你难以静下心来倾听。因此，一名成功的法律谈判人员必须全神贯注地倾听对方的发言，捕捉对方言语中的蛛丝马迹。为了避免在今后进行法律谈判时出现错误的倾听方式，我们首先应当了解倾听中容易出现的问题。人们在交谈中，相互倾听容易出现以下几个方面的问题。

（一）注意力分散引发的问题

进行法律谈判需要集中精力，注意力分散会引起误听或者漏听。人的精力和注意力的变化有以下规律：开始注意力会很集中，但持续时间较短，约占整个过程的十分之一。换句话说，如果白天整天进行谈判，只有上午1小时以及下午1小时会处于注意力高度集中的状态，其余时间都是处于注意力渐趋下降的阶段。在达成协议之时，会再次出现一个注意力集中的高潮，但时间也很短。如此一来，谈判人员在整天的谈判中只有较短时间处于注意力高度集中的状态，而其余时间就需要谈判者调整自己的状态，尽量避免注意力分散给谈判带来不良影响。

在注意力不够集中的时段，谈判人员为了使对方觉得自己在认真聆听而假装注意力集中，反而加大了无法获取对方主要谈话内容的可能。因为他们把注意力都集中在如何伪装倾听上，而无法真正倾听。这些问题很容易引起对方的误会，影响沟通。

此外，外部环境的干扰也可能造成人们的注意力分散。例如，马路上的噪声、突然的电闪雷鸣、过往的行人或是飞鸟，等等，都会使谈判人员分散注意力，影响沟通。

（二）成见引发的问题

成见是指谈判人员先入为主地对情况作出判断。持有成见的人很难在谈判桌上完全倾听对方的谈话，因而引起沟通问题。例如，在谈判开始之前，谈判人员已经把对方可能要讲的话在内心做了预判，带着这种预判去交谈，听见的都是自己心里认为对方要讲的话，进而曲解对方表达的意思。又如，与对方刚见面，就认为对方长相不端，讨厌对方的外形而拒绝对方的言谈。即使对方很有诚意，此时谈判人员也听不进对方的任何言谈。这就是成见引发的关于倾听的问题，会极大地阻碍谈判各方的交流。

（三）思维差异引发的问题

不同个体有不同的思维方式，如果谈判双方一方是收敛型思维，另一方是发散型思维，那么双方可能难以达到听与说的同步。收敛型思维的人思考速度较慢，而发散型思维的人思考速度较快，前者由于无法跟上后者的思路而导致少听或漏听。发散型思维的人还喜欢用自己的逻辑对别人的观点进行评价，因此容易干扰对方说话，打乱对方的思路，对方不得不采取防御手段，拒绝接受己方的表述，使得沟通出现困难。

（四）专业壁垒引发的问题

法律谈判内容通常会涉及某些专业领域，谈判过程中，如果谈判人员对谈判主题所涉及的专业知识不够熟悉，也会引发沟通问题。例如，有这样一个关于术语的笑话：某专业公司的人员去包子铺推销自己的终端，询问经理："您是否需要客户端？"经理回答说："我们是伙计端，特别忙的时候，才需要客户端。"这是典型的一词多义引发的误会，不同的专业之间术语有很大差别，谈判时要充分注意这种由于专业壁垒所引起的沟通问题。

三、倾听的技巧

倾听是法律谈判过程中获取信息、了解对手的前提。为保障有效地倾听，有必要了解一些倾听的技巧。

（一）专心

专心是倾听的第一要义，所有的人都愿意与认真倾听的人谈话。在倾听时，听者要面向说话者，同对方保持目光接触，同时保持自然的姿势和手势。例如，微微一笑，或是赞赏地点点头，抑或否定地摇摇头，也可不解地皱皱眉头等，这些动作可帮助我们精力集中并起到良好的收听效果。精力集中地听，是倾听艺术中最基本、最重要的问题。倾听者不仅要努力理解对方言语的含义，更要努力挖掘对方话语背后的真实意思。在听别人讲话时不要对别人的话作出匆忙判断，也不要经常打断别人的话。在专心倾听的基础上，为了达到良好的倾听效果，倾听者可以有选择地倾听对方的发言。通常情况下，人们说话时总是边说边想，来不及整理，有时表达一个意思要绕着弯子讲许多内容，从表面上听，根本听不出重点。因此，听话者就需要在用心倾听的基础上，鉴别信息的真伪、去粗取精、去伪存真，有选择地倾听关键信息，这样才能抓住重点，得到良好的倾听效果。

（二）笔记

通过做笔记来倾听。人们通常并不具有通过当场记忆就完整地记住所有内容的能力，为了弥补这一不足，倾听者应该在倾听时做适当的笔记。记笔记的好处在于：一方面，笔记可以帮助自己记忆和回忆，有助于在对方发言完毕后，就某些关键问题向对方提出质询；笔记还可以帮助己方作充分的分析，理解对方讲话的确切含义与实质。另一方面，记笔记可以让对方认为自己受到了重视，对对方产生一种鼓励作用。对于谈判这种信息量较大且较为重要的活动来讲，记录是必不可少的。在法律谈判过程中，人的大脑在高速运转，要接收和处理大量的信息，加上谈判现场的气氛很紧张，对每个议题都必须认真对待，所以只靠记忆是办不到的。实践证明，倾听者即使记忆力再好也只能记住对方讲话的大概内容，因此记笔记必不可少，而且这也是比较容易做到的、用以清除倾听障碍的好方法。

（三）审慎

避免急于作出判断。听了对方的发言后，不要急于判断其正误，因为这样会分散我们的精力而耽误倾听下文。虽然人的思维速度快于说话的速度，但是若在对方还没有讲完时就去判断其正误，无疑会削弱己方倾听的能力，从而影响倾听效果。因此，切记不可因急于判断正误而耽误倾听。

在法律谈判中，往往会涉及一些政治、经济、技术以及人际关系等方面的问题，谈判人员可能无法对每一个问题都即时作出反应。这时，谈判者不可持充耳不闻的态度，而是应该有信心、有勇气去迎接谈判对方提出的每个问题。只有用心去领会对方提出的每个问题的真实用意，才能找到摆脱难题的办法。为了培养灵活应变的能力，谈判者应当在平时多加训练和思考，使己方在遇到任何情况时都能处事不惊、临危不乱。

谈判的各方都会扮演倾听者和谈话者的角色。作为倾听者，一旦无法理解对方的发言，就应该采用发问或者陈述己方已经知晓的内容等方式，将己方的疑惑告知谈判对方，而不应不懂装懂，或者拒绝沟通和交往。

（四）环境

要创造良好的谈判环境，使谈判双方能够愉快地交流。人们有一种惯性心理：在自己所熟悉的环境里交谈，无须分心于环境或适应环境；而在自己不熟悉的环境中交谈，往往容易无所适从，出现正常情况下不会发生的错误。可见，营造有利于己方的谈判环境，能够增强己方的谈判地位和谈判实力。美国心理学家泰勒尔和他的助手当尼做过一次有趣的试验，证明了许多人在自己客厅里谈话，比在他人客厅里谈话更能说服对方。因此，对于一些重大的谈判，如果能够选择谈判者熟悉的环境进行主场谈判是最为理想的，因为在这种环境下谈判，将有利于己方谈判人员发挥出较好的谈判水平。如果不能争取到主场谈判，至少也应选择一个双方都不熟悉的中性场所，这样可避免由于"场地优势"给对方带来便利而给己方带来不便。

第四节　法律谈判中的提问和应答

提问和应答是谈判获取对方信息，传递己方信息最重要的方式，无论是"问"还是"答"都要讲究技巧，避免失误，引发谈判进入僵局或者导致谈判失败。

一、法律谈判中的提问

法律谈判中的提问要注意提问的方式、时机和恰当的技巧。

(一) 提问的方式

提问的方式多种多样，以下讨论几种主要的方式。

1. 开放式提问

开放式提问是不预设选项的提问方式，对方可以根据自己的想法任意回答，发问的目标不是获得特定的回答，而是想了解对方的想法，不将对方的回答限制在选项式的答案中。例如，在一场涉及土地的股权交易谈判中，买方代表询问卖方代表："贵公司之所以对开发滨江感兴趣，是因为什么呢？"这样的提问是为了了解对方更多的个性化的信息，有时候也可以表明对对方答复的重视。

2. 封闭式提问

封闭式提问是指预设选项的提问方式，对方在提问的框架内回答类似"是"或"否"的问句。例如，在上述涉及土地的股权交易谈判中，买方代表询问卖方代表："贵公司希望通过银行汇票支付还是通过第三方支付？"封闭式提问的目的是帮助发问者获得有效信息非常直接的方式，在谈判中使用频率很高。

3. 诱导式提问

诱导式提问是设下圈套，引导对方按照己方的目标回答，进而引入下一个要争论的话题。例如，在上述涉及土地的股权交易谈判中，买方代表询问卖方代表："贵公司如果想尽早收到股权转让款项，就应该在某月某日之前签字，否则就会被认定违约，是不是？"卖方代表询问买方代表："贵公司期望有2个点的折扣和3个月的付款缓冲期,那么在价格方面你方一定会考虑我方的报价,是不是?"这类提问将对方置于难以选择的情境,很难不按提问者目标进行回答。

4. 澄清式提问

澄清式提问一般是重复对方的答复,以使其澄清己方的理解,期待对方进一步重复较为重要的信息。例如,在上述涉及土地的股权交易谈判中,买方代表询问卖方代表:"您刚才的意思是不是同意我方主张,给予我方3个月付款的展期?"卖方代表询问买方代表:"您刚才的答复是同意我方报价,并已经获得贵公司董事长的确认了吗?"这种问句的作用是确保谈判各方能够针对对方的话语进行有效的信息反馈,避免出现不必要的误会,尤其是在双方均已疲惫的情况下,对于唤起对方集中注意力是理想方式。

5. 强迫选择式提问

强迫选择式提问的目标也是让对方在己方框架范围内进行选择的提问,与封闭式提问有类似之处,只是这种提问方式更加具有目的性,带有逼迫对方表态的意思,运用时需要特别谨慎,防止引发谈判陷入僵局。例如,在上述涉及土地的股权交易谈判中,买方代表询问卖方代表:"合同签订之后,你们马上腾退场地,方便我们即时进场,贵公司没有问题吧?按照惯例,每延迟一天贵方需要支付我方3‰~5‰的滞纳金,请贵方予以注意。"在这个对话中,买方直接把卖方置于已经同意即时腾退场地的情境下,也许双方之前并没有就这个议题进行讨论。由于买方的期待是即时腾退,谈判者采用强迫选择式提问,要求对方回答,对方偶尔疏忽可能就同意了该建议。这种方式如果没有用好,容易使谈判陷入僵局。因此,如果使用强迫选择式发问时,要尽量做到语调柔和、措辞得体,以免给对方留下专横跋扈、强加于人的印象。

6. 借助式提问

借助式提问是一种借助第三者的意见来影响或改变对方意见的提问方式。例如,在上述涉及土地的股权交易谈判中,卖方代表询问买方代表:"贵公司的老董事长是否关注贵公司此次股权交易能否顺利完成?""贵公司的老董事长是不是赞成贵公司在这块土地上建设仓库呢?"运用借助式提问时，问题中被借助的主体，一般必须是双方所熟悉和尊重的人，这样才会使提问对对方产生有效的影响。如果没有这样恰当的对象，不建议使用这种提问方式。

7. 多层次式提问

多层次式提问是指含有多种主题的问句，即一个问句中包含多种内容。例如，在上述涉及土地的股权交易谈判中，买方代表询问卖方代表："贵公司此次股权交易土地的区位、税费缴纳情况以及所在位置的营商环境怎样？"一个提问涉及三个主题，对方很难一次回答。一般适用于具有决定权的谈判代表在场时向对方发出这样的问题。其他情况下，不建议采用多层次提问方式，避免对方难以有效回答。

8. 协商式提问

协商式提问是指为使对方同意己方的观点，采用商量的口吻向对方发问。例如，在上述涉及土地的股权交易谈判中，买方代表询问卖方代表："您看我们把交易期定在合同签订的1个月内，是否合适？"这种提问语气平和，对方容易接受。另外，即使对方没有接受你的条件，但是谈判的气氛仍能保持融洽，各方仍有继续合作的可能。

(二) 提问的时机

在谈判的过程中，不能时时提问，尤其在对方发言的时候，一般不建议打断对方来提问。但是，这并不是一成不变的，有时候，打断是为了提醒，也许会产生意想不到的效果。总之，为了让提问起到预想的效果，必须把握好提问的时机。

1. 根据预先安排来提问

谈判伊始，当各方在介绍和阐述时，不应该向对方提问。当谈判进行到讨论阶段，可自由提问，相互讨论。此时，根据事先的安排和议程，向对方抛出问题。

2. 在对方发言空隙提问

在法律谈判中，如果一方发言时间太长，过分纠结细节或总是不得要领，另一方可以利用停顿、间歇的时间提问，这也是掌握谈判进程、争取主动的必然要求。例如，对方停顿时，可以借机提问："这个方面的态度我们已经了解，现在能否请您谈谈您对我方报价的看法？"

3. 在己方陈述的时候发问

己方在陈述观点的时候向对方发问，目标是直接与对方面对面，引导对方按照己方的思路发展。例如："我方已经提出报价的理由，你们应该已经了解。您看，你们是否同意我方的这项报价？我的理解是……对这个问题，我谈几点看法。"在充分表达己方的观点之后，为了使谈判沿着己方的思路发展，牵着对方的鼻子走，请对方及时表态。例如："我们的基本立场和观点就是这些，您对此有何看法呢？"

（三）提问的技巧

1. 预备问题

提前准备一些对方不能迅速作出适当回答的问题，并且对谈判对方的反应进行预测，提出应对方案。有经验的谈判人员往往会提出一些表面简单，实则可以引出其他谈判关键性信息的问题。如谈判一方无法识别谈判发问者背后的真实意图或者精神上稍有松懈，则有可能暴露其真实意图或者掉入对方设定的思维陷阱。

2. 诚恳提问

开门见山、直截了当地向对方当事人提问，通过真诚来激发对方应答的兴趣。实践证明，这样做会使对方乐于回答，也有利于谈判各方感情上的沟通，使谈判顺利进行。相反，如果提问让对方产生不好的感受，则会使对方产生不良印象，影响之后的谈判进程。例如，一方向对方提问："贵公司是来自地狱的公司吗，否则怎么会提出如此可怕的价格？"这种带有明显侮辱性的提问，是对谈判产生负面影响的问题，很不恰当，也失去了与对方诚恳交流的机会。

3. 避免咄咄逼人的提问

在法律谈判中，如果像法官一样询问谈判对手，会使对方产生敌对与防范的心理和情绪。谈判各方都是平等的主体，各方需要心平气和地提出和回答问题，让彼此感受到尊重。

4. 避免让对方尴尬的提问

谈判过程中，一方如果提出涉及对方隐私的问题，会让对方陷入尴尬境地，给其留下糟糕的印象。像收入、婚姻、有没有孩子等问题，一般人都已经认识到这是不应涉及的问题。关于宗教信仰、个人信誉这样的问题，也可能让对方尴尬,建议在谈判过程中不要涉及。这样提问不仅会使对方感到不快,而且会影响彼此的真诚合作。谈判各方在谈判中的行为或者技巧有时很难用是否诚实这一标准来评价。直接指责对方,不但无法使对方变得更诚实,反而会引起对方的不满甚至怨恨。

5. 避免"得陇望蜀"型提问

所谓"得陇望蜀"型提问,就是一方一旦获得了一些小信息,进而步步紧逼以求获得更多的信息,反而引起对方的警惕,丧失了优先机遇。因此,谈判过程中,要避免这种提问方式,否则容易引起对方反感而使谈判陷入僵局。

二、法律谈判中的应答

在法律谈判中,提问和应答是相对应的。如何巧妙地回答对方所提出的问题也是一门艺术。没有恰当地回答对方所提出的问题是不利于己方谈判的。在法律谈判中,一般情况下对于对方所提出的问题应该如实相告。但是,谈判桌上的提问往往五花八门,对所有的问题都正面予以答复并不一定是最好的,这就要求谈判者在面对对方发问时,应沉着冷静,摸清对方的真实意图,然后再根据不同情况予以应对。[1]

(一)以子之矛,攻子之盾

谈判过程中,双方提问的目的和动机可能都很复杂。碰到刁钻的提问,如果当时并不清楚对方的动机,按照常规思路回答,可能落入对方设下的陷阱。此时,可以采用"以子之矛,攻子之盾"的方法来回答对方的提问,把皮球踢回去。美国著名诗人艾伦·金斯伯格在一次中美作家联谊宴会上向中国作家提出了一个问题:"把一只重5斤的鸡装进一个只能装半斤水的瓶子里,用什么办法能把它拿出来?"中国作家蒋子龙回答道:"您怎么放进去的,我就怎么拿出来。您凭嘴一说就把鸡装进了瓶子,那么我就用语言这个工具再把鸡拿出来。"[2] 这就是此类应答的典范。

(二)选择性回答

谈判过程中,不是所有问题都必须回答。例如有些挑衅性的问题,就

---

[1] 陈文汉. 商务谈判实务. 北京:电子工业出版社, 2012:191.
[2] 最刁钻的问题和最绝妙的回答. [2020-12-25]. http://www.jianshu.com/p/36cef246e17f.

可以不回答。有些不想当场表态的问题，也可以不回答。有些想让对方摸不着头脑的问题，也可以装作没有听到，故意不回答。总之，选择性回答，是谈判过程中必需的应答技巧。

何时回答、何时不回答，要根据谈判的具体情境来判断，很难有一以贯之的标准。以下举例说明：对方询问己方产品质量如何，己方不必详细介绍产品所有的质量指标，只需回答其中主要的几个指标，从而给对方留下产品质量良好的印象。又如，对方提出己方产品质量曾经被竞争对手质疑，询问己方的解释。此时，己方不应该对该质疑进行直接评价，可以举出一个别的企业被竞争对手"做局"的例子，相当于侧面回答对方的疑问，比直接回答己方产品质量没有问题效果更好。再如，对方拿出一张海报，海报上的内容是与己方产品质量有关的排名，排名显示己方质量排名较谈判对手选择的另一家公司同类产品质量排名靠后，要求己方谈判者作出回答。此时，可以考虑避开排名这个问题，而将话题引向举办排名的会议，对会议的公信力进行讨论，借以破解对方对排名靠后的质疑。

（三）以行动回答

在有些谈判的场合，需要谈判者机智快速应答。但在另外一些场景，可能需要谈判者冷静、从容应答，不是越快越好。在对方话音刚落就马上回答问题，不适合所有的场域。虽然轻松、快速地回答对方提出的问题，会给对方留下很好的印象；但是，有些经验告诉我们，不能马上回答不等于己方充分不准备。当碰到难以回答、出乎意料的棘手问题，不能马上作出反馈时，谈判者可通过起身端起咖啡，调整身体翻看文件，放下笔记盯住对方，拿起电话翻看记录等方式来延缓时间，仔细思考对方的问题。这样做既显得自然得体，又可以让己方有充足的时间进行思考，最终作出恰当的反应。

（四）以问代答

这是用来应付法律谈判中那些一时难以回答或不想回答的问题的方式。此法如同把对方踢过来的球又踢了回去，让对方在自己的领域内反思后寻找答案。例如，在工作进展不是很顺利的情况下，其中一方会问对方："你对合作的前景怎样看？"这个问题在此时可谓十分难答，善于处理这类问题的谈判者可以采取以问代答的方式，如"那么你对双方合作的前景又是怎样看呢?"这时各方自然会在各自的脑海中对这一问题加以思考,并予以重视。谈判中运用以问代答的方法对于应对一些不便回答的问题是非常有效的。

(五) 答非所问

为了应付对方提出的刁钻问题,答非所问是一种行之有效的方法。例如,在一起公司并购的谈判中,双方就原有高管进入新的董事会成员数目进行谈判。并购方提问:"我方占新公司股权比例的60%,董事会我方当然应该至少有60%的成员,你方觉得呢?"被并购方回答道:"公司治理是以能力为第一标准,还是以财力为第一标准?"事实上,根据股权比例来任命董事会成员,是一种通行做法。如果被并购方想打破这种思维,则不能按照并购方的意愿进行,此时,答非所问就是打破对方固定思维的一种方式,巧妙地将对方引导到己方认为的、能力要大于财力的话题上。

总之,在实际谈判中,回答问题的要诀在于知道该说什么、不该说什么,而不必考虑回答的问题是否切题。法律谈判的过程即是谈判各方斗智斗勇的过程,因此,对于问题回答的艺术和技巧,谈判人员必须熟练地加以掌握和运用

第五节 法律谈判中谈判实力、时间和信息战术技巧的运用

无论在何种类型的法律谈判中,也无论法律谈判的主客体如何变化,谈判实力、时间和信息战术技巧始终是法律谈判中不可或缺的要素。

一、法律谈判者的谈判实力战术技巧

所谓"谈判实力",是指谈判者在谈判中相对于谈判对手所拥有的综合性势能。[1] 这种谈判实力不仅包括客观上谈判者所代表企业的竞争力、权威力,还包括主观上的认同力、说服力等。在谈判中更好地运用这些技巧向对方展现实力,有助于在谈判中占据优势,掌握主动。

(一) 竞争力

设想这样一个情境:由于个人原因一年未参加工作的你在寻找工作。

---

[1] 王军旗,主编. 商务谈判理论、技巧与案例. 北京: 中国人民大学出版社, 2014: 214.

在面试的过程中，人力资源主管翻阅你的简历时问道："在没有工作的这一年里，你都做了些什么？"你回答道："没做什么，平时只在家里管管事，顺便帮别人解决一些问题。"人力资源主管通知你："好的，谢谢你，回家等消息吧。"此时，你不停地追问："那到底什么时候才会收到通知呢？"人力资源主管说："我们过不久一定会通知你的。"这就暗示了你将不会得到这个工作机会。人力资源主管的想法是：别的公司都不录用你，你肯定也没有什么竞争优势。

谈判者应该积极为自己创造竞争优势，并充分地利用竞争优势来为自己的谈判创造条件，即利用竞争力来获得利益。因此，谈判者要发挥自己的竞争力，让己方处于优势地位。

（二）权威力

在法律谈判中，权威力包括很多方面。首先，在谈判信息搜集的过程中，谈判者要关注权威法律文件，在谈判中适当披露，以给对方造成心理上的压力。而在对己方不利的情况下，要勇于对该法律文件提出疑问，比如质疑对对方所提出的诉求予以支持的某规章违反上位法，或超出该文件作出机关的权限范围。这也可以称为利用"合法的力量"进行谈判。其次，由于法律谈判中对专业的要求比较高，我们可以借助"专家的力量"给谈判对手造成威慑的压力。当人们面对专家时，内心往往带着尊重和畏惧，在自身陌生的领域尤是如此。在信息爆炸的时代，个体的知识盲点会越来越多，因此，法律谈判者在法律谈判中遇到陌生领域时也可以通过聘请专家参加谈判来解决相关问题。最后，权威力的展现还可以通过"惯例的力量"。"惯例的力量"是指谈判者可以将惯例作为其作决定的理由而加以利用。谈判者在谈判中运用"惯例的力量"，可以充分地说明己方所做的都是合理的。这些惯例可以是在日常生活中约定俗成的规矩，可以是人们长期形成的生活习惯，也可以是国家政策、司法判例，等等。按照惯例行事，是大多数人的做法，利用"惯例的力量"也能够得到大多数谈判者的认同。

（三）认同力

全面了解对方的需求，并针对其需求在谈判中获得对方的肯定与认同，也是谈判者的实力。那么如何运用这一技巧呢？在法律谈判中，要想达到自己的目标，谈判者应做到知己知彼，了解对方的需求，这样才能百战不殆。谈判对手和对方企业的实力如何，对谈判来说不是最为重要的，对对方的需求有所了解才是谈判成功的关键。正确地判断对方的需求，才能准确地预料谈判可能出现的结果。

在实际生活中，人们在选择商品或者寻找合作对象时，影响其作决定的因素除了价格、品质和便利的条件之外，还有对方的服务态度等因素。如果甲商店比乙商店更能够满足顾客的需求，并且服务态度更好，那么即使乙商店提供的商品价格更优惠，也可能得不到顾客的肯定或者认可。在法律谈判的过程中，若能够得到对方的认同或者肯定，对于己方谈判能力的施展也是非常有利的。那么怎样才能得到对方的认同呢？首先，在谈判过程中，一定要像谈判专家那样以自然的、合理的方式与对方进行交谈。其次，要表现出对对方期望或者利益的关注，切记不可一意孤行，过度关注自己的利益，应尽量表达对对方的关心，多从对方的立场去考虑问题，让对方认同己方的观点。

(四) 说服力

谈判者若想说服对方，必须注意以下三个方面。

(1) 清楚地表达己方的观点。在进行内容分析时，所说的理由和展示的证据要让对方能够理解和信服。因此，一定要多站在对方的立场上思考，并且从对方的立场来分析问题。

(2) 应尽量做到让对方无法反驳你的举例和证据，并且深信不疑。

(3) 一定要以客观的事实作为说服对方的依据。谈判者应在充分考虑对方利益的基础上，以事实为依据，做到在逻辑上无懈可击，这样才能成功地说服对方。若提出的方案完全脱离了事实根据，失去了实际的可行性，那么对方是绝对不会同意的。

除此之外，在谈判中谈判者还应保持良好的行为举止及态度，这同样对谈判实力具有十分重要的影响。如果谈判成员能更有效地分担主谈人的风险，减轻主谈人所承受的压力，主谈人就能更轻松大胆地去发挥自己的能力。因此在碰到具有风险的项目时，应充分调动谈判成员的积极性，共同识别风险、分析风险、预防风险。在谈判的过程中，所有谈判者都要抱着积极的心态，不要给己方其他成员过多的负面心理暗示。无论谈判的进程如何，谈判者都要保持积极、健康的心态，那样至少将从以下几个方面获益。

(1) 谈判者将会更积极、更主动地进行谈判。

(2) 谈判者将会更轻松地进行谈判。消除了紧张情绪的谈判将会更高效、更有节奏地进行。

(3) 更利于谈判达成更好的结果。谈判者的态度决定了己方的行为，己方的态度、行为也会影响对方的态度、行为，己方谈判者的良好态度将会使对方谈判者更有信心、更有决断力。

通过上述分析，我们发现每位谈判者或多或少都会具有这些谈判实力。充分认识到自身实力，在谈判中采用恰当的语言和行为方式，在对手面前树立或加强关于己方的印象，采取一切可能的措施增强己方的谈判实力，是谈判成功的重要技巧。

二、谈判过程中的时间战术技巧

（一）谈判的期限

在法律谈判的过程中，各方谈判的时间是确定的。随着时间的变化，谈判的过程也在不断地改变。

1. 谈判的最后期限

在谈判之前，各方会制订工作进度表以确保谈判有序进行。尽管从谈判开始到谈判结束，谈判的形势在不断地发生变化，但一般情况下，谈判协议都是在谈判最后期限到来之前达成的。

2. 不要过早下结论

在法律谈判中，不可过早地得出谈判结论，谈判者也不可过早地就向对方妥协，在谈判即将结束之前进行妥协才是正确的。在谈判的过程中，到底谁占优势，谁占劣势，谈判各方在谈判初始阶段便可进行判断，但不应该过早下结论。

（二）最后期限的攻防战

1. 不要被期限捉弄

虽然谈判的时间是谈判之前各方一起设定的，但是实际上谈判的时间也可能因谈判中各方的谈判行为而有所改变。因此，谈判者一方面不应完全受最后期限的限制，另一方面也不能忽略最后的谈判期限的重要性。

2. "谈判期限"的三项原则

谈判者对谈判时间的把握以及对谈判时间的利用方式在很大程度上影

响着谈判的结果。

（1）在大多数谈判中，谈判者作出最关键的决定，一般都要等到谈判的最后时限。因此，谈判者一定要耐心地等候时机，时刻保持警惕和冷静，做到"该出手时就出手，不该出手时绝不出手"。

（2）在竞争意识很强的谈判中，谈判者要避免过早暴露己方内心的最后期限，而应根据实际情况权衡利弊，再决定是否需要遵从之前设定的谈判期限。

（3）对方谈判者也会设定己方的谈判期限。谈判者不要被对方的表面行为所欺骗，虽然对方谈判者外表沉着冷静，但其内心可能极度紧张，正承受着巨大的压力。

三、法律谈判中的信息战术技巧

信息的利用程度直接影响谈判者的谈判行为与谈判决断，对谈判能否成功具有重要的意义。

（一）如何获得信息

在法律谈判中，谈判者一般都会隐藏自己的兴趣、爱好、目的和策略等。他们相信拥有越多的信息，越能在法律谈判中占据优势地位，尤其是在谈判各方尚未建立信任关系的时候，获得的信息越多越好。

一些谈判人员认为以强势的姿态可以迫使谈判对方告知更多、更准确的信息。在实践中却恰恰相反，谈判人员适当示弱更可能降低谈判对手的警惕，从而获得更多的信息。所以，在法律谈判中，谈判者应当谦虚谨慎，灵活地运用信息战术技巧，以获得有用的信息，进而实现谈判目标。

（二）信息的提供者

在法律谈判中，谈判者要想获得更多、更准确的信息，就应该选择合适的信息提供者。例如，对方谈判者的同事、下属及一些和他有过谈判经历的人，包括秘书、办事员、工程师、清洁工、技工、家人及过去曾与其有来往的客户。[①] 如果谈判者能以谨慎、自然的态度向他们打听，往往可以得到很多想要的信息。此外，谈判者还可以向对方谈判者的竞争对手获取信息。

---

① 袁其刚. 商务谈判学. 北京：电子工业出版社，2014：158.

（三）信息的交换

通常情况下，谈判者向谈判对手打听信息时，必须相应地告知对方一些信息作为交换。但不是任何情况下都可以进行信息交换。谈判者通常在以下三种情况下可以选择与对方交换一些信息。

（1）为了让谈判对手相信己方有诚意达成协议。

（2）为了与谈判对手建立友好的关系。在法律谈判中，与谈判对手建立友好关系并不是一蹴而就的。通常来说，谈判者在没有提供有价值的信息之前，谈判对手一般也不会泄露己方有价值的信息。谈判者在没有进一步提供有价值的信息之前，谈判对手一般也不会告知进一步的信息。谈判各方的信任关系和信息的有效交换需要逐步地建立。

（3）为了降低对方的要求。谈判者在谈判时可以小心地泄露一些信息，并尽早地提出一些建议，希望对方降低要求，在谈判进行一段时间后再次提出建议，这时，谈判对手可能基于之前谈判者的要求而愿意答应该建议，并作出相应的让步。

（四）信息的保护

有些常用的"信息拦截技巧"可以用来拒绝回答谈判中可能涉及的敏感信息。这些技巧应当被谨慎使用于真正敏感的信息之上，以减少无谓的信用损失。

第一种技巧是忽略问题然后转向其他问题。当你发现对方的提问具有侵略性时，保护己方信息最好的方法是转移到另一个话题上。

第二种技巧是拒绝回答问题。基于当事人保密特权、商业秘密或其他合理理由，直接宣告问题"超出讨论范围"。

第三种技巧是以问题回应问题。以问题回应问题是通过回避对方的问题来阐明己方正当的谈判目标。为了更具说服力，谈判者至少应当计划一个后续问题，以应对对手为了探求敏感信息所提出的问题。这种方法可以有效地转移注意力。

第四种技巧是"缩限回答"或"扩张回答"。这种技巧通常是对特定问题给予一般性回答，或者对一般性问题给予限制回答。例如，如果问题很复杂，那么谈判者就可以限制问题，着重回答对自己有利的方面。有一个经典例子：买家为了在美丽的湖边买一小块地，便与卖家讲价。在考虑如何开发湖边这块地时,买家问卖家湖里是否有蛇,卖家保证没有。这的确是一个诚实的回答,但完整的回答则应当是"之所以湖里没有蛇,是因为鳄鱼将它们吃光了"。

第五种技巧是"答非所问"。一是可以将被问到的问题重新组织,以回避披露敏感信息,可以以"按照我的理解,你想知道……"或"我非常乐意告诉……"等介绍性短语作出回应。二是可以忽略被问到的问题而直接回答另一问题,但所答问题必须与被问问题"大致相当"。

第六种技巧是"推迟回答"或者"跳过提问"。例如,谈判者可说"我们可以之后再进行这方面的讨论"或是"要回答你的问题取决于其他许多有待商榷的因素"。

当然,无论是哪种类型的谈判,都离不开"听"和"说",离不开谈判中对语言沟通技巧和非语言沟通技巧的掌握。在说的过程中表达立场,在听的过程中确定需求,运用谈判实力、时间与信息战术技巧,让法律谈判者在谈判中进退有度。[①]

[①] 拉里·L. 特普利. 法律谈判简论. 陈曦,译. 北京:中国政法大学出版社,2017:162~164.

第八章　法律谈判僵局的处理

案例指引

某大型超市收到一起顾客投诉，顾客说在超市购买的某品牌饮料中喝出了虫子，此时专门负责该品牌销售的人员出面处理此事，说道："谁知道虫子是在哪里掉到饮料里的，我们的饮料从来没有出现过此类事情，若真觉得有问题，先去医院检查了再说呗。"该顾客听后更是火冒三丈，情绪非常激动，在超市大喊大叫，嚷着要去投诉，并拒绝与销售人员沟通，引来众人围观。超市经理听到后，迅速请超市的法律顾问杨律师赶往现场处理。杨律师首先请该顾客到其办公室交谈，并耐心地询问事情的经过。经询问虫子是该顾客在外就餐时发现的，顾客表示在以往购买饮料时从未发生过此类事件。杨律师在了解情况后，提出了超市方的初步赔偿方案，并向该顾客道歉，但该顾客对于销售员的话一直耿耿于怀，不愿接受杨律师的赔偿方案和道歉。该谈判僵持许久后，杨律师只好提出换个时间再与顾客联系。

两天后，杨律师再次与顾客取得联系，邀请其一同到该饮料品牌的工厂进行参观，并保证一定会对顾客的诉求负责到底。此时该名顾客感受到了超市对于此事的重视，对杨律师的态度也缓和许多。顾客与杨律师一同来到饮料加工厂，参观了饮料的生产、包装等流水线，了解到生产的全过程都是在封闭干净的环境中进行的，在此过程中杨律师也一直在向顾客分析饮料中有虫子的原因。因顾客是在外就餐时将饮料瓶一直处于打开状态，不排除虫子有可能是在此时落入饮料之中的。在与杨律师不断沟通，以及相关部门提供检验报告后，该顾客最终接受了杨律师所提出的赔偿方案和道歉，也相信虫子有可能是在自己打开瓶盖后落入饮料中的。之后该顾客没有再继续追究下去,事情得到了圆满解决。

思考:

1. 案例中造成僵局的原因是什么?
2. 杨律师在破解僵局中使用了什么方法?

第一节　法律谈判僵局概述

一、法律谈判僵局的概念

法律谈判僵局是指谈判出现了各方互不相让或者进退两难等情形,致使谈判难以为继或者暂停的局面。僵局的出现主要是因为各方利益暂时无法调和。有研究指出,冲突的不断升级会导致谈判者之间关系恶化,产生负面影响,并激发打败对手的求胜欲。这样一来,谈判各方便会缩减沟通意愿甚至不愿作出一点点让步。"僵局"被视为是冲突升级的一种特别形式,当谈判者执着于追寻特定目标时,他们会不甚理性地投入过多的时间和资源。[1] 此种情况,有一个经典的例子:拍卖中的"竞购战":当竞拍人相信目标"近在眼前"时,在相互竞争中通过彼此不断的抬价,把竞买价格抬到不切实际的水平,这实际上就是谈判僵局的一种。

僵局未必是真实状态,还可能是谈判一方的谈判策略,故意形成僵局,迫使对方让步。当谈判一方故意拒绝将谈判继续下去,以争取更大影响力或者迫使对方作出让步时,这就是所谓的"战术性僵局"。而当谈判各方均感到谈判现状已超出了他们能够控制的范围,不得不选择进入僵局时,这就是所谓的"善意僵局"。无论是战术性僵局还是善意僵局,都是因拒不退让的谈判者期待从谈判对手处获得让步而产生的。谈判中采取这种强硬的做法达成的协议可能可以取得短期收益,但是也可能协议都无法达成,这也使得这一战术成为谈判中"强有力但十分危险的牌"[2]。

---

[1] 拉里·L.特普利.法律谈判简论.陈曦,译.北京:中国政法大学出版社,2017:191.
[2] 罗伊·列维奇,布鲁斯·巴里,戴维·桑德斯.商务谈判.王健,等译.北京:中国人民大学出版社,2015:425~435.

二、法律谈判产生僵局的原因

法律谈判过程中，时间、议题、当事人和环境会随着谈判进展而发生变化，谈判各方若无法及时应对这些变化，导致谈判迟迟不能有所进展，谈判就容易陷入僵局。谈判陷入僵局有各种原因，在找到可行的解决方案前，僵局状态可能一直持续。具体来说，僵局产生的原因主要有以下几个方面。

（一）拒绝让步

法律谈判出现僵局归根到底是因为谈判各方都不愿意对其利益进行让步，例如，过多地关注价格。在法律谈判实践中，若谈判各方都坚持己方方案或者利益不肯退让，则谈判将陷入僵局，甚至最终破裂。如果在价格之外，谈判者还能够关注其他有形和无形的因素，例如，虽然在价格方面没有让步，但可以考虑对款项的支付方式进行修改，延期支付或者分期付款，让对方有一定的融通机会，这样就可能避免僵局的出现。

（二）文化差异

文化背景的差异是法律谈判产生僵局的原因之一。文化风俗习惯是人在特定环境下长期形成的思维模式及行为理念。在法律谈判的过程中，法律谈判者由于谈判思维模式与行为理念的不同，所以常常产生误会或者造成理解上的偏差，从而陷入僵局。例如，谈判过程中碰到甲方国家的重大节日，对方却在此时拒绝调整谈判时间，忽略甲方的需求，此时可能导致甲方认为对方不尊重自己，导致谈判陷入僵局。

（三）信息沟通障碍

信息沟通的障碍也是谈判产生僵局的重要原因。有效的法律谈判依赖于有效的交流。在谈判各方的交流过程中，交流的障碍主要体现在没有听清讲话内容、没有理解讲话意思、没有表达己方的诉求等。当谈判表述方词不达意或者倾听一方心不在焉时，就可能会出现没有理解对方陈述内容的现象。另外，若谈判方式枯燥呆板也会降低对方达成协议的信心，让对方觉得己方缺乏谈判诚意，进而导致谈判陷入僵局。

（四）过于强调共同点

谈判的目标之一是双方达成共识，但是有时候，双方差异过小反而难以让双方达成协议。这是因为差异能够创造谈判空间，也能够创造相互的需求。如果双方差异过小，共同点较多，谈判过程中过于强调共同点反而容易丧失成交机会。因为此时，共同点给双方的感觉是，既然我们不是相互需要，能否谈成合作也不那么重要，让步的可能性进一步降低，最终形成僵局。

（五）忽视最佳替代方案

最佳替代方案是法律谈判中的重要工具之一，可增加谈判者的讨价还价能力从而有助于期望结果的实现。若谈判之前，没有准备最佳替代方案，容易削弱谈判一方的议价的能力，使谈判陷入僵局。

三、如何评判是否出现僵局

僵局是谈判的一种状态，意味着以现有的内容、环境、进程和人员，难以解决各方的冲突。评判僵局是否已经出现的标准主要有以下三点。

1. 各方是否已经出现无法回避的分歧

谈判中，基于立场的不同，各方有不同意见属于正常现象，但是，如果各方的不同意见已经达到就要发生冲突的程度，则可以认定已经出现无法回避的分歧。

2. 谈判各方是否均已深入介入冲突

如果所有谈判者都已经投入自己的时间、精力到谈判中，而且对某些方面的观点持针锋相对的看法，可以认定僵局已经出现。

3. 谈判是否已经进入各方核心的复杂的利益主题

如果此时谈判议题已趋于复杂，参与谈判的人员较多，不解决正在争议的某个问题其他更多的问题就无法解决的话，可以认定僵局出现。例如，在一宗土地股权交易谈判过程中，买方坚持付款方式要按照己方方案进行，而卖方坚决不同意，没有任何让步的余地。此时，谈判就属于已经进入核心利益主题，到了针锋相对的境地，僵局已经出现。

第二节 如何打破法律谈判僵局

法律谈判过程中出现僵局是难以避免的。如何正确看待法律谈判中的僵局是每一个谈判者需要用心学习的内容。当法律谈判陷入僵局时，谈判者应该积极主动地寻求时机化解僵局，而不是放任不管。

法律谈判陷入僵局的原因的多样性，决定了解决僵局方法的多元性。具体来说，有以下几种方法来打破僵局。

一、休会

休会是一种谈判人员为了控制谈判进程，调节谈判气氛，打破谈判僵局而经常使用的方法。在一段节奏紧张的谈判过程之后，双方的体力、精力、注意力均会有所下降，此时也更容易出现僵局。通过休会的方式，能够使谈判人员调节情绪、缓和气氛、融洽双方关系、控制谈判过程。与其让谈判人员在僵局中白白消耗时间，不如采用休会策略，给谈判各方冷静和思考的时间，反而有助于打破僵局，推动谈判进程。休会期间，谈判各方应停止讨论问题，把注意力转向让人轻松、愉快的话题，不能再就谈判中僵持的问题继续交换意见，否则休会就起不到预想的作用。

二、有限度让步

冲突是谈判的自然产物，一旦冲突发展到僵局的地步，谈判者可以考虑通过有限度的让步来缓和僵局。让步能够反映改善双方关系的意愿，如果一方主动表示愿意以较小的让步来缓解紧张局面，让步方在让步前可以向对方公开声明，避免不必要的误会。声明应当明确以下内容。

（1）让步是为了减少冲突而作出的；
（2）详细列明具体让步的内容；
（3）表示对对方能够让步的希望；
（4）列出让步的时间安排。

作出公开声明后，发起冲突降级的一方随后需作出让步，这种让步应该是明显的、不模糊的而且容易核实的。如果对方没有作出回应，主动让步方应该作出行动，重复原来的顺序，并选择简单的、低风险的让步以努力吸引对方加入冲突降级中。如果对方作出了反应，主动让步方应提出第二套方案，比第一套方案风险略大些，并再一次启动原来的顺序。通过这种方式，逐步化解僵局。

实现谈判目的的途径是多种多样的，谈判结果所体现的利益也是多层次的，谈判各方若只因为某一方面的利益没有达成协议就使谈判陷入僵局，甚至让谈判破裂是非常不必要的。谈判中各层次的利益都是相互联系的，在某些方面作出利益的让步，可以为其他方面利益的实现创造更好的条件。任何一个谈判方案都要让每一方受益，适当退让可以使各方都受益，这一需要引起谈判者的重视。[1]

对买卖合同的法律谈判而言，大多数谈判者常常仅因价格无法达成一致就结束谈判，而此时其他非价格因素，如质量、交货时间、运输条件、付款方式等尚未涉及。实际上，买方也可以在价格上作出适当让步，以在付款方式、付款时间等方面得到更多优惠。

谈判就如同一个天平，谈判双方则站在天平的两端。当一方找到可以让对方作出让步之处时，就找到了加重己方谈判的砝码。当法律谈判陷入僵局时，若对谈判双方的利益需求都有所了解，那么就应采取退让的策略，以为获得其他方面的优惠条件创造条件，避免谈判破裂，从而实现双方满意的合同。因此，如果谈判各方合作所带来的利益大于谈判破裂所带来的利益，那么谈判者就应该采用有效退让的策略来打破僵局。

三、情绪控制

徒劳无效的谈判很容易使人变得高度情绪化。谈判各方感到受挫、愤怒或沮丧。他们固执己见，竭力争取己方偏爱的选择方案，认为己方是坚定、有原则，而有同样做法的另一方却被视为是顽固不化、冲动、不灵活、不讲理。谈判各方争执的时间越长，就越容易失去理智，让情绪占上风，辱骂和言语攻击就会取代理性思维，当谈判转变为个人间的输赢争执时，就失去了有效谈判的所有希望。下面有几种缓解情绪波动以解决冲突的方法。

1. 通过倾听了解对方的感受

当法律谈判一方陈述观点遭到对方反对时，其可能会认为这是挑衅、贬低、扭曲事实的指控甚至是人身攻击。在法律谈判中，无论谈判对方的

---

[1] 迈克尔·R.卡雷尔，克里斯蒂娜·希弗林.谈判基础：理论、技巧和实践.上海：上海人民出版社，2010：146.

反驳是否有理有据，谈判者都应该妥善处理。倾听对方的声音并不是表示你赞同对方的观点，而是让对方知道你已经听到并了解了对方的信息中包含的内容和情绪。这一技巧也被称为积极倾听，被频繁用于鼓励他人进行更多阐述的采访或者治疗场景之中。在运用该倾听技巧时可以说"你是这样看待这个事实的"，"你对你这个观点非常坚定"以及"我明白如果你这样看待这件事，你会对我说的感到威胁和沮丧"。这些阐述并不表示谈判者同意另一方的观点，而是显示出他们已经准确地听到和理解了对方的观点。

2. 谈判者可以通过就谈判的规则取得共识来处理僵局

冲突一旦升级则可能违背初衷，谈判双方越沮丧，就越可能采用极端的策略来攻击对方。有效地降低和控制冲突需要各方重新回到处理冲突的最基本规则的共识上。有些谈判者常常给对方预留宣泄的机会以消除误会，使谈判重回冷静的局面；有些谈判者对紧张局面极其敏感，会用一句睿智的话语或一个玩笑化解紧张局面；有些谈判者则认为对方偶尔释放一下压抑的愤怒情绪很重要。

四、良好沟通

僵局形成之后，谈判各方需要进行进一步的良好沟通，让各方了解彼此的谈判立场，展现各方的利益、目标、优先事项以及局限性。这样能使各方更好地了解对方所需，并通过良好沟通澄清和消除误解。当谈判各方发现他们的需求和利益被倾听和理解时，将有助于各方谈判动力的提高。

（一）共情法

共情法，即共情式沟通，是一个人通过对另一个人的情感、经历产生共鸣式理解的沟通方式。换句话说，就是能够互换角色，理解对方的情感需要。这种沟通方式能够很好地降低对方的戒备心，让对方接受己方的看法。谈判一旦出现僵局，实际上就是双方冲突难以调和，而置身于冲突之中的人往往容易被情绪所控制，难以作出理性的判断。此时，通过共情法可以帮助谈判者设身处地地站在对方的角度考虑。例如，买方站在卖方角度考虑土地谈判的价格是否合理，而卖方站在买方的角度考虑交接方式是否有给对方留有余地。通过这种共情式的沟通，双方设身处地为对方着想，就有可能打消顾虑，重回谈判的正常状态。

（二）意象法

意象一般用来指一个人内在的图像，不仅包括能被他人观察到的客观事物，还包括本人通过自身经历或者评价他人而学到的一些事情。换句话来说，就是对于问题"你认为别人怎么看你"的回答。将此种方法运用到法律谈判中，来探寻各方的真实想法，就是意象法。

人们在使用这种方法时，可以要求争议各方（己方和对方）说明以下几点。

（1）询问己方如何认识他们自己；
（2）请己方分析对方给自己留下怎样的印象；
（3）询问对方如何认识他们自己；
（4）请对方分析己方给自己留下怎样的印象。

在陷入僵局的双方对上述情况作出说明之后，可以一起找出彼此之间的共同点和不同点，帮助双方对他们的分歧进行更为深入的探讨。通过这种讨论之后，谈判者往往能够达成共识，认识到许多所谓的矛盾其实并不存在。例如，在一起公司合并的法律谈判中，双方的高管都特别担忧因合并而丧失对公司的操控力，谈判一度陷入僵局。后来，并购公司的高管在组织结构方面的谈判中使用了意象法，双方按照上述列表来讨论他们可能面临的困难，最后发现情况远没有他们想象的糟糕。通过意象法，双方的观念产生了大的转变，谈判最终取得了圆满成功。

五、寻求共识

一旦陷入僵局，谈判者们倾向放大双方的分歧而低估双方的共识，因此要想打破僵局可以采取寻求共识的方式来调整双方关系。要寻求共识，可以通过确定最高目标，建立共同期望或者树立共同敌人来实现。

（一）确定最高目标

最高目标是各方必须通过合作一致才能达到的目标，而非任何一方独自的目标。例如，在土地股权转让谈判中，买方和卖方的最高目标是通过谈成合作，让土地溢价能够实现最高水平，进而让该宗土地上的开发项目能够成功销售。在谈判出现僵局时，可以通过邀请双方就树立这个最高目标达成共识，进而对谈判产生建设性的影响。

各方所设立的最高目标不能只考虑自己一方的利益,而应考虑到谈判各方的利益。谈判各方通过确定体现各方利益的共同最高目标,可以打破僵局,推动各方积极参与到洽谈中来,从而推动谈判进程。

(二) 树立共同敌人

与确立最高目标相比,树立并对抗共同敌人是一种消极的最高目标。在僵局难以突破之时,如果谈判各方为了防止第三方的干预而必须集合资源共同抗敌,就会产生新的解决彼此分歧的动力。从这个角度看,树立共同敌人其实质也是寻找共同点的另一种方式。通过对抗共同敌人,使得原有冲突矛盾降为次要矛盾,最终顺利打破僵局。例如,在劳动者与管理层就劳动时间和上下班打卡等劳动制度进行谈判的过程中,一度陷入僵局。此时,如果他们发现资方有撤资的打算,他们可能可以很快地解除僵局,以形成共同力量来应对资方。

六、重建互信与合作

没有高度的信任,就不可能建设牢固且有建设性的谈判关系。以高度信任为前提的相互依存关系,有助于帮助谈判各方达成共同目标。信任是一方相信另一方会提供合作的基础,在互信的基础上双方致力于共同解决问题,使各方从谈判中创造价值,走出僵局。

重建互信与合作,让对方能够理解和考虑一方的建议,是极其重要的打破谈判僵局的手段。哈佛大学教授著名谈判专家罗杰·费希尔指出最有影响力的情境可以概括为需求(你想要什么)和供给以及威胁(满足或不满足需求的后果)。人们可以换一个角度来想:假如出现了利害冲突,该使用什么样的策略使对方接受我们的方案?这个策略的核心是把注意力放在对方身上而不仅仅是己方眼前的利益,并且更多地考虑对方坚持自己立场的原因。即,只有尝试向相反的方向去想,更多地考虑对方的利益和需求,理解对方坚持立场的原因,才有打破僵局的可能性。因此,在理解的基础上,一方主动提出更优的方案,而不是一味地让对方作出让步,才能拉近和对方的距离。费希尔提出了如下几种重建互信与合作的方案。

(一) 提出一个能让对方说"是"的建议

谈判者应该坚持自己底线和维护己方利益,但与此同时,还应当积极探究对方的需求和利益,并把握其中的关系,在此基础上提出一套能够让对方获益的方案。在谈判前,谈判者就应当充分做好谈判准备,了解对方的需求和底线,而不是一味地只坚持自己的立场和强调自己的利益。

(二) 寻求不同的解决方案

人们提出的需求应当尽可能的具体明确而不是模糊不清。在准备阶段,谈判者对于需求中的哪些条文对方可以接受,哪些条文会突破对方底线,要做到心中有数。而且,对需求和利益还要进行再制定、再分析、再解释、再定义、再肢解或者使需求和利益更加明确具体。将需求和利益更加明确具体并不是指变得更加死板,相反,明确具体的需求和利益应使得可供选择的报价变得更多,在提高了对方选择可能性的同时也增加了谈判成功的概率。

(三) 增加条件的吸引力而不是威慑力

谈判者可以通过增加条件,让方案增加吸引力,使之更容易被接受。例如,在一起公司并购的法律谈判中,陷入僵局的一方可以通过增加以下条件来增强其吸引力:展示收购方的报价是如何满足对方需求的,减少接受对方报价的劣势,使报价更具可信度,或者为优惠报价设定最后期限,如果对方没有迅速接受,报价将失效。这种技巧类似商场的限时返利、优惠券、买一送二、"仅限今天"等销售技巧。这种技巧的使用,一定不能让对方觉得是一种威胁而应该让对方觉得是一种吸引。

(四) 尽可能合理及客观地评估解决方案

应当尽可能站在中立的第三人角度对解决方案进行评估,如果只站在己方或对方的角度,是不合理、不客观的。对方案中需求和利益的评价应当是在事实、环境和计算的基础上作出的客观分析。在彼此磋商的过程中,要让对方了解方案形成过程中使用的证据、计算的数据、分析的材料以及提出这项方案或报价的依据。公开核实的数据越多且被证明是公平和合理的,就越有说服力,双方在谈判中就越有可能达成一致。

七、更换谈判者

谈判僵局形成的原因,有时并非是因为谈判各方的利益冲突,而是由于谈判人员自身原因造成的。如果在法律谈判的过程中,谈判人员为了利益剑拔弩张,不顾一切、无休止地进行争论,甚至进行人身攻击,势必会两败俱伤,使谈判难以继续进行。由于谈判者自身原因导致的谈判僵局,即使采取休会或其他方式也无法从根本上化解僵局,这时就需要采用更换谈判人员或者领导的方式来打破僵局了。通过更换谈判人员的方式可以消除不和谐因素,缓解尴尬的气氛,重新建立友好的合作关系,但是这种处理方式也会让谈判人员感到不满或不被尊重,所以不到万不得已不要轻易使用。

当谈判陷入僵局时更换谈判人员,有时候并非是因谈判人员的能力不够,而是一种对谈判中某些条件自我否定的策略。临时更换谈判人员,暗示着将谈判陷入僵局的原因归责于谈判人员,使其成了将谈判陷入僵局的"替罪羊",并表示己方以前提出的某些条件不算数,放弃在之前谈判中的部分主张,并重新开始谈判的寓意。这是一种让己方重回谈判,缓解谈判紧张的对峙气氛的策略。不仅如此,这也是己方改变谈判策略、自我调整、准备握手言和的信号,将激励对方为达成谈判而作出相应的让步。

在更换谈判人员继续进行谈判后,谈判各方会自然而然地寻找一致点,尽量避免产生分歧而使谈判再次陷入僵局。但是,更换谈判人员时必须注意两点:第一,更换谈判人员应该对谈判对手作出合理的解释,以免招致不满;第二,不要轻易更换谈判人员,除非迫不得已,并且事后应该给被更换下来的谈判人员做心理工作,以免挫伤他们的积极性。

八、以硬碰硬

在法律谈判陷入僵局之后,一方可能会发现僵局形成的原因是对手故意制造的策略型僵局,意图通过僵局来迫使己方让步。此时,如果己方顺着对方的要求而妥协退让的话,将落入对方设计的陷阱。面对这种情况,己方可以采取以僵局对抗僵局的办法来应对。例如,己方直接告诉对方已经了解其制造僵局的目的,除非对方放弃这样的策略,否则不会再回到谈判之中。一般情况下,在策略被对手洞悉之后,主动采用僵局策略的谈判方将不得不放弃原有策略,如此一来,以硬碰硬的方法就获得了预想的效果。但是,若谈判对手仍不退让,且己方已经退让到底线,则只能终止谈判,因为此时继续谈判已毫无意义。

谈判者在没有把握的情况下，切忌滥用这一策略，否则会使谈判对手觉得己方只考虑自己的利益，没有谈判的诚意，进而不愿意进行谈判，但是裁判者一旦选择使用该策略，则应做好谈判破裂的心理准备。另外，需要注意的是，如果通过这一策略化解了谈判的僵局，那么己方应该兑现承诺，与对方签订协议，并积极执行协议中的义务。

从根本上来讲，能否成功地处理法律谈判僵局，取决于谈判人员的综合能力。在具体谈判中，谈判策略的运用取决于谈判的背景与形势。同一种打破僵局的策略在不同的谈判僵局中产生的效果是不一样的。谈判僵局的打破，需要谈判人员结合具体情况，巧妙灵活地运用合适的策略和技巧，这样才能有效地实现谈判目标。

第三节　调解在谈判僵局时的运用

在政治事务中，特别是在国家间、地区间的冲突中，由第三方作为中间人进行斡旋，往往会获得意想不到的效果。在法律谈判中完全也可以运用这一方法，来帮助各方有效地消除谈判中的分歧。

当谈判各方严重对峙，陷入僵局时，各方的信息交流也会出现严重的障碍。所谓"当局者迷，旁观者清"，谈判各方之外的第三方即中间人在充分听取各方辩解和谈判要求后，能快速、准确地发现各方的分歧点，分析其产生的原因，并提供解决这种分歧的建议。在某些情况下，谈判各方之所以陷入僵局，是因为各方都只站在己方的角度来考虑问题，只考虑自己的利益。

法律谈判中的中间人大多是由谈判者自己选择的，并且一般都是谈判各方所熟知的、可接受的人，否则很难达到预期的目标。谈判人员在选择中间人时不仅要考虑其能动性，而且还要考虑其权威性。因为利用中间人进行斡旋是谈判方为打破僵局而主动采取的措施，意在通过中间人来缓解谈判中紧张的气氛，最终转变谈判人员强硬的态度，甚至将自己的意志转化为中间人的意志来实现自己的目的。通常，利用中间人来打破僵局的方法就是调解。

一、调解的概念

所谓调解，是指各方当事人在中立第三方的主持下，就争议的权利义务关系自愿协商、达成协议、解决纠纷的过程。在调解过程中，调解人的职责是倾听各方当事人的意见，帮助他们分析问题，然后提出解决问题的方法，引导当事人寻找共同利益和可接受方案，但最终是否能解决争议应完全由当事人进行决定，他们拥有自主权。当然，当事人的自主权不能超过法律的限度。

二、调解在谈判僵局中的具体运用

当谈判陷入僵局时，谈判各方可以邀请调解人介入谈判，调解人应该首先根据个案的具体情况，找出僵局原因，然后对症下药，打破僵局，解决纠纷。具体而言，应该做到以下几点。

（一）中立的立场

在调解过程中，保持中立是调解人应遵循的基本原则。因为只有这样，才能使各方当事人对调解人产生信任，进而愿意在他们的指导下打破僵局，解决纠纷。

（二）了解纠纷的事实

调解人要想顺利地帮助双方打破僵局，首先应该充分地了解纠纷产生的缘由。当各方当事人陷入谈判僵局后，调解人应在充分了解客观事实的基础上，冷静、细致地找出各方争执的内在原因，从而找出解决纠纷的切入点。在这个过程中，调解人应该站在客观角度看待纠纷，梳理思路，理清头绪，避免受到当事人或案外人的主观观念的影响。另外，调解人应该与当事人进行深入交流，了解他们的心理状态，找出他们话语中的遗漏点、回避点甚至歪曲的事实，查出真相，进而引导当事人达成合意。

（三）强调已取得的成果

在谈判陷入僵局后，当事人可能因面子、利益等原因坚持不退让。此时，调解人可以在当事人面前强调法律谈判已取得的成果，因为人们往往不愿意放弃既得利益。在强调已取得的成果时，应注意以下两点。

第一，强调当事人最关切的成果，这样可以增加当事人对解决纠纷的一个优秀的法律谈判者，必定要善于表达，能够将自己的想法有条理地传递给对方。

三、案例教学法

通过案例分析的方法让学生加深对法律谈判理论知识的理解，同时也通过案例让学生了解更多法律谈判的策略和技巧。案例的来源有多种：由教师讲授的案例，学生亲身经历的案例，从大家熟悉的影视作品中摘录的案例，从最新最热的新闻报道中节选的案例，等等。案例分析的方式不限于教授的讲授，还可以通过学生讨论、写分析报告等方式对案例进行剖析。通过案例教学法，一方面加深了学生对理论知识的理解和运用，另一方面也可以调动学生的积极性，让每一位学生都参与到课堂中来。

四、理论讲授＋实训的课程体系设计

法律谈判课程以一学期32课时为例，理论讲授为20~24个课时，谈判实训为8~12个课时。实训课主要有三种展开方式：（1）现场模拟。在同学对法律谈判的基本理论知识有所了解后，邀请律师或者其他有谈判实务经验的法律专家，为同学模拟一场法律谈判。为了确保同学们能观摩到一场较为完整、具有教学意义的模拟谈判，老师会对模拟案例进行摘选、修改，设置谈判细节以及谈判漏洞等。学生可以通过观察，分析谈判人员的语言、行为，发现谈判中的漏洞，学习法律谈判技巧和策略。（2）学生实训演练。在现场模拟教学之后，组织学生们进行实训演练，通过让学生们分组扮演谈判案例中的不同角色，使其切身感受谈判的压力。虽然模拟演练不能百分之百地还原谈判环境，但是也能在一定程度上锻炼学生的能力。学生实训演练的案例一般也由教师选择，但是应在实训演练前向学生们宣读演练规则，要求学生们不仅要完成谈判模拟，还要完成谈判前准备、谈判后总结任务，同时需要向教师提交谈判计划书、谈判心得等书面作业。（3）模拟谈判大赛。在法律谈判的理论与实训课程结束后，可以和校方、社会团体合作举办模拟谈判大赛，让学生们在竞赛机制的激励下进行更完备的准备和展现。

谈判比赛等活动均以小组为单位进行。小组合作学习将学生个体间的学习竞争关系改变为"组内合作""组间竞争"的关系，小组内部相互帮助，形成凝聚力，小组外部形成良性的竞争。在合作学习过程中，强调小组中每个成员都要积极参与到学习活动中，任务由大家共同分担，集思广益，各抒己见，各尽其能。并且，小组从组建到磨合再到合作完成任务的过程也能让学生们切实体会到，在法律谈判中优势互补、团结合作的谈判团队的重要性。

二、充分发挥学生的主观能动性

学生是学习的主人，教师是学习组织者、引导者和合作者。在课堂上注重学生主观能动性的培养，在今后的谈判桌上，才能诞生把控全场的谈判高手。

1. 鼓励课前自学

我国古代军事家孙武有一句名言"知己知彼，百战不殆"，意思是只有对自己和对手进行充分了解后，才能克敌制胜，课前自学就是"知己知彼"的准备工作。在跑步赛事规则里，很重要的一条是不允许抢跑，但学习正好相反，不仅不禁止，反而大加鼓励。在课前通过自学，学生可以发现自己在法律谈判理论部分学习的薄弱环节，然后迅速通过查资料等方式补足，再通过课上教师的深入讲解，巩固加深对理论知识的理解，从而达到系统学习法律谈判理论知识的目的。

2. 角色互换

在每次法律谈判课程开始前，安排课前 5 分钟，将讲台交给学生，让其进行有关法律谈判的演讲，内容包括法律谈判的理论知识、实践案例等。短短 5 分钟的演讲，不仅是学生自我展示的舞台，更是培养学生自主学习意识至关重要的一步。在理论课程的教授完全结束后，安排课程复盘环节，由各学习小组自行选择知识点，合作制作课件，再派代表进行全面的讲演。

3. 培养"随时说"的能力

在法律谈判课程中，学生经常会被突然提问或被要求发表对某事的看法，这样做一方面能时刻督促学生保持高度的注意力，另一方面也是有意识地培养他们"随时说"的能力，这种能力是在法律谈判中必不可少的。

第九章 法律谈判课程的教学

法律谈判不仅是一门艺术，还是一门技术，更是一门战术。法律谈判要想真正发挥作用，关键还在于运用。在法律谈判的教学过程中，系统地将法律谈判的概念、过程、策略和技巧等理论知识教授给学生固然重要，但更为重要的是培养学生的法律谈判思维——思维的革命大于基础理论的教学。法律谈判的学习不应局限于理论，更要帮助学生把课堂上所学到的知识运用于实践，把较枯燥的理论融入生动的实践中，力求培养创新型人才，提高学生的综合素质。

第一节 法律谈判的教学方式

纵观现有的法学本科教学框架，法律谈判尚未成为主流课程，相对于法律谈判，学生们对诉讼、仲裁更为熟悉。怎样才能让学生迅速了解法律谈判，掌握法律谈判的策略和原理？通过何种方式才能让学生真正学会将法律谈判的理论运用于实践，实现"知行合一"？如何才能让这门课程具备实效，实现更大的价值？为了让学生对法律谈判理论知识有全面、系统的认识，同时提高学生法律谈判的实践运用能力并建立起法律谈判思维，本节将对法律谈判的教学方式进行讲授。

一、小组合作学习

在法律谈判课程正式开始前，鼓励学生自己组成 6～8 人的学习小组，小组合作贯穿于课程的始终，课堂讨论、案例研究、课程复盘、谈判实训、信心,并引导其耐心、冷静地进入调解程序。

第二,调解人强调的成果必须客观、真实,以免当事人对调解人产生不信任的心理,从而拒绝调解。

(四) 强调纠纷持续的弊端

如前文所述,在强调已取得的成果后,各方当事人的态度可能已经缓和,此时,调解人应把握时机,趁热打铁地强调纠纷持续将给他们带来的损失,如:

第一,纠纷会造成各方当事人的心情上的不愉快,这种不愉快只会有增无减。

第二,谈判陷入僵局后,纠纷如不能及时得到解决,不仅浪费当事人的时间与金钱,甚至还可能带来名誉上的损失。

第三,谈判僵局拖得越久,越不利于纠纷的解决与谈判目标的达成。

但是,调解人应注意的是,强调纠纷持续所产生的弊端时,应根据纠纷的具体情况分析利害关系,且语言要客观、中肯,不能故意夸大后果,危言耸听。

(五) 引导当事人角色互换

谈判之所以陷入僵局,很大的原因是各方当事人只从己方立场出发,而完全忽视对方的利益,所以,调解人可以引导当事人换位思考,从对方的立场或角度思考问题,缓解矛盾。但是,在实践中,说服当事人进行换位思考并不是一件易事。所以,调解人进行引导时,应该尽量使用客观的立场和语言,以免当事人认为被诱导,从而拒绝调解。另外调解人还可以将当事人分开,逐一进行引导,以免当事人担心另一方抓住己方的把柄。

(六) 达成调解协议

若调解人帮助当事人成功达成合意,应该制作调解书,这样才能固化调解的成果。

第一,应该及时制作调解书。调解人为打破谈判僵局解决纠纷,通过摆事实、讲道理,促成了各方当事人的退让与妥协,进而达成协议,这个过程并不容易。及时制作调解书可以避免当事人因钻牛角尖而反悔,使调解在最后关头功亏一篑。

第二,调解书应该具体明确,便于履行。

五、多种形式的师生互动

加强师生互动,增加老师与学生之间、学生与学生之间的交流,能将学习从课堂中延伸出来,实现教学效果的最大化。每个法律谈判的授课班级都会建立微信群,课前课后师生都能在微信群里及时沟通。学生每次课后的个人写作心得以及课程结束后的结业论文也均要求发送至群里共享,起到互相学习和监督的作用。此外,课间的问答交流、课后的微信及邮箱答疑、带领学生去专业谈判公司观摩等,都是有效的互动方式。

六、多媒体和互联网的运用

在教学的过程中,综合运用视频、音频等方式,可以大大提高课堂的趣味性和实用性。例如在案例展示时,可以剪辑影视作品中的经典片段进行播放,提高学生们参与讨论的积极性。

以上几种教学方式相辅相成,无论采用何种方式和顺序,最终的目的都是为了更好的教学。法律谈判事业的前行需要一群懂谈判、会谈判、爱谈判的人才,培养法律谈判人才至关重要。

第二节 法律谈判模拟教学

法律谈判模拟教学是指将参与模拟教学的教师分为两方,两方以对手的立场、观点和作风展开交锋,预演谈判全过程,为学员提供学习法律谈判实践样本的实践性教学活动。本节将为读者呈现一场精彩的由教师团队进行的法律谈判模拟教学,借此让读者更加全面地了解法律谈判模拟教学的过程。

一、模拟谈判教学概述

众所周知,法律谈判模拟教学是法律谈判课程的重要组成部分,我们需要认真对待它。那么设计法律谈判模拟课堂的目的是什么?该如何展开?本节将针对这些问题为大家一一讲述。

(一) 法律谈判模拟课堂的目的

法律谈判模拟教学的目的主要包括以下几点：第一，通过教师团队预演特别设计的模拟谈判案例，让学员真实感受谈判的对抗环境和氛围，为学员实训打下基础。第二，配合正规的单元教学，模拟课堂可以使师生在观摩、互动中共同加深对于法律谈判理论与技巧的认识。第三，适应教学现代化的内在需要，模拟课堂的设计已经成为实现个性化和实践化教学的一种重要手段。[①]

(二) 法律谈判模拟教学的环节

依据法律谈判模拟教学的内容，可以将法律谈判模拟教学分为四个环节：一是掌握法律谈判基础知识，这是组织与开展法律谈判模拟课堂的前提和基础。在开展法律模拟课堂前，教师应已完成与法律谈判模拟相关的基础理论与技巧的教学，使学生对法律谈判有所认识。二是提供背景资料和宣布规则。在法律谈判模拟开始前，教师需要介绍法律谈判双方的背景资料以及法律谈判模拟的规则。三是组织法律谈判的模拟。这一环节是组织法律谈判双方正式开始谈判。四是自由问答与教师点评、总结。谈判结束后，教师或评委对谈判过程进行点评以及对相关知识进行讲解与说明，学员可以就法律谈判模拟过程进行提问。

(三) 法律谈判模拟教学的层级

依据法律谈判模拟教学的规模与层次，可以将法律谈判模拟教学分为三个层级：第一层级为初级模拟，其贯彻法律谈判的一般规范，要求团队能够基本合作使谈判顺利进行，探讨礼仪和沟通要则。第二层级为中级模拟，其更加注重法律谈判技能的运用，在相同背景下，分析每个小组谈判双方的技术得失。第三层级为高级模拟，其考验谈判者胜任各种类型法律谈判的能力，在不同背景下，考查团队配合及其应变水平。[②]

二、法律谈判模拟教学的准备

法律谈判模拟教学的准备是开展法律谈判模拟教学的基础性工作，对于整个教学工作的成功展开具有不可忽视的作用。在进行正式的法律谈判

---

① 杨震，主编．模拟商务谈判．北京：经济管理出版社，2010：1．
② 杨震，主编．模拟商务谈判．北京：经济管理出版社，2010：2．

模拟教学前，我们需要对模拟谈判的规则、背景资料、双方的法律谈判计划书等进行必要的介绍，以便学员对接下来的法律谈判模拟教学形成较为清晰的认识。

（一）模拟谈判的规则介绍

本次模拟谈判，主要由七位教师进行角色扮演，教师1和教师2分别扮演当事人胡总和许总，教师3和教师4分别扮演代理律师邓律师和张律师，教师5和教师6分别扮演余秘书和李秘书，教师7扮演旁白。此外，现场选取七位学员担任评委，在模拟谈判后对此次模拟进行点评，并讲述自己的所思、所想。同时，本次法律谈判模拟教学还给每个学员提问的机会，让每一位学员都能发表自己的想法。最后由授课教师对此次法律谈判的模拟进行总结性点评。

（二）模拟谈判的背景资料介绍

此次模拟谈判的背景设定为两个公司间的商铺租赁谈判。大成公司是一家成立不到两年的快餐连锁企业，因其菜品丰富、经营策略得当，发展速度十分迅猛。为此公司作出重大战略决策，决定紧抓时机，扩大经营，计划在一年之内增开20家连锁店。但是这一计划对公司的资金额提出挑战，也就是说它将占用公司大量的现金流，甚至会使公司的现金流通出现紧张状况。所以公司在租赁商铺时，对租金的多少以及支付方式都有比较严格的要求。为了处理店铺租赁的法律问题，大成公司聘请了邓律师作为他们的法律顾问。邓律师虽然是一位拿到律师执业证不到一年的年轻律师，但此前她已经代表大成公司参加过一系列的商铺租赁谈判，因此她在这个方面还是有比较充足的经验。经过一系列的调研，大成公司看中了A地湘南公司的一个商场——湘南购物中心。湘南公司是本地颇有实力的一个公司，旗下有多家商场，公司的法律顾问一直由本地颇有名气的张律师担任。

（三）模拟谈判双方对其法律谈判计划书的介绍

1. 大成公司的法律谈判计划书

大成公司的法律谈判计划书由扮演大成公司胡总的教师1进行介绍。

我是大成公司市场部的总经理，胡总。此次谈判由我、主谈人邓律师以及我的秘书余秘书负责。我方是一家新兴的快餐连锁公司，近期正在进行快速地经营扩张，资金流转较为紧张，而湘南购物中心位于当地最好的商业圈,是我方理想的开店场所。我方拟租赁湘南购物中心商铺作为开店地点,其目的并不在于获得丰富的利润,而在于借助其地理位置展示推广我方快餐品牌、提高连锁公司的知名度,以带动其他店面的营业额增长。湘南公司财力雄厚,其所有的湘南购物中心位于本市最好的商圈,但最近其遭遇毒奶粉事件,频发群体维权事件,对他们的声誉造成了一定的负面影响。然而随着时间的推移,公众对该事件会渐渐地遗忘,负面影响也会逐渐消失。湘南购物中心现有几间店铺处于空置状态,这几间空置的商铺势必将会给湘南公司带来持续性的损失,因而湘南购物中心是希望能够将其迅速租赁出去。但由于此前湘南公司已经将部分商铺以每平方米200元出租给商户,与我方拟以每平方米120元的价格成交的理想目标差距较大。针对此次谈判,我们主要有以下几个方面的准备。

(1) 我方此次谈判的目标。首先是最高目标,以每平方米120元的价格承租该商铺;其次是次要目标,尽可能地降低租金或者在支付方式上进行一些变通;最后是底线目标,以每平方米200元的价格承租,但要在短期内尽量少地支付租金,以缓解我方资金压力。

(2) 我方的优劣势。我方的优势在于:其一,我公司已获得消费者青睐,具有一定的知名度,因而对于店铺的位置要求并不是十分苛刻。换句话说,湘南购物中心主体建筑范围内的商铺并不是我们的唯一选择。只要在人流量大的商圈附近选定一个位置即可,我方并不严格要求店铺选址处于商圈的核心位置。其二,我方还有备选的谈判对象,但是湘南公司的商铺如果一直空置则需要承担闲置成本以及相应的养护费用,而且随着时间的推移,损失将会持续扩大。当然,我方的劣势也很明显:一是湘南公司已出租的几个商铺都是以每平方米200元的价格成交,因此其在未来的法律谈判中必然会有所期待,不愿降低要求,否则可能会对他们后续的商铺租赁造成不利的影响。二是对方的法律谈判团队比我方更有经验。

(3) 对方的优劣势。对方的优势在于:湘南公司经济状况较好,并不急于出租商铺。而他们的劣势在于:其一,毒奶粉事件导致消费者集体维权影响持续发酵,且该问题还没有得到彻底的解决,对商铺出租造成了一定的负面影响。其二,湘南公司商铺涨价的理由不能让人完全信服。湘南公司对商场内部设施进行维修所支付的资费并不应该分摊给商户,而应该

图书在版编目（CIP）数据

法律谈判实训教程/戴勇坚著 . -- 北京：中国人民大学出版社，2021.11
（中国调解研究文丛/廖永安总主编 . 实务系列）
ISBN 978-7-300-29783-5

Ⅰ.①法… Ⅱ.①戴… Ⅲ.①法律－谈判学－高等学校－教材 Ⅳ.①D90-055

中国版本图书馆 CIP 数据核字（2021）第 168774 号

中国调解研究文丛（实务系列）
总主编　廖永安
法律谈判实训教程
戴勇坚　著
Falü Tanpan Shixun Jiaocheng

出版发行	中国人民大学出版社			
社　　址	北京中关村大街 31 号	邮政编码	100080	
电　　话	010-62511242（总编室）	010-62511770（质管部）		
	010-82501766（邮购部）	010-62514148（门市部）		
	010-62515195（发行公司）	010-62515275（盗版举报）		
网　　址	http://www.crup.com.cn			
经　　销	新华书店			
印　　刷	北京联兴盛业印刷股份有限公司			
开　　本	720 mm×1000 mm　1/16	版　次	2021 年 11 月第 1 版	
印　　张	14.75 插页 2	印　次	2024 年 7 月第 5 次印刷	
字　　数	220 000	定　价	56.00 元	

版权所有　侵权必究　　印装差错　负责调换

人员第一次来到湘南购物中心所在的区域，他们对于周围的情况并不是很熟悉。二是谈判人员的劣势，大成公司的主谈人员是一位拿到律师执业证书不到一年的律师，在谈判方面可能缺乏相应的经验。

（4）我方拟使用的谈判策略。经过前期的市场调查，我们认为在即将进行的谈判中，我方具有较明显的谈判优势，所以接下来在法律谈判过程中我们向大家展示的也是具有优势地位的谈判者常用的谈判策略。首先在法律谈判的开局阶段，我方可以运用先声夺人和挑剔打压的策略。先声夺人，就是运用自身的有利地位以及对方的劣势地位，以求掌握主动权的一种策略。这一策略，一方面要求谈判者对自身的优势地位有清晰的把握，避免给对方造成以势压人、过分炫耀实力的感觉，进而刺激对方、招致反感；另一方面又要求深入研究对方的市场地位、经济实力、政治背景以及惯用的策略手段等，全面掌握对方的信息，务必在开局阶段就奠定我方的优势地位，给对方以打压，促使对方能认清形势，尽快形成交易。挑剔打压，也是处于优势地位的谈判者在谈判过程中经常用到的手段。在谈判初期，处于优势地位的谈判者可以先用苛刻的虚假条件挑剔对方的产品，使对方感觉到压力、失望并产生绝望的感觉，然后迫使他们自动将自己的姿态放低，在接下来的报价与讨价还价过程中，处于优势地位的谈判者再逐渐地让步，让对方感到我们已经拿出了最大诚意，实际上是我们获得了胜利。其次在接下来的磋商阶段，我们可以运用投其所好和最后通牒的策略。作为在谈判中处于优势地位的一方，全面掌握对方谈判者的信息是很重要的，比如在这次谈判中，我们就清楚地了解到大成公司今年急于进行市场扩张、增加影响力，他们需要在地理位置优越的地方找到一个商铺，所以我们在谈判的过程中可以紧抓对方心理，投其所好，可在大成公司较为看中的租金支付方式等方面进行适当让步，但是在租赁期限等方面应取得更长期限。倘若经过了长期谈判，双方始终无法达成一致或谈判对方态度始终处于暧昧状态，为了给对方施加压力，我们可以向对方发出最后通牒，如果对方在最后期限内还不能接受现有条件，我方就宣布谈判破裂。最后在谈判成交阶段，我们主要是运用双赢打破僵局的策略。无论是在合作性谈判还是竞争性谈判中，谈判者其实都可以找到双方的共同利益，甚至有些时候节约谈判时间成本本身就是一种共同利益所在，所以在谈判过程中，双方要意识到：法律谈判局面的失控，将使双方都付出代价。找寻到双方的共同利益、实现合作，才是打破谈判僵局最好的方式。

（5）我方对此次谈判效果的预测。根据市场前期的调查分析，我们认为在法律谈判过程中，双方可能互不让步，在租金方面难以达成一致，从而出现谈判僵局。当出现这种进退两难的尴尬局面时，我们应该适时主动地寻求一些方法来化解这种尴尬的局面，例如可以用语言来鼓励对方，积极寻找替代方法。另外对于"红白脸"策略的实施，由主谈人员张律师来担当强硬形象，当法律谈判较为紧张或者面临破裂时，由我适时缓和气氛，互相配合，刚柔相济，最终抛出橄榄枝，促成最后的合作。对此，我们进行了这样的安排：第一阶段，由张律师进行初步接洽，时间不宜过长，主要表达我方对于租金的想法，切忌作出承诺。当第一次会谈结束之后，由张律师向我方的经理人员进行汇报，双方再根据接洽情况确定第二阶段的谈判方案。第二阶段，由双方的经理和代理律师同时出席，在前期磋商的基础之上，进一步重点讨论争议焦点问题，同时全面协商商铺租赁及其他相关问题，确保双方的意见能够统一。第三阶段，即达成交易的阶段，如果经过多轮磋商，谈判双方仍不能达成一致，此时我们应该当机立断，宣布谈判破裂。但如谈判双方经过长期谈判能对谈判争议焦点问题达成统一，我们就应该尽快敲定具体协议，固化前期谈判成果，以便后续签订协议。以上就是我方的谈判计划，谢谢!

第三节　法律谈判模拟教学演练

在本节中，教师团队将为大家带来精彩的法律谈判模拟教学演练。本次的法律谈判模拟教学演练分为电话约谈、开局谈判、内部协商、谈判磋商四个阶段。

一、电话约谈

邓律师：喂，您好，请问是许总吗？许总，您好，我是大成公司的代理律师邓律师，我们注意到你们公司最近有出租商铺的广告，所以想向您咨询一下贵公司招租的具体情况。

许总：请问贵公司对我们招租的哪个地段的铺面有承租意向？

邓律师：湘南购物中心。

许总：湘南购物中心是目前我们招租的几个商铺中地理位置最为优越的一个，相应地，租金也比其他商铺要高。

邓律师：请问大概价格是怎样呢？

许总：如果您真的感兴趣的话，关于价格问题，我可以让公司市场部门人员做一个方案发送给您，但关于商铺租金的具体事宜，我们还是当面聊比较妥当。

邓律师：嗯，这样也好。那请问您什么时候有时间，我们见面聊一聊？

许总：我们湘南购物中心关于商铺租赁一事已经委托给代理律师张律师，我把张律师的联系方式发送给您，您跟他电话沟通，好吗？

邓律师：好的，谢谢您了。

许总：希望我们合作愉快。

邓律师：嗯，合作愉快。

许总：嗯，再见。

旁白：邓律师立即与张律师进行了电话约谈，他们约定下周二上午九点在湘南购物中心办公室进行面谈。

二、开局谈判

（敲门声）

张律师：请进。

邓律师：请问您是张律师吗？

张律师：您好，您是？

邓律师：张律师，您好，我是大成公司的代理律师邓律师。

张律师：哦，您就是邓律师，请坐。

邓律师：我们先前与许总通过电话，就商铺租赁一事想跟您进行约谈。张律师，您在我们律师界享有盛誉，我们年轻律师都非常渴望有机会来向您学习。

张律师：嗯，邓律师，看你这简历，好像你是个才执业不到一年的律师。你们大成公司难道没有其他律师吗？

邓律师：呃，没有，这是我的名片。

张律师：嗯，好。

邓律师：在前期，我们大成公司认为派我来与贵方磋商就足够了。

张律师：嗯，好，我等会儿还有个会，那我们就言归正传。先说说你们的需求。

邓律师：我们大成公司了解到贵公司在湘南购物中心有几处空置、待租的铺面，所处位置人流量大，比较适合我们公司近来的发展需要。但是，昨天在收到贵方的报价后，我方可能需要另做打算了。您这边的报价实在是太高了！您的几处铺面已经空置几个月之久，且按照铺面所处的位置，它们大概也只适合做快餐行业。

张律师：邓律师，首先我要纠正一点，我方湘南购物中心商铺的空置，并非没有人租，而是因为我公司正在调整整个湘南购物中心的商区规划、业态规划。因此，暂停对商铺租赁的宣传与推广。我相信待公司业态规划确定以后，想承租商铺的商家将会激增。

邓律师：张律师，我们大成公司是从事快餐行业，不比奢侈品行业。贵公司所提价格大大超出了我方当事人的预算。贵公司所提价格为每平方米200元，而据我方市场调查，周边商铺租价稳定在每平方米120元左右，贵方所提价格已经高出市场价的三分之二了。我方当事人建议我放弃此次面谈，但我认为我方应该信守承诺。何况我能与您进行面谈，既可以了解商铺租赁的基本情况，也可以向您学习实务知识。

张律师：当然，邓律师，你们当事人完全可以有另外的打算，但是贵方可能对有些情况调查得不够清楚。湘南购物中心地处本市最繁华的商圈，因此，购物中心有自身的业态规划，并不是可以接纳所有承租人的。大成公司成立不到两年，它以后的经营能力如何还是一个未知数，因此我公司将地理位置如此优越的商铺出租给大成公司，也需要承受很大的风险。此外，如贵公司入驻购物中心，对我们商区业态规划也会带来很大的影响。我还在考虑：为什么我的当事人会以这样的价格将商铺出租给你们，是否过于冒险？

邓律师：张律师，虽然我们大成公司成立不到两年，但我们已经准备明年申请上市。可以预想到的是，在接下来五年之内，我们公司肯定会成为快餐行业的引领者。话说回来，在近期湘南购物中心发生了毒奶粉事件，据新闻报道有一百多名消费者正在向湘南购物中心索赔，不知该事件是否得到了妥善的解决？

张律师：邓律师，作为一个法律人，我要提醒你，在法院未进行正式判决之前，不要给我方胡乱贴标签。况且，我们和消费者始终站在同一个战线，共同向厂家申请索赔。所以此事在短期内就会有一个很好的处理结果，不需要贵方过于担心。

邓律师：张律师，您公司这样的处理态度，我们还是非常赞同的。我们快餐行业非常注重企业声誉，如果购物中心因此商誉受损，作为承租人也将难以维持经营。不过这些都是题外话，既然今天你方坚持要价每平方米 200 元，而我方只能出价每平方米 120 元，价格分歧很大，那么今天我们的会面就权当是相互了解。您看，贵公司什么时候有时间，方便我们进行下一阶段的洽谈？

张律师：稍等，小李，下周我什么时候有时间？

小李：您稍等，我查一下。张律师，您周三、周四是可以的。

张律师：周三、周四？邓律师，既然你现在不能代表大成公司做决定，那我们就约在下周四上午十点在这里再次进行面谈。

邓律师：好，张律师，我们也希望贵公司下次协商能派出有决定权的高层来一起沟通。

张律师：这个是当然的，好，慢走不送。

邓律师：谢谢您，张律师。

三、公司内部商榷

旁白：下一阶段：湘南公司内部商榷。

张律师：许总，有时间吗？

许总：嗯。

张律师：昨天我与大成公司的代理人进行了初次面谈。

许总：邓律师？

张律师：对，她曾经与您直接通过电话。我了解到市场部向大成公司提出每平方米 200 元的租金报价,这是出于什么样的考虑呢?

许总:嗯,每平方米 200 元,是我们对所有承租户报出的统一价格。这个价格主要是出于我们前期的市场调查和成本分析。只有达到这个价格,才能保证我们的成本付出能得到合理的回报。张律师,大成公司对我方的报价有什么异议吗?

张律师:是的,许总。经过与前几年的报价对比,我发现我方今年的报价确实有些过高。当然了,这是公司高层的决定,我完全服从。现在,我想了解的是:我们的成本分析包括哪些因素?是否对其中某些潜在的风险进行了费用的预算?目前双方价格分歧较大,因此,在下一次谈判中,我们需要给出一个合理的解释。

许总:较往年相比,我方所报价格确实要高出很多。究其原因是我们公司要对湘南购物中心进行升级改造,成本不菲。根据我们对商场的一项统计发现,从去年夏天开始,商场的客流量迅速增加,电梯和中央空调的负荷大大加重。为了保证商场的正常运作,我们当时就想对设备进行一定程度的优化,比如增加电梯数量、扩大空调的功率等。但那时我们向承租户收取的租金还比较低,如果贸然启动这个方案,可能会造成公司的亏损。加之当时技术改造方案并未得到通过,所以这个改造方案也就暂时搁置。然而今年年初,我们公司决定启动这个方案。同时,出于公司利益的考量,决定让承租户来承担这一部分成本。

张律师:嗯……这样的话,部分承租户会像大成公司一样有异议,不过这既然是公司的决定,我们也只有执行。只是我通过市场调查发现,大成公司虽然成立不到两年,但它如今大有引领快餐行业潮流的势头。对于这种有较大成长空间、盈利较好的新兴企业,我们是否可以给予他们一定的优惠或者让步?在这一方面,公司有其他的考量吗?

许总:张律师,我们公司同意您的想法,我们对大成公司也是认可的。无论是从品牌知名度,还是从客户信赖度来看,我们也很希望大成公司能和我们达成合作。但根据我们的市场分析发现,他们公司近两年好像在进行大规模市场扩张,其资金流不可避免会出现紧张状况,因此他们在谈判中势必会死死咬住租金问题。

张律师:目前来看,他们对租金和支付方式是非常在意的。

许总：张律师，您是我们公司的常年法律顾问，您也知道，前期毒奶粉事件确实对我们公司的商誉和运营造成了较大的影响和冲击。

张律师：许总，关于这件事，我在了解情况后已经对其进行了一个全方位的考量。不久之后，我相信它应该会有一个比较好的结果。

许总：我相信毒奶粉事件总会过去，但是针对现在公司面临的情况，公司高层也想尽快地将空置的商铺出租以盘活我们整个商区空间资源。为了达成交易，公司高层愿意作出一些让步。我方目前有两套方案，第一套方案是：如果最后租金能够以每平方米 200 元成交，我方愿意在支付方式上作出让步。具体如何支付租金，我方可以与大成公司进行具体商榷。第二套方案是：如果最后双方因价格陷入僵局，对方紧抓租金，我方可将价格适当下调至每平方米 190 元，但大成公司一定要给予我们公司相应的优惠。而且无论是哪种方案，我们都希望最终能达成一个较长的租赁期限。

张律师：许总，关于优惠，我有一个不成熟的想法。不知最近行政部或者财务部有没有向您反映一个情况？我们公司对员工的午餐补助，一直是以现金的形式发放，但我们湘南购物中心多以中高端的中西餐厅为主，适合我们员工用餐的地方少之又少。如能引进大成公司这样的快餐公司，以一个比较优惠的价格或者以成本的价格为我们员工提供午餐或者晚餐，对于我们来说是一举两得。第一，它可以促成两方的合作；第二，它能够解决我们员工的中午用餐问题。这是我的个人建议，许总，您看怎么样？

许总：张律师，您这个想法非常好。前段时间，行政部门和财务部门刚刚向我反映了这个情况。一方面，以现金形式为员工提供补贴会让我们公司的成本有所增加。另一方面，员工普遍反映在商场中找不到用餐价格适中的地方。你的想法非常好，届时我将会向公司高层反映。当然我也希望你在谈判的过程中，能把这个想法传达给对方并让其同意。

张律师：您放心。

许总：最后我还是要特别强调租金的问题。前期我们与几个承租户都是以 200 元每平方米的价格来签订合同的，如与大成公司的交易价格低于该价格，万一消息走漏，被其他承租户知晓，那我们以后的承租工作将处于不利境地。所以我希望：不到万不得已，不要突破每平方米 200 元这个红线。

张律师：嗯，好的，我会尽最大的努力来保障我们公司的利益。许总，时间不早了，我们一起去吃个饭？

许总：好的，走！

旁白：接下来，大成公司内部商榷。

邓律师：胡总，上周我与湘南公司的张律师进行了一次简单的谈判。两方在租金方面仍然存在很大的分歧，我方依旧确定以120元每平方米的价格与他们进行磋商吗？

胡总：对，我昨天又向戴总进行了确认，120元每平方米的报价原则上是不改变的。我们公司今年计划连开十家连锁店，资金压力是相当大的。

邓律师：嗯，确实是这样的。我之前通过电话也与您沟通过……

胡总：小余，别光站在那，开会的时候要把东西都记好！

余秘书：好的，胡总，我都记好了。

邓律师：胡总，上次我与您通过电话，对方之所以提每平方米200元租金的报价，主要是因为接下来他们将会投入大量资金进行商铺设备改造。此外，他们现已与在租租户以每平方米200元的标准价签订了合同。他们怕与我们以每平方米120元成交的话，会令已经在租的租户产生不满情绪。

胡总：如果对方已经以每平方米200元价格将商铺出租给了其他租户，那我们用低价与其成交的可能性不是很大。

邓律师：对，因为这会影响他们与其他承租户关系。

胡总：嗯。

邓律师：胡总，您是商铺租赁谈判方面的专家，经验丰富，那我们现今所面临的问题该如何解决？

胡总：专家倒是谈不上，不过从事法律谈判工作这么多年，经验还是有一些的。

邓律师：我们不妨先把我们能想到的方案全部罗列出来，就可行性进行对比，再一个一个排除。最终，我们一定可以得到比较符合我们要求的方案。

胡总：你的意思是我们想到什么就说什么？

邓律师：看来您已经有方案了？

胡总：年轻人的工作方式还是非常有意思的。

邓律师：事情总是需要解决，我们必须一步一步地去寻找解决问题的办法。

胡总：对，如果按照目前的状况，咱们公司与湘南公司是很难达成合作的。

邓律师：嗯，对。

胡总：根据你向我发送的报告可知，他们是以设备改造费激增为由对外提高商铺租金的。那我们就先从这个方面入手，以我多年从业经验来看，设备改造成本需要等改造全部完成后才能得出一个具体确定数额，在之前这都是一个大概数，上下浮动很大。

邓律师：对。

胡总：如果一开始就按照他们估算的价格进行出价，我们会承担很多不必要的开支。你跟他们谈判时，可以向他们做个承诺。

邓律师：您说。

胡总：如果他们设备改造费用达到了一定的数额，我们可以负担我方承租部分改造所花费的费用。但相应地，他们必须对我们降低一定的租金。

邓律师：您继续说，我将它已经记下了。

胡总：还有一个方法：现今，我们的资金流确实非常紧张。在前期，我方可以将租金适当压低，后期我们再将租金上涨。也就是说，一个总的周期中，我方支付租金的具体数额不变，但把主要的支付成本放置于后期，而在前期，尽量减少支付以缓解我们的资金流通压力。

邓律师：我方按照季度支付租金？

胡总：对，以一个周期为标准去调整租金数额。

邓律师：胡总，我也想到一个类似的方法：我们能否将商铺租金与我方营业收入直接挂钩，营业收入上涨，租金支付也相应上涨。

胡总：在这之前，我们曾经采用过这种方法。但这个方法与我刚才所提到的方法是有一定差异的。我提到的方法是以一个季度为周期，虽然先支付少量租金，后支付大量租金，但总体支付成本是固定的。如果租金与我们的营业额进行挂钩，那我们的支付总成本将是浮动的、不确定的。我们大成公司与湘南公司进行的是长期合作，在这段时间内，咱们的营业额上下浮动的程度可能会很大。这实际上给予了他们一个随时变价的机会，使得我方处于被动地位。

邓律师：胡总，您说得对，但是我们先大胆地向前想，不要总想接下来会有什么困难。您先说，我再记下来。

胡总：要说大胆，我还真向戴总建议过：我们公司干脆一咬牙一跺脚，将那块地直接收购，那将省很多不必要的麻烦。

邓律师：您这个想法非常有创意，我还是先记下来，一切皆有可能！

胡总：小邓，我们刚才一直都是在商讨计租方式。

邓律师：对，您还有没有别的方法？

胡总：我方能否寻找到一个其他的替代性方案？据我了解，湘南购物中心除了那几间黄金位置店铺外，还有其他空置店铺？

邓律师：是的，但其余几间空置店铺人流量稍微少，地理位置并不是特别理想。

胡总：我们其实没有必要必须在商场寻找黄金地段，毕竟咱们的品牌已经得到很多消费者的认同。我们可以找一个地段稍差、租金稍低的店面来扩展经营。

邓律师：湘南购物中心对面正好有一个楼盘，我想我方可以在此处租铺开店。

胡总：小湘楼盘？之前我也向戴总提过，我一直认为咱们是个快餐店，靠近主体商圈就足够了，没必要执着于专注奢侈品买卖的湘南购物中心。小湘楼盘除了外表陈旧，地理位置还是适中的，足以满足我方开快餐店的要求。这个我会与戴总再谈，先记下。

邓律师：胡总，我刚刚又想到了一个方案：我方可以把连锁店的内部功能适当调整，把整体面积缩小，租金自然就降低了。

胡总：这也是我与戴总的分歧之一。快餐店要注重节约成本，讲究薄利多销。快餐店内部组成并不需要那么复杂，实际上一个就餐区、一个备餐区就可以了。我们可以找设计师进行重新规划。

邓律师：我们可能是要走一种国际路线。

胡总：肯德基和麦当劳最多增附儿童娱乐区，如果我们对其进行重新规划，用更小的面积提供更大的承载量，用于租赁商铺的成本肯定会降低。

邓律师：胡总，此外我注意到湘南购物中心现入驻的餐厅多为中西餐厅且比较高端，缺乏像我们大成公司这样的快餐厅。我们大成公司能否通过直接为购物中心员工提供工作餐的方式来谋求租金方面的优惠？

胡总：这个方法不错。湘南购物中心多入驻高端餐厅，给员工工作用餐带来诸多不便。我方可以为他们公司的员工提供餐饮，但我们必须明晰对方员工人数，不能因此给我们带来太大的工作量，否则将影响我们的正常营业。小余，安排几个业务员去做一下这方面的调研。

余秘书：好的，胡总。

胡总：昨天我与戴总沟通时，他是这么说的：我们虽然一次性开十家连锁店，但这十家店的定位是不一样的；另外九家店主要目的是为盈利，而湘南购物中心这个店，我们更倾向于把它做成一个品牌推广店。所以湘南购物中心店只要达到基本的收支平衡，甚至它存在些许的亏损也是可以接受的。毕竟，只要我们的品牌推广出去，其他的隐性增长是必然的。

邓律师：嗯。

胡总：在与对方进行谈判时，你可以询问湘南公司能否为我们入驻提供一些帮助，进行必要的试探。如对方能为我们提供帮助，那我们在租金方面也可以作出必要的让步。

邓律师：目前，我们总共有十种方案了。

胡总：这么多？

邓律师：您看，十种方案：第一种是只有湘南购物中心设备改造费达到一定程度我们才增加租金；第二种是周期性地增加租金；第三种是直接购买……

胡总：购买？做事不能死板，开玩笑的东西就不要记了。以较低的租金租赁购物中心外另一处位置这个方案，稍后我会与戴总就其进行沟通。

邓律师：嗯，我们两个人分别提出了第九种和第十种方案。

胡总：嗯，我方要将对方能否提供入驻补助当作一个重要方面来与对方进行商讨。

邓律师：十个方案都已罗列出来了，但从我方提出的承租面积 1 500 平方米、人流量大、基础设施完备、长期租赁等这些要求来看，其中的一些方案可以直接 pass。这是最后的五个方案。

胡总：我个人认为这五个方案基本是可行的。但要让这些方案既符合我公司的利益又能让对方接受，就需要邓律师你去谈了。

邓律师：胡总，您放心，虽然我是年轻律师，但我会尽力为我们大成公司选择一个最佳的方案。

胡总：年轻律师？谁都是从年轻律师过来的，你放心大胆地去做。我一会儿还有个会，我们今天就聊到这儿。周四，我们一起到湘南购物中心与对方进行商谈。

邓律师：行。

胡总：小邓，我还有会就不送你了，我让小余送下你。

邓律师：不用这么客气，那胡总我们周四见。

胡总：周四见。

四、谈判磋商

旁白：周四上午 10:15，当邓律师和她的当事人到达湘南公司时，张律师和他的当事人已经等候许久。

邓律师：张律师，不好意思，我们迟到了。

张律师：邓律师，现在已经是北京时间 10:15 了，你们已经迟到了整整 15 分钟。

邓律师：不好意思，我们本来预计提前半小时到贵公司，但没想到贵地的交通如此拥堵，以致迟到 15 分钟。

张律师：邓律师，对这次贵公司是否真的带有诚意来进行这次谈判，我表示怀疑。

邓律师：张律师，我对这次迟到感到非常抱歉，这是我的工作失误，但迟到并非我方的本意，我方是非常有诚意与贵方就商铺租赁事宜进行商谈的。为了表示我方的重视，我们胡总也亲临贵公司进行商谈，所以我们没有必要纠结于迟到一事，以免让它影响我们接下来的工作。

许总：咳，邓律师，咱们张律师是一个爽快人，喜欢直话直说。

胡总：张律师是一个急性子，但他也是急于与我们进行工作洽谈。至于诚意问题，许总，既然我们按照约定来与贵方进行谈判，诚意肯定是没有问题的。双方都有谈判的诚意，关于迟到的事情，我们就不要过分追究了。

第九章 法律谈判课程的教学

许总：但是我希望在以后的会谈中，贵方不要再出现类似的情况。大家的时间都很宝贵，我们等会儿还需要与另外几个承租户进行商谈。

张律师：既然许总都发话了，那我们就直奔主题。这两份是我们湘南购物中心商铺租赁的统一合同文本，这上面清晰地说明了商铺租金的构成，包括水电、保安、保洁等费用。据此你方应该可以很容易计算出我方的租赁成本，我想贵公司在这方面应该是没有什么异议的。

胡总：嗯，张律师不愧是经验丰富的老律师。你所提供的这两本合同确实较为清晰地说明了租金的构成，但贵方所报租金是每平方米200元，这个数字是如何得出的？

张律师：这是公司对所有商铺承租人给出的标准报价。

胡总：都是一样的价格？你们没有对承租行业进行区分吗？

张律师：我们湘南购物中心从一楼到四楼所有的店面出租是异常火爆。

胡总：但是我们……

李秘书：胡总，不好意思，打扰一下。许总、张律师，隔壁来了一位客户，想和你们就商铺租赁进行洽谈，可以安排一下吗？

张律师：让他们稍等。

邓律师：我们还是想了解贵方所报200元每平方米的标准价格到底是如何计算得出的？

张律师：虽然我不了解具体的技术方案，但可以肯定的是我们公司认为只有这个价格才能把我们的建设成本、运营费用和合理的利润包括在内。从今年开始，湘南购物中心的客流量呈现成倍的增长，为满足客户需求，提高中心服务品质，我们需要对中心一些大型的设备进行改造。如果今年这笔改造费用得不到落实，我们担心这会影响我们租户的入驻体验。

邓律师：张律师，您一直在强调您的当事人需要提出一个较高的租金来分担将要产生的设备改造费，但设备改造费用到底是多少、如何计算，您这边却一直无法给出一个比较翔实的依据。对于这么庞大的一笔费用，我方完全处于一头雾水的状态，这有理由让我们怀疑贵方到底有没有对这项设备改造费用进行过认真的核算？

张律师：邓律师，我可以向你保证的是湘南购物中心设备改造项目已经正式启动，我们已经对几家设备出卖方进行了意向评价。租金中涉及的所有设备改造成本都是我方经过认真核算得出的。

胡总：张律师不要急，做生意以和为贵。既然你们一直以设备改造费用为由，不肯降低租金，那咱们从公平的角度出发，是不是应该让我们阅览预算核算的资料？

许总：胡总，您说笑了。你我都是公司的中高层人员，对公司内部的规定都很清楚。公司预算资料是公司财务的保密信息，我方肯定是不方便向你们透露的。既然你们一直说我方的价格不合理，那我们想了解贵方心中理想的价位是多少？我相信你们肯定去商圈周围做过一些调查，你们认为什么样的租金价格才算合理？

胡总：许总，明人不说暗话，我们肯定是提前做过一些市场调研的。就我们调研反馈的结果来看，在湘南购物中心的周围包括湘南购物中心，租金价格一直稳定在每平方米120元左右。现在，我们大成公司也向你们交一个实底：我们戴总决定今年要实施新一轮的经营扩张，所占资金甚多。每平方米200元的报价并不是我们出不起，而是这确实会使我们资金略微紧张，所以我们不可能给出高出市场价太多的价格。

许总：胡总，正所谓，一分价格一分货，你不能总拿市场价格来说事。我们湘南购物中心商业圈，绝对是附近所有的商圈中地理位置最为优越的一个。刚才你也谈到你们大成公司要进行新一轮的市场扩张，这对地理位置肯定有很严格的要求，我认为舍不得孩子套不了狼，你们只有抢占最有利的位置，才能实现贵公司市场扩张的宏伟目标。更重要的是，经过市场调研，相信你们对于我们湘南购物中心的口碑应该有所了解。

邓律师：当然，这也是我们选择湘南购物中心商铺作为我方品牌推广店的重要原因。但张律师、许总，我方需要强调的是我们大成公司与你们签订的合同租赁期限至少10年，这意味着贵方可以拥有一笔持续稳定的收入。而且我公司在市场上一直深受消费者青睐，因此我公司如能顺利入驻湘南购物中心，实际上也为中心进行了无形的宣传，对于提高中心的品牌价值也是大有裨益的。

胡总：为了进一步地表达我们大成公司的诚意，我们戴总在我出发前特意向我交代，如贵方的设备改造费用超过50万元，我方可以承担我们承租部分所应当分摊的项目改造费用。但这有一个前提条件，你们必须适当降低我们第一年的租金价格。

许总：既然胡总已经代表大成公司表露出了这么大的诚意，那我们这边也应该拿出相应的诚意配合。只要贵方与我方签订一个期限为10年的商铺租赁合同，并且同意每平方米200元的报价，那么我方可以在后期的支付方式上进行一定的让步。

胡总：许总，我想到了一个两全其美的办法。我们能否将租金与营业额进行直接挂钩，不按照固定的200元每平方米收取租金。如果这样，一方面可以缓解大成公司第一年的资金周转压力，另一方面在我方营业额上涨之后，贵方可以通过租金获得额外的收入。你看这个方案怎么样？

张律师：我反对，虽然这看上去是一个兼顾了双方利益的分配方式，但我方实际上潜在地分担了你方的营业风险。如果你方营业额出现了下滑，那我方的租金利益岂不是也会遭受损失？

胡总：张律师，你对我们大成公司很没有信心啊。我相信你们对我们公司的状况做过一些调研。如果你们的市场调研结果没有让贵方觉得与我方合作毫无前景，我相信咱们今天也不会坐在这里进行谈判。我觉得我们已经谈了这么久，为了避免前功尽弃，我在这里再向你们交一个底：我公司对湘南购物中心店定位于品牌推广，而非注重盈利。你们对我们大成公司这两年的发展前景应该是很清楚的，所以我们希望湘南公司也能拿出一定的诚意。

许总：胡总，我们很有诚意，但也要分哪种拿法。如果贵方要我们公司来为你们公司承担运营风险，这不是笑话吗？虽然大成公司的发展势头值得肯定，但有些快餐品牌来得快、去得也快。我提一个方案：你方店铺需要扩大宣传和推广，我方可以为你们提供一些入驻补贴或为你们的宣传提供一些便利，但是你们也要为我们的员工提供工作餐。这样如何？

胡总：许总，之前我们内部曾探讨过，我方可以在低成本的情况下为湘南购物中心员工提供工作餐，但贵方必须将租金稍微降低一些。

张律师：刚才许总要给贵方一些进场补贴，我本人都没有过这方面的打算，但既然许总都这么说了，我也认可。但你们一直强调商铺租金过高，那么我方需要再次强调我们的立场：如果每平方米租金低于200元，那么不仅我们之前投入的成本将无法回收，更无法向没有承租和已经承租的客户交代。在租金数额方面，我认为我们是没有谈判余地的。既然我们能坐在这里进行谈判，我想我们可以在支付方式上作出一些让步，这是我方能够给出的最大优惠。

许总：时间差不多了，我那边还有另一位商户的会谈，你们先聊。

旁白：胡总也跟着走了出去。

张律师：虽然我们很想与你们达成合作交易，但是你也知道我们湘南购物中心还有其他的商户要谈。既然你们不能答应我们的条件或者提不出一个更好的方案，我们的谈判恐怕将无法继续进行下去。

邓律师：张律师，贵公司所提出的每平方米200元的报价不能变？

张律师：我只是代理律师，无法决定价格问题。

邓律师：胡总刚才也出去了，你给我15~20分钟的时间，我与他通过电话沟通一下，看看我方能否作出一些让步。

张律师：好，没问题，但是你方必须在中午之前给予我方答复。

邓律师：好的。

旁白：休会15分钟。

邓律师：张律师，根据你的描述，我方与你方签订一个为期10年的租赁合同，但必须按每平方米200元的标准进行承租，否则就会影响你方和其他租户的关系？

张律师：是的。

邓律师：我方确实认为湘南购物中心场地位置对于我们来说是十分理想的，因此我方希望这次谈判能够继续进行。我们公司正在进行市场拓展，整体资金需求很大，所以我方希望贵方能对第一年的租金有所下调。

张律师：在租金金额方面，我方已经陈述过我们的理由。在这方面，没有可商量的余地，但在支付方式上可以做一定的变通，如果还不行的话，我们也只能考虑其他想承租的商户了。

邓律师：张律师，我与我们胡总进行商讨后，有一个思路：第一年我们按照每平方米200元的价格承租，但第一年我们只交付租金的60%，因为我们的资金周转压力确实很大；第二年我们支付全额租金；第三和第四年我们在缴纳本年度租金的基础上，把第一年欠下的40%租金交给你们。此外我们也承诺：第一年欠付的40%租金，我们可以以同期的银行存款利率计算支付利息。你看怎么样？

张律师：这个方案大致还是可行的，但其中有两点，我认为稍欠考虑。第一，我们不接受银行存款利息这一条件，如果我们拿出这40%的欠付资金去进行其他的投资，如债券或者其他金融产品，获得的利息是远远大于同期银行存储利息的。据我了解，目前银行贷款利率为4.9%，我们就按每年5%的固定利率进行计算，如何？

邓律师：你的意思是：欠款利息不按同期存款利率，而按固定的5%来进行计算？

张律师：对。

邓律师：好，我方认可这个方案。

张律师：好的。第二点，你们欠付的40%租金可能会因为你们经营不善而导致无法偿还或变成坏账，但在这个方案中我们看不到贵方对我们湘南公司的补偿措施。

邓律师：张律师，你为什么对我们大成公司这么没有信心？

张律师：这是出于一种风险的考虑。

邓律师：为了打消你们的顾虑，我方大股东可以为我方暂欠租金提供担保，如确有必要，我方也可以请银行出具保函。

张律师：看来我们对租金数额、利息、支付方式这三方面的事项已经确定，我们可以进行交易与合作了。

邓律师：我提议将合同起草权归于我们这一方，你看怎么样？

张律师：既然你主动提出，我也就不再跟你争执。但我必须提醒的是：为了确保我方与其他租户的正常沟通，你方必须要签订一份保密协议，确保我方对你方作出的支付上的优惠不外泄。此外请你们慎用一些陷阱条款，这对我是没有用的。

邓律师：张律师，您放心，您是老律师了，我们这些新律师怎么会班门弄斧。对于您刚才所说的保密条款，我方肯定会写入合同，万一泄露了相关商业机密，我方愿意承担违约责任。我们希望本次双方能够本着合作共赢的态度将这件事情办好。

张律师：是这样的，那就等你们的初稿。

邓律师：谢谢您了。

旁白：最终大成公司与湘南公司成功达成合作事宜，大成公司店面得到扩展，湘南公司也获得了预期利益。

第四节　法律谈判模拟教学的总结

法律谈判模拟教学的目的在于让学员们能够从模拟教学中发现问题、解决问题、总结经验。所以在教师团队模拟谈判完成后，学员与老师应及时进行总结，认真回顾整个法律谈判团队的表现，并细化到个人的具体表现中。

一、点评与感想

主持人：到现在为止，法律谈判模拟演练已经结束，让我们用掌声感谢教师团队的精彩表演。大家对整个法律谈判流程应该有了一个初步的印象，现在各位学员，特别是评委可以就刚刚各位老师的模拟演练，结合自己生活中一些谈判的故事来讲讲自己的感受和想法。

学员1：大家好，首先感谢教师团队辛苦地为我们准备了商铺租赁法律谈判案例，几位老师的表现都非常不错。比如说许总，她看上去非常的亲切，让人很愿意去与她交谈。至于张律师，我认为是他是最具有专业性的一个角色，无论是开场还是结尾，他都表露出了一个成熟老律师的强大气场，值得我们学习。还有看似无关轻重的两位秘书，虽然她们扮演着端茶倒水的角色，但在施加时间压力等方面也发挥了重要的作用。最后，与其说老师们教给我们的是知识，不如说教给我们的是套路。这里所讲的"套路"不是一个贬义词，而是一种能让我们去细致分析人的心理，站在对方的角度去学习的方法。总之，这堂法律谈判模拟教学课让我受益匪浅。我希望能有机会像优秀的模拟谈判老师一样，将所学应用于实践。谢谢大家。

主持人：谢谢这位学员。模拟案例中，我们设计了很多谈判的小细节，我希望你们可以谈谈自己发现的小细节，或者说，如果你作为谈判中的一员，你会采用怎么样的谈判思路等等。下一位学员。

学员2：首先感谢教师团队为我们带来活灵活现的现场表演，使在课堂上学到的理论知识在实践中得到了充分应用。在法律谈判中，有的人表现得强势，有的人表现得保守，但是正是因为这些角色的相融，谈判才得以顺利进行。首先是邓律师，她是相对处于劣势的一个角色，她不停地让步与妥协。谈判最后得以成功，我认为邓律师贡献是最大的。然后胡总，一个经验丰富的经理，相对来说，他扮演的是一个强硬角色。他的临场发挥能力让我们大开眼界，学到了很多东西。许总，很和蔼的一个上司，相对和平保守，和张律师合作推动着这场谈判平稳地进行。对于张律师，我很是佩服。张律师扮演的是一个强势律师角色，他所展现的一些细节让我印象深刻，比如在最后磋商阶段他坚守每平方米200元的价格不让步、强硬提高欠款利率、要求提供担保、签订保密协议等。一些细节的设置，例如两到三次的送水环节、安排另一位租户询问，巧妙地向对手施加了时间和精神压力。我觉得这场法律谈判模拟教学是非常精彩和成功的，真得很感谢各位老师为我们带来这么一场表演。

主持人：接下来下一位学员。

学员3：大家好，人生如戏，全靠演技。感谢各位老师精心的准备以及精彩的表演，我的总体印象是精彩、逼真以及到位。首先教师团队准备得十分细致充分。其次整个模拟教学谈判流程十分完整，从电话约谈到签订合同，为我们呈现了一个完整的环节。最后在讨价还价阶段，双方都有自己的定位，湘南公司强势，采取的是一种进攻性策略，用自己的优势给对方形成压力；大成公司稍有劣势，但能趋利避害，例如对方律师很强势，那么他们就避开对方律师，直面当事人。总的来说，法律谈判是一种双方妥协、协作的过程，在这过程中双方要找到共同的利益，从而达成交易。谢谢大家。

学员4：大家好，用一句话总结，这是一场兼具专业性和戏剧性的谈判和表演。关于戏剧性，刚刚很多学员都说到了这场模拟教学的成员演技、细节表露、决策地位和冲突设置等方面都表现得很好。而关于专业性，我从以下五点论述：第一，教师团队法律谈判的计划书做得非常的细致，各个方面都考虑得非常到位，具有可实施的现实性。第二，谈判双方能适时调整自己的方案，我注意到在第一次谈判之后，大成公司提出了很多新的方案，然后进行整理，从十个方案调整到五个方案，我觉得这是非常有必要的。第三，谈判双方可以适时坦诚地表明自己的立场，在谈判的过程中有时主动表现出自己的劣势，也是诚意的一种表现。第四，双方做到了不进行无条件的让步。在谈判中，谈判主体要反复推敲，据理力争，努力争取己方的利益。第五，谈判双方都具有很强的全局意识，例如在最后的方案中，大成公司不纠结于价格，尽力争取其他方面的权益。这是我的感想，谢谢大家。

主持人：下一位学员。

学员5：大家好，非常感谢各位老师的精彩表演，在这次的谈判中，令我印象深刻的有以下几点：第一是各种法律谈判策略的运用，让我对书本所讲的知识有了一个较为直观的了解。第二是湘南公司张律师和大成公司邓律师第一次会面时，尽管湘南公司律师表现得非常的强硬，但邓律师没有轻易地让步，沉着应对。第三是公司内部磋商，这实际是当事人跟自己的律师交底的过程，也是明确自己主要需求和进行取舍的过程。第四是在正式谈判的开始时，他们围绕设备改造费用问题谈判许久，虽然许总以公司内部资料为由避开了这个话题，但这使得湘南公司在这一局处于一个相对弱势的地位；第二轮湘南公司提出了它在市场上的优势，这个是无法反驳的；第三轮他们相互让步、一进一退的。大成公司主动提出自己租期比较稳定、可以提高湘南公司的品牌效应、帮助宣传，以此为由提出了自己的要求，希望湘南公司在支付方式上有所让步。谈判双方都没有轻易地答应对方的要求，虽然双方都想达成交易，但是即使在最后期限，谈判各方仍然紧紧抓住自身需求，争取最大利益。第五是在整个法律谈判过程中，谈判双方着眼于解决问题，寻求共赢因素。从目标上来看，虽然大成公司处于一个弱势地位，但其实双方实现了共赢。湘南公司需要尽快摆脱毒奶粉事件的消极影响，并把租金维持在一个统一的标准上。而对于大成公司来说，它主要是做自己的品牌推广，其实租金价格的高与低不是最重要的。所以在整个谈判的过程中，他们相互了解对方需求，相互拉近彼此之间的关系，最终达成一种信任关系。谢谢大家。

学员6：大家好，非常感谢各位老师的表演。虽然这是表演，但我觉得很真实。其实刚刚很多人谈到这场模拟教学的戏剧性，为什么会叫戏剧性，我觉得一个重要原因可能是我们的阅历太少。前面大家已经聊了很多，我就印象深刻的几个细节问题与大家聊一聊。首先，双方公司的内部会议有一个较为鲜明的对比：湘南公司的内部会议非常简短高效，相对来说，律师比较专业，目标策略非常明确；而大成公司内部会议比较拖沓、混乱，缺少明确的主题。其次，湘南公司张律师主动提出员工用餐问题，让我比较意外。因为这已经超出了一个律师的角度，涉及了公司的整体运营。最后，湘南公司在最开始就已经拿出了商铺租赁的标准合同，虽然大成公司争取到了合同起草权，但湘南公司实际已经为他们划定一个合同标准或者框架。谢谢大家。

主持人：好，下一位学员。

学员7：大家好，我也同前一位学员一样聊聊细节。首先，两位律师初次见面，邓律师主动表示仰慕，以此缓和过于严肃的谈判气氛。其次，公司内部商讨完毕后，张律师约许总吃饭，这是在直白地告诉我们：内部也要维持好一个良好的合作关系。再次，张律师对外态度表现十分强硬、不怎么留存余地，但是他与许总进行内部商讨时，尽管大成公司的出价只有每平方米120元，远远低于每平方米200元的标准，他还是认为双方存在谈判的空间，不断向许总分析对方公司作为承租方可能给公司所带来的利益。这让我深刻体会到作为一方当事人的谈判代表，要尽一切可能来促成谈判的达成。达成谈判的关键点是双方共赢，但又都不失底线。湘南公司成功以每平方米200元的价格将店铺租赁给大成公司，而大成公司前期只需出百分之六十的租金，也达到了缓解经营扩张前期资金紧张问题的目的。最后，我认为作为公司的律师，仅了解法律方面的知识是不够的，还需要提高自身综合能力，如财税知识等。谢谢大家。

主持人：此环节，学员的点评都非常积极，感想也很多。下面，让我们进入自由问答环节，大家可以自由提问，我们教师团队会作出针对性的回答。

二、自由问答

学员1：非常感谢教师团队带来的精彩表演。我觉得整个法律谈判看起来很顺利，但这个顺利的基础在于大成公司不停地妥协。那么如果大成公司不妥协，湘南公司该如何使得谈判进行下去，谢谢。

主持人：我们有请湘南公司张律师就刚刚学员所提出的问题作出解答。

教师4（饰演张律师）：首先，感谢这位学员的提问，我想做两个层面的回应：一方面，大成公司并不是一味地妥协，他们也提出了一些自己的要求，同时我方也作出了一些让步，如承诺为他们提供补助等。另一方面，大成公司如果不同意每平方米200元的价格，我方在前期讨论时也设定了一个最低目标价格。最后双方以每平方米200元价格成交是互相磋商让步的结果。

学员2：大家好，首先，开局谈判时，邓律师对张律师强调大成公司要上市。令我有些疑惑的是，刚刚发展两年的公司怎么可能上市？其次，关于迟到的环节在谈判实践中应该很少出现。谢谢大家。

主持人：有请大成公司的胡总为我们解惑。

教师1（饰演胡总）：我主要对公司上市和迟到环节的问题做一个针对性的回答。一是关于大成公司上市的问题，对于为什么要设计成"两年要上市"，其实是有故意向对方吹嘘的成分，以此加强对方对我方的信心。二是关于迟到环节，当初我们教师团队设计这样一个环节也是缘于几个比较有名的案例。迟到很容易导致法律谈判陷入极端不利的局面，对方肯定会借这个机会来压制我方，但我方不应因迟到这个小错误就一味退让，最终达成不利于己方的协议。是故，我方必须要找到方法去突破困局，在许多跨国谈判中，像美日谈判中很可能出现这种经典的桥段，当你迟到时，不要因为自己前期的不礼貌行为而一味妥协，应该学习胡总这种处理方式，迅速扭转法律谈判的不利局面，化解谈判的不利地位。

主持人：感谢老师的细致回应，下一位学员。

学员3：各位老师好，我有几个疑问。在谈判中，僵局的出现往往难以避免，胡总起到一个很好的调节作用。我注意到一个细节：当许总有事出去时，胡总也跟着出去了。这是特意设计的吗？谢谢。

教师3（饰演邓律师）：今天我们教师团队上演的法律谈判教学模拟，可能与学员们将来所面临的实训模拟不同。在这次法律谈判中，你可以看到电话预约、内部磋商、外部谈判以及秘书的送水等完整过程。如不提前精心设置，学员们就看不到完整的过程，课堂目的也就难以实现了。

教师1（胡总）：刚刚学员提到的"胡总跟随许总出去"，是我们特意设计的环节。主要是基于以下几个考虑：（1）当许总离开时，我认为谈判中已经没有与我对等的谈判角色，如果我继续留在现场，与我的身份不相称。况且在之前，我与邓律师已经就谈判的相关事情沟通得比较清楚。（2）许总出去是为了见另一个商户，这就意味着湘南公司可能要下最后通牒或者谈判可能陷入僵局了，我离开现场可以让邓律师运用权力有限等策略，适时打破僵局。

主持人：有请下一位学员。

学员4：我认为邓律师非常细心，在与自己老板的磋商中努力提出自己的意见、在迟到后注重保护自己当事人的面子并敢于承认自己的错误、积极主动掌握合同的起草权等，是一位合格的公司法律顾问。张律师，是一位经验丰富、非常老成的律师，在谈判中紧紧把握着节奏。但美中不足的一点是在双方讨价还价的过程中，张律师没有起到一个非常重要的作用。在整个谈判磋商中，一直是他的当事人在与对方进行谈判。此外，在中间个环节，当邓律师向张律师询问每平方米200元的价格构成时，张律师也没有给出明确的答复，我认为有一些不合理。

教师4（饰演张律师）：作为公司的法律顾问，在真正的价格谈判时，为什么我似乎没有发挥很大作用呢？其实作为律师，需要充分尊重当事人的意见，只有在当事人授权的前提下才能进行代理活动。在谈判时，我方当事人亲临现场谈判，我可以为当事人提意见，但不能强行抢夺她的话语权，否则有越权之嫌。

主持人：下一位学员。

学员5：大家好，我主要有两个疑惑。第一，谈判双方主体的搭配，老师在上课时曾讲过：谈判团队成员的选择要注重优势互补，即一个强势的律师配对一个弱势的公司代表或一个弱势的律师配对一个强势的公司代表，这样互补的组合往往容易在谈判过程中制造或打破一些僵局。本次模拟谈判是否也是遵循这样的原理呢？第二，在双方谈到租金支付方式时，胡总主动提出租金与营业额直接挂钩的方法来支付租金，这样会不会直接将己方的弱点暴露给对方？会不会造成对方对己方律师能力的怀疑？我想说的就这些，谢谢。

教师1（胡总）：一是关于谈判主体的搭配问题，常见的有两种模式：

一是单对单模式，双方可以将权限问题作为一种谈判策略使用，往往能收到意想不到的结果。二是多对多模式，我们这次模拟采用的就是多对多模式，把当事人胡总和许总也设计到谈判磋商中，能有效防止谈判破裂的情况出现，例如两位当事人在谈判将要陷入僵局时，可以适当打个圆场以缓解紧张气氛。三是我方租金与营业额直接挂钩策略的提出，既不会非常直接地将己方的弱点暴露给对方，也不会造成对方对己方律师能力的怀疑。大成公司这两年业务发展非常迅猛，潜力颇大，双方都有达成交易的意愿，我方适当对其进行试探是不会有太大问题的。另外，法律谈判本身就是一个互相试探的过程。只有用策略不断试探，才能探得对方的底线，占据主动地位。

主持人：感谢胡总的耐心解答，下一位学员。

学员6：首先，感谢大家精彩的表演。我也有了一些疑惑：一是在法律谈判中，湘南公司的许总被多次提醒，或有会议或与其他租户有约，这是属于你们的一个谈判策略还是仅仅是为了给他们施压？二是如果在现实的谈判中，如果谈判双方互不相让，有没有其他方式来打破这个僵局呢？三是在谈判过程中，谈判团队如何应对一些突发情况？例如对方突然提出了一个新的点，但我们这方之前没有预料到，那么我们该如何自然打断谈判为己方争取应对时间呢？

教师4（饰演张律师）：如何突破僵局呢？其实对于强势一方的我们来说，有时候僵局是我方故意设置用以试探对方底线的工具。要想打破僵局，其实也不难。我只是一个代理律师，是有权限限制的，不能完全代表当事人，所以当双方律师谈崩时，只要当事人没有谈崩就还有回旋的余地。至于劣势方如何突破僵局，引入比较有权威的第三方进行调和是一个不错的方法。对于第二个问题，当对方提出一个新观点，而我方预先没有准备，该如何为我方争取一个内部讨论的时间呢？这个时候团队合作的重要性就显得尤为突出，在真正大型的租赁或者是买卖谈判中，谈判团队会有三个人或者三个人以上，配合默契的团队成员会采取一定方式拖延时间，给内部商定预留必要的时间，如果是较为复杂的新的提议，也可以直接使用有限权限策略休会，为己方争取时间。在法律谈判中切忌超过权限作出回应或者承诺。

主持人：因为时间问题，自由问答环节就此结束，下面我们有请此次课程的主讲老师就本次法律谈判模拟教学进行总结发言。

三、教师总结

今天大家观摩的教师团队模拟的大成公司和湘南公司之间进行的商铺租赁谈判，学员们都有自己的感受，能将之前学习到的理论知识与谈判实践相结合，我觉得很好。为了方便在教学过程中更好地进行探讨，教师团队在课堂法律谈判模拟中故意留下了一些需要进一步完善的问题。为什么要进行这样的教学？追根到底，是为了让学员们能更好、更灵活地掌握法律谈判的基础理论知识。在前面课程的学习中，我们对法律谈判的理论知识，包括法律谈判的原理、法律谈判的素养、法律谈判的过程、法律谈判的策略和技巧等有了直观和深入的了解，接下来的关键就在于怎样去灵活地运用它。不管是在你的日常生活中，还是在未来可能面对的律师、法务工作中，法律谈判理论的运用都是极其重要的。在课余时间，我希望学员们可以自发组织买方和卖方小组，经常演练，互换角色，细致琢磨，反复讨论，一定会对法律谈判这门课程有新的感受。

总之，法律谈判课程的学习会让你终身受益。它虽然不能对你未来的事业或者生活产生直接效益，但它对你的思维方式会产生不可忽视的有益影响。

后　记

　　每当我回想起学习和研究法律谈判的这三十年，许多触动内心的场景如一幕幕电影般历历在目：2009年，参加世界谈判大师罗杰·道森的优势谈判课程培训，获得专业证书；2011年，前往美国马萨诸塞州立大学波士顿分校以及美国最大的商事调解公司（JAMS）学习调解与谈判；2015年，作为兼职教授为湘潭大学全国首个调解方向的本科生班讲授法律谈判课程；2017年，被聘为中国国际贸易促进委员会/中国国际商会调解中心调解员；等等。多年来，我一直潜心于法律谈判的研究与推广，从湖南到全国，由高校到社会，自线下到线上，为湘潭大学、石河子大学、内蒙古科技大学等多所高校的在校学生进行法律谈判理论的讲授，为全国各地的企业家、法务经理、律师、仲裁员、调解员等介绍法律谈判的技巧。与此同时，结合律师身份，在二十多年间，我完成了近百件在湖南省乃至全国都有较大影响的重大法律谈判业务，为当事人节省了大量时间和金钱。应该说，国外的学习，拓展了我对法律谈判国际化认知的视野；国内的分享，丰富了我对法律谈判实践的理解和运用，也为我对法律谈判的理论学习接上了实践的地气。

　　正是上述的积累，让我在2015年完成理论类谈判专著——《法律谈判的理论、策略和技巧》，在2020年完成实践类谈判独著——《首席法律谈判官》，在2021年完成这本《法律谈判实训教程》。在法律谈判教学与实践过程中，通过不断总结心得体会，我终于完成了可以称为"法律谈判三部曲"的上述系列作品。这"三部曲"的顺利完成，离不开众多良师益友的同欲相助，另有各位专家、教授为"法律谈判三部曲"拨冗作序，在此表示衷心的感谢。

后 记

感谢湘潭大学党委副书记廖永安教授对本书篇章结构提出的宝贵意见，感谢中南大学邵华副教授对本书行文思路给予指点。

感谢上海建纬（长沙）律师事务所李倩律师不辞辛劳，为全书内容的进一步完善前后奔忙；感谢上海建纬（长沙）律师事务所律师王妙、欧阳景明等为本书的资料整理、案例搜集等作出的诸多努力。

感谢一直以来支持我的朋友和客户。

感谢中国人民大学出版社法律分社的编辑，是他们的一丝不苟使本书变得更加完善。

感谢我的家人，感谢我远在天国的父亲。亲人，是我不断前行的力量。

本书秉持"是什么、为什么、怎么样"的探索精神，将我在法律谈判教学过程中汲取到的理论与实践精髓展示给读者，为推动多元化纠纷解决机制的实践成果总结贡献绵薄之力。全书关于法律谈判的理论体系还有待完善之处，关于法律谈判的策略技巧等的实践运用也有待深入。凡此种种，恳请广大读者朋友批评指正、不吝赐教！我的邮箱是 dyjlawyer2007@126.com，欢迎读者朋友来信与我交流探讨！

戴勇坚
2021 年 9 月